Terapia de casal e de família na clínica junguiana

CIP-BRASIL. CATALOGAÇÃO NA PUBLICAÇÃO
SINDICATO NACIONAL DOS EDITORES DE LIVROS, RJ

T293

Terapia de casal e de família na clínica junguiana : teoria e prática / organização Vanda Lucia Di Yorio Benedito. - São Paulo : Summus, 2015.

280 p. : il.

Inclui bibliografia

ISBN 978-85-323-1012-5

1. Psicoterapia conjugal. 2. Psicoterapia familiar. I. Benedito, Vanda Lucia di Yorio.

15-19912 CDD: 616.89156
CDU: 615.851-055.5/.7

---

www.summus.com.br

EDITORA AFILIADA

Terapia de casal e de família na clínica junguiana

Teoria e prática

VANDA LUCIA DI YORIO BENEDITO (org.)

summus editorial

TERAPIA DE CASAL E DE FAMÍLIA NA CLÍNICA JUNGUIANA
Teoria e prática

Editora executiva: **Soraia Bini Cury**
Assistente editorial: **Michelle Neris**
Capa: **Buono Disegno**
Projeto gráfico: **Crayon Editorial**
Diagramação: **Santana**

1ª reimpressão, 2022

Summus Editorial
Departamento editorial
Rua Itapicuru, 613 – 7º andar
05006-000 – São Paulo – SP
Fone: (11) 3872-3322
http://www.summus.com.br
e-mail: summus@summus.com.br

Atendimento ao consumidor
Summus Editorial
Fone: (11) 3865-9890

Vendas por atacado
Fone: (11) 3873-8638
e-mail:vendas@summus.com.br

Impresso no Brasil

Sumário

Prefácio

Eros é um *kosmogonos*, um criador, pai e mãe de toda a consciência.
(Jung, 1961, p. 305)

ESTE LIVRO VEM PREENCHER um espaço na enorme lacuna que há na literatura da psicologia analítica concernente à compreensão e ao atendimento de casais.

Trata-se de uma coletânea, organizada pela analista Vanda Lucia Di Yorio Benedito, que apresenta aspectos do trabalho clínico e reflexões elaboradas, e agora generosamente compartilhadas, por um conjunto de autoras seriamente engajadas na prática profissional. Aqui buscam aprofundá-la, embasá-la e articulá-la a elementos teóricos consistentes na contemporaneidade.

O tema da família, que inclui a consideração do casal, é um dos mais controvertidos e em ebulição na sociedade atual. A família nuclear - homem-mulher-filho(s) - vem passando por enormes transformações, solicitando que se levem em conta laços de parentesco biológico e social, de afeto, de contratos formais e informais, e inúmeros novos desenhos têm sido esboçados e vividos no dia a dia.

Embora haja um número crescente de pesquisas a esse respeito, é enorme a profusão de configurações inéditas nos agrupamentos familiares atuais, e achados que levantam novos questionamentos e abrem possibilidades de interação, inclusão e articulação entre diferentes, incentivando a reflexão, têm sido mais ricos do que aqueles que se pretendem conclusivos. Há, por exemplo, propostas de redefinições do que seja a família, estendendo-a de maneira a incluir outros elementos.

De qualquer maneira, o casal continua sendo uma unidade que merece atenção, e crescente, pois permanece como um esteio, por um período de tempo variável, e é constantemente confrontado com novos desafios. O casal também tem suas próprias dificuldades, sofrimentos e desafios. Além disso, como unidade em si, pode ser importante incentivador do desenvolvimento psicológico de cada um.

O primeiro capítulo narra um histórico da terapia de família e casal nas últimas décadas. Vale ressaltar que, embora exista um número significativo de profissionais trabalhando nessa área e um volume (menor) de publicações a esse respeito, ainda falta muito!

Diante de tamanha diversidade de configurações familiares, ainda por cima articuladas a vicissitudes da vida atual – como questões referentes a novas tecnologias, a grandes centros urbanos, a uma relação vertiginosa com o tempo, à economia, entre outras –, o jeito é arregaçar as mangas, pôr as mãos na massa e trabalhar, pouco a pouco, somando esforços, compartilhando estudos e experiências e refletindo sobre elas.

Aqui há uma alusão a um trabalho quase artesanal, e essencialmente feminino, de tecer uma rede de práticas e conceitos embasadores e desencadeadores de desenvolvimentos futuros. Passo a passo, como cabe a uma elaboração psicológica. Em um grupo acolhedor e continente das diferenças e semelhanças.

Esta obra é fruto exatamente de um trabalho dessa natureza. Suas autoras por alguns anos dedicaram-se a consolidar uma prática clínica e, por outro lado, a buscar elementos teóricos. São profissionais competentes, como se pode depreender dos capítulos que seguem.

Encontram-se neles considerações oriundas da psicologia analítica tal como proposta por Carl G. Jung, assim como reflexões e conexões que as atualizam e passam a inspirar uma prática consistente. Da leitura depreende-se também uma postura aberta, atenta e bem informada, que em alguma medida leva em conta contribuições de outras abordagens psicológicas, como o psicodrama, a psicanálise e a abordagem sistêmica.

Destaca-se, em mais de um capítulo, a preocupação em situar historicamente as ideias e propostas teóricas e técnicas apresentadas, o que reflete honestidade profissional e ajuda a contextualizar as autoras em seus trabalhos. E, sobretudo na segunda parte do livro, são apresentados exemplos clínicos, acrescidos de considerações que acabam por ressaltar no livro sua qualidade didática e formadora de profissionais. Temas clássicos na psicologia junguiana, como o trabalho com a sombra, as polaridades, os sonhos, a traição e a morte, estão presentes. Há também inovações técnicas no meio junguiano, como a proposta do uso da terapia de sandplay com casais e a de intervisão como forma de supervisão do trabalho.

Cabe enfatizar que, embora cada capítulo possa ser lido por si só, como uma unidade autônoma, depreende-se da leitura do livro algo como uma teia construída, sólida, flexível e dinâmica, articulando seus conteúdos numa interação que reflete um trabalho de grupo e também a qualidade da presença de Vanda como organizadora da obra, costurando cada aspecto e possibilitando que a obra ganhe corpo.

Jung criou uma perspectiva psicológica em que a noção do processo de individuação ocupa um lugar central e serve como direção norteadora para a consideração de diferentes momentos, períodos, conflitos, crises e empreendimentos ao longo da vida. No entanto, ainda que destaque uma dimensão individual, de modo nenhum ele buscou construir uma psicologia que encapsulasse cada ser em uma unidade isolada. O aspecto coletivo e comum a todos é por ele enfatizado e, de modo aparentemente paradoxal, situado também em cada um de nós, quando fala em inconsciente e em consciência coletivos. O psicológico só existe em relação. Apesar da existência *a priori* dos arquétipos, são os complexos que constituem a identidade, e eles se formam na experiência vivida, isto é, nas relações em dado contexto. Nessa psicologia, a dimensão de Eros é fundante do psíquico e não é possível conceber o desenvolvimento da consciência e a instauração da subjetividade sem levar em conta o contexto, isto é, o mundo em que se vive com sua enorme teia de relacionamentos.

O casamento, ou o *self* conjugal, é uma das situações humanas com grande potencial de favorecer o processo de individuação. Jung, embora tenha sobretudo desenvolvido e fundamentado a análise individual, escreveu em 1925 um texto em que aborda o casamento como um relacionamento psicológico, que se encontra no volume *O desenvolvimento da personalidade*. E, em duas de suas maiores e mais maduras obras, *Psicologia da transferência* (1946) e *Mysterium Coniunctionis* (1955-1956), valeu-se de imagens e ideias alquímicas que expressam a relação entre opostos – mais frequentemente um homem e uma mulher – para desenvolver e elaborar suas ideias sobre o desenvolvimento da consciência, o inconsciente como matriz da vida psíquica, a dinâmica entre essas duas instâncias, a relação com o analista e aquela do ego com sua contraparte anímica.

A psicoterapia, grande criação do último século para impulsionar o desenvolvimento psicológico e lidar com suas feridas e inibições, cresce e ganha corpo ao abrir suas portas aos casais e às famílias, como comprova o texto que segue.

Espero ter nas linhas acima fundamentado minhas boas-vindas a esta obra, desejando-lhe obter amplo alcance em nosso meio profissional e poder ser também semeadora de novas ideias e práticas.

Laura Villares de Freitas

Apresentação

Este livro foi elaborado pelos participantes dos diversos grupos que fizeram parte do Núcleo de Terapia de Casal e Família da Sociedade Brasileira de Psicologia Analítica desde o ano de 2000, quando se formou a primeira turma.

O objetivo do núcleo é divulgar o pensamento junguiano aplicado ao estudo e atendimento clínico a famílias e casais de baixa renda.

Nosso compromisso científico com esse trabalho nos motivou a sistematizar nossas experiências e nossas reflexões nesse campo com a realização deste livro.

Fizemos um percurso de quatro anos para finalizar este projeto. Foi muito enriquecedor para todos, uma vez que cada texto era discutido pelo grupo, lido e relido até ser aprovado. Nesse processo aprendemos muito mais que teoria e técnica. Aprendemos a ouvir críticas ao nosso trabalho, a ouvir diferentes ideias e valorizar o pensamento do outro, a ceder nosso tempo para um bem comum: o nosso livro.

Realmente foi um grande exercício de humildade, generosidade e muita criatividade. Foram 30 mãos que, respeitando o trabalho alheio, escreveram com *eros* e paixão esta obra. O exercício do poder foi realizado dentro do grupo à medida que cada um teve autonomia para decidir o caminho que queria percorrer dentro desse processo. A liberdade para nos expressar, a alegria de compartilhar nossas ideias, os momentos de brincadeira criaram um relacionamento grupal que nos preencheu afetiva e intelectualmente.

Há quatro anos este projeto era apenas um sonho, e, como sonhamos juntas, o fizemos tornar-se realidade.

Vanda Lucia Di Yorio Benedito

PARTE I –
Base teórica da psicologia analítica para terapia de casal e de família

1. A terapia de casal e de família na psicologia analítica brasileira

Vanda Lucia Di Yorio Benedito

Caminhante não há caminho.
Faz-se caminho ao andar.
(Antonio Machado, 1912)

REZO TODOS OS DIAS para que a minha intuição nunca me abandone. Acho que essa foi a principal via pela qual construí meu percurso profissional, pavimentando-a com muito estudo, leituras, cursos, vivências, congressos, supervisões.

A intuição não é mágica, não brota do nada. É resultado de um processo silencioso que deixa sinais sutis que a consciência não capta racionalmente, até que uma síntese se impõe como uma nova condição para a psique, que pode acolhê-la ou não. Eu acolhi essa nova possibilidade.

Resolvi ser terapeuta de casal ao terminar de assistir ao filme *Eu sei que vou te amar*, de Arnaldo Jabor, em 1986. Quando terminei minha graduação, comecei a estudar a psicologia analítica de Carl Gustav Jung. Atendia a adultos e crianças em psicoterapia. Aos poucos, fui percebendo que as sessões de devolutivas dos psicodiagnósticos infantis para os pais foram ficando mais extensas, mais elaboradas, e os sintomas dos filhos eram compreendidos simbolicamente como uma manifestação das dificuldades inconscientes e não resolvidas dos pais. Ainda no contexto das sessões de devolutivas, comecei a trabalhar diretamente com o casal antes de iniciar a psicoterapia dos filhos.

Até aquele momento, não me percebia como terapeuta de casal. Gradualmente, o meu foco de interesse mudou da psicoterapia individual com crianças para o atendimento de casais.

Foi nesse movimento de responder a novos apelos originados da minha prática clínica que o filme do Jabor me capturou. Fiquei tão fascinada pelos diálogos vivos, intensos, amorosos e rancorosos, pelas ambiguidades e fantasias daquele casal em cena que saí do cinema imaginando e desejando ser terapeuta deles. Dali em diante, nunca deixei de dialogar com esse filme, que considero meu primeiro interlocutor no processo de me tornar terapeuta de casal.

Mas que tipo de terapeuta de casal eu queria me tornar? Por qual referencial iria me guiar? Até aquele momento, o meu embasamento mais sólido era o estudo da psicologia analítica e um curso de especialização em psicodrama pela Sociedade de Psicodrama de São Paulo.

Era bem forte minha identificação profissional e pessoal com a abordagem junguiana. Internamente, formulei um desafio: construir-me como terapeuta de casal dentro desse referencial teórico, mesmo sabendo que não contaria com nenhum modelo mais estruturado que pudesse me dar um caminho já pavimentado.

Aluguei o filme *Eu sei que vou te amar* muitas vezes. Transcrevi seus diálogos e debrucei-me sobre eles tentando decifrar a dor psicológica que gerava e mantinha os conflitos daquele casal. Busquei entender a comunicação dessa dor naquela relação, as projeções, os medos e as armadilhas com ouvidos "junguianos". Aos poucos, essa escuta foi se transformando em possíveis leituras teóricas. Desse exercício nasceu um artigo para a revista *Viver Psicologia* no qual realizei uma leitura junguiana do filme de Arnaldo Jabor.

Os casais começaram a chegar ao meu consultório, e a demanda para aprofundar o estudo nesse campo da psicologia e buscar uma prática clínica mais eficiente cresceu.

Naquela época, meados dos anos 1980, tive dois grandes interlocutores; um deles, Regina França, psicodramatista, terapeuta de casal e família, com quem desenvolvi a maior parceria profissional da minha vida, que felizmente dura até os dias atuais.

Foram várias conversas, que se transformaram nos primeiros trabalhos para congressos e cursos. Dessa parceria desenvolvemos um curso de terapia de casal desde o ano de 2000 e, no momento em que escrevo este trabalho, estamos formando a oitava turma.

O outro interlocutor, Nairo de Souza Vargas, analista junguiano, autor das primeiras leituras sobre dinâmica de casal dentro do referencial da psicologia analítica, ministrava cursos e supervisões.

Ainda que contasse com esses dois interlocutores, construir-me como terapeuta de casal e família nos primeiros anos que sucederam a essa decisão teve seu lado solitário. A maioria dos colegas que trabalhavam com casal e família tinha outro referencial, outra linguagem, trilhava caminhos bem diferentes daquele que eu percorria.

Nos encontros e congressos, apresentando trabalhos e dirigindo *workshops*, eu me sentia um peixe fora d'água, falando e transmitindo ideias pouco familiares àquele contexto. No II Congresso Brasileiro de Terapia Familiar, em Gramado (RS), ocorreu uma situação inesperada. Após participar de uma mesa-redonda sobre o tema "O triângulo amoroso", uma ouvinte veio me falar da sua surpresa: o que uma "junguiana" estaria fazendo num congresso de terapia familiar? Não senti preconceito na observação; constatei apenas que essa estranheza era legítima; afinal, todos ali tinham em comum a formação sistêmica, falavam em conversação dialógica, mudança de segunda ordem, circularidade, homeostase etc.

Eu falava de arquétipo, sombra e *persona* conjugal, de projeção de *anima* e *animus* e da busca da individuação no casamento e na família, de elaboração simbólica dos conflitos e da sua compreensão, e de desafios para superá-los por meio dos mitos. As pessoas tinham de fazer certo esforço para sair da zona de conforto, para ouvir e entender aquilo que lhes era apresentado de um lugar pouco ou nunca visitado.

Naquele contexto, eu não tinha par, mestres ou alunos. Felizmente, essa situação vem mudando. Contribuir para mudá-la tem sido meu objetivo e desafio ao longo desses anos.

Desafio que começou a se cumprir mais consistentemente quando, em 1989, dei início à minha formação como analista junguiana na Sociedade Brasileira de Psicologia Analítica. Ao ler a obra de Jung nos anos de formação, fui recolhendo minuciosamente elementos teóricos que pudessem servir de sólidos alicerces para a elaboração dessa construção, desenvolvendo assim um "pensar junguiano" sobre conjugalidade e uma abordagem clínica correspondente. Como síntese desse caminho, publiquei em 1996, pela editora Summus, o livro *Amor conjugal e terapia de casal: uma abordagem arquetípica* (Di Yorio, 1996).

Este é um trabalho que me ocupa e estimula continuamente, porque, além de permitir e exigir percorrer um caminho muito particular, ainda me dá o prazer de trazer outros profissionais, ainda que poucos, para o encontro de Jung com a terapia de casal e de família.

A conjugalidade é um dos possíveis sistemas nos quais diferentes imagens arquetípicas orquestram percepções e comportamentos que medeiam o encontro de dois adultos por uma relação em que se busca a satisfação de várias necessidades, desde afetivas até econômicas. Na prática da psicologia analítica, procuramos entender esse sistema dentro da perspectiva simbólica, caminho apontado por Jung para considerar a psique como um todo.

Mesmo não tendo desenvolvido uma teoria e uma prática aplicadas à psicoterapia de casal, em 1925, Jung escreveu um trabalho intitulado "O casamento como relacionamento psíquico" (Jung, 1986 [1925]), com inúmeras ideias sobre dinâmica conjugal e uma compreensão profunda dos conflitos que minam o relacionamento conjugal. Entre os principais fatores de desequilíbrio no casal, destacou a ligação inconsciente dos jovens com seus próprios pais. Essa ligação não raras vezes desfavorece o processo de diferenciação do indivíduo da sua família de origem. O estado de indiferenciação egoica prejudica o desenvolvimento da consciência do eu e do outro, gerando um desconhecimento das próprias motivações e das motivações do outro que, frequentemente, leva ao conflito na vida conjugal.

Em função de tais pressupostos e dos conceitos de sombra e *persona*, Carlfred Broderick e Sandra Schrader (1981), em "The history of professional marriage and family therapy" (capítulo do livro *Handbook of family therapy*), referem-se a Jung como um dos precursores da terapia familiar. Ao reler a obra de Jung com esse olhar, encontrei sementes férteis para ser cultivadas no terreno da psicoterapia de casal e de família.

Os primórdios da psicoterapia de casal e de família deram-se na década de 1950, e sua grande expansão, nos anos 1970 e 1980, quando surgiram várias escolas e institutos de formação de terapeutas dentro dessa especialidade em diferentes partes do mundo. Esse movimento expansionista contribuiu para o fortalecimento de tal abordagem em clínicas e hospitais, ofertando nos um grande número de publicações até os dias atuais.

Considerando que esse movimento dentro da psicologia teve um alcance tão abrangente ao redor do mundo, penso que temos realizado pouco na área da psicoterapia de casal e de família dentro da psicologia analítica, com insuficientes pesquisas em relação ao tema, e escassas publicações científicas em livros, revistas e congressos.

Se compararmos a quase totalidade da nossa produção internacional e nacional - a seguir relacionada - com o volume da produção dedicada especificamente à terapia de casal e de família por outras abordagens, constataremos que a psicologia analítica ainda tem bastante a realizar.

Pesquisando em vários periódicos internacionais de psicologia analítica, encontrei alguns artigos. No *The Journal of Analytical Psychology*: "Searching for the facts in the clinical setting with couples", de D. Hewison (2003); "A family therapy session with a dream as central content", de M. V. Bührmann (1982); "The brother-sister relationship in marriage", de L. Smith (1980);

"Psychotherapy with couples: theory and practice at the Tavistock Institute of marital studies", de S. Ruszcynski (1994).

No periódico *The San Francisco Jung Institute*, encontrei o artigo "The mate couple: how relationships develop", escrito por David P. McWhirter e Andrew M. Mattisor (1987).

Essa lacuna na psicologia analítica perpetua um ciclo não virtuoso, pois, quanto menos material de pesquisa e estudos teóricos e práticos houver para formação e orientação de terapeutas de casal, menos profissionais se arriscam a realizar esse trabalho e, portanto, pouco se faz em prol do desenvolvimento da prática clínica na abordagem junguiana.

Citarei algumas obras de autores junguianos, com os quais venho dialogando, que podem servir de referência para quem se interessar em percorrer esse caminho.

Fora do Brasil, Adolf Guggenbuhl-Craig escreveu o livro *O casamento está morto. Viva o casamento!* (1997). Nessa obra, o autor traz a ideia de que o casamento não é um lugar de bem-estar; é, acima de tudo, um lugar onde os cônjuges vão se debater com suas diferenças e conhecer a si próprios nesse embate, buscando um caminho para a individuação de cada um deles.

Uma analista que vem contribuindo com suas reflexões e sua prática como terapeuta de casal é Polly Young-Eisendrath. Entre suas publicações, destacam-se os livros *Bruxas e heróis* (1984) e *You're not what I expected: learning to love the opposite sex* (1993). Com Terence Dawson, organizou ainda o *Manual de Cambridge para estudos junguianos* (2002), no qual escreveu o capítulo "Gênero e contrassexualidade: a contribuição de Jung e além".

No livro *Ao encontro da sombra*, organizado por Connie Zweig e Jeremiah Abrams (1991), Maggie Scarf escreveu o capítulo "O encontro do oposto no parceiro conjugal", e Michael Ventura escreveu "A dança da sombra no palco do casamento".

Laura Dodson e Terril Gibson organizaram o livro *Psyche and family: Junguian applications to family therapy* (1996), com vários capítulos sobre terapia de casal e de família escritos por diferentes autores. Ann Belford Ulanov escreveu "Coniunctio and marriage", Polly Young-Eisendrath escreveu "Reclaiming dreams lover: couples in dialogue" e Laura Dodson é autora de "Towards a Junguian analysis and treatment of systems with emphasis on individuation in relationship".

Por sua vez, Renée Nell, baseando-se em suas palestras, escreveu o livro *The use of dreams in couple counseling* (2005). John Sandford (1986) escreveu *Os parceiros invisíveis.*

No Brasil, são pioneiros no trabalho com casal e família os analistas junguianos Carlos Byington e Nairo de Souza Vargas, que publicaram vários artigos na revista *Junguiana.* O primeiro contribuiu para esse campo com os artigos "A família como dimensão simbólica do *self*" (1999) e "Amor, sexo, ternura e dignidade" (2001). Recentemente, participou do livro *Terapia de família com adolescentes* (2014), organizado por Gisela Maria Pires Castanho e Maria Luiza Dias, com o capítulo "As sete fases da vida e a crise da adolescência - Estudo da psicologia simbólica junguiana".

Ainda na revista *Junguiana*, Nairo de Souza Vargas escreveu: "O masculino e feminino na interação homem-mulher (1986); "O casamento e a família como caminho de individuação" (1989); "O humor nas relações conjugais" (1992); "Psicopatologia do vínculo de casal: uma visão junguiana" (1993); "Descasamento, recasamento e a adolescência conjugal" (1997); "Casamento: união na saúde e na doença" (2005); "Casamento atual e família reconstituídas: dilemas e peculiaridades" (2006); "Conjugalidade e senescência: o casamento envelhece?" (2009).

O mesmo autor defendeu a tese de mestrado *A importância dos tipos psicológicos na terapia de casais* (Vargas, 1991) e obteve seu doutorado com a tese *Terapia de casais - Uma visão simbólico-arquetípica*" (1995). Publicou *Terapia de casais - Uma visão junguiana* (2004). Participou, como coautor, de *Terapia de família com adolescentes* (2014), organizado por Gisela Maria Pires Castanho e Maria Luiza Dias, com o capítulo "Psicoterapia de famílias com adolescentes - Visão da psicologia analítica", e de *A família em foco*

- *Sob as lentes do cinema* (2014), organizado por Marfiza Reis e Maria Elci Spaccaquerche, com o capítulo "Conflitos conjugais e familiares: simplesmente complicado".

Iraci Galiás também contribuiu na revista *Junguiana*, tratando de relações familiares nos artigos: "Reflexões sobre o triângulo edípico" (1988); "A mãe-coruja e a menopausa" (1992); "A relação sogra-nora - Um tema que pede resgate" (1993); "Psicopatologia das relações assimétricas" (2000); "Pais e filhos - Uma rua de mão dupla" (2003); "Do amor na saúde à saúde do amor" (2005); "Relações pais-filhos: as poderosas complicações amorosas" (2009).

Outra analista que tem participado da construção do pensamento junguiano para o trabalho com casal é Marfiza Reis, que defendeu seu mestrado com a dissertação *Casamento: encontros e desencontros em busca da individuação* (1999). Na revista *Junguiana*, escreveu os artigos "Metanoia familiar: a dança transformadora dos vinte anos" (1993) e "Crises conjugais: riscos e oportunidades" (2007). A mesma autora organizou, em parceria com Maria Elci Spaccaquerche, o livro *A família em foco - Sob as lentes do cinema* (2014), no qual é também autora de dois capítulos: "Mães e filhas: quando a arte desata o nó da relação" e "A família e a polaridade vida e morte". Para a elaboração deste livro, convidou como colaboradores vários analistas junguianos citados neste trabalho.

Gilda Montoro, analista junguiana e profunda conhecedora da teoria de John Bowlby, escreveu o capítulo "Amor conjugal e padrões de relacionamento" no livro *Laços amorosos: terapia de casal e psicodrama*" (2004), organizado por M. A. Vitale.

Paula Boechat desenvolveu o capítulo "Por que a utilização da caixa de areia na terapia de família e casal?" no livro *Ensaios sobre a clínica junguiana* (2005), organizado por J. Werres, além de *Terapia familiar: mitos, símbolos e arquétipo* (2007).

Outra analista junguiana, Susan Albert defendeu sua dissertação de mestrado sob o título *Infertilidade na relação conjugal:*

uma pesquisa na abordagem junguiana utilizando a terapia breve com Sandplay (2008). Também apresentou sua monografia *Terapia de sandplay com casais: uma proposta de diretrizes metodológicas* (2012), obtendo o título de analista junguiana na Sociedade de Psicologia Analítica. Mais recentemente seu artigo "Sandplay therapy with couples within the framework of analytical psychology" (2015) foi publicado no *Journal of Analytical Psychology*. Esse artigo representa um marco importante da produção brasileira no campo da psicologia analítica da terapia de casal. Expande nossos conhecimentos e prática clínica para além dos nossos horizontes e não só contribui como material científico, mas também pode ajudar a despertar analistas de outros países para essa forma de trabalho pouco desenvolvido entre eles.

Maria Silvia Costa Pessoa defendeu, pela Faculdade de Psicologia da Pontifícia Universidade Católica de São Paulo, sua tese de doutorado *Elaboração de um método de análise de sonhos na terapia de casal - Um enfoque junguiano* (2011). Também apresentou sua monografia *O tempo e a terapia junguiana de casal: reflexões de uma analista* (2012), obtendo o título de analista junguiana na Sociedade de Psicologia Analítica.

Suely Engelhard também vem contribuindo para a construção do pensamento junguiano na terapia de casal e de família, participando de vários livros como coautora. Escreveu "O Mandala da família - Restabelecendo o equilíbrio interior" para o livro *Terapia familiar no Brasil na atualidade* (2008), organizado por Rosa Macedo; "Família, dinheiro e as tranças do existir" para o livro organizado por Moisés Groisman *Minha família e meu dinheiro: a história familiar comanda seu dinheiro?* (2013); dois capítulos, "Segredos e mentiras: a família prisioneira do mistério da adoção" e "Estamos todos bem: a família congelada pelos segredos e o temor da morte" para o livro *A família em foco - Sob as lentes do cinema* (2014), organizado por Marfiza Reis e Maria Elci Spaccaquerche. Na *Revista Brasileira de Terapia Familiar*, publicou "Medidas para reciclagem do lixo familiar" (2012).

Sueli Grimaldi escreveu "Mágoa, ressentimento e perdão na terapia de casal e de família" (2007), monografia para obtenção do título de analista junguiana na Sociedade de Psicologia Analítica.

Todos esses profissionais têm sido meus interlocutores nesse caminho, percorrendo a obra de Jung para trazer ao campo da terapia de casal e de família sua visão de homem, de mundo, de relações.

Nathan Schwartz-Salant é outro autor com quem tenho caminhado de forma bem próxima sempre que deparo com casos graves, nos quais um dos cônjuges ou os dois apresentam algum tipo de transtorno de personalidade, como abordado no livro *Narcisismo e transformação do caráter* (1982), ou transtorno *borderline*, abordado no livro *A personalidade limítrofe – Visão e cura* (1989). Com ele, refinei minha capacidade de empatia pela dor psíquica desses pacientes e a compreensão da busca inconsciente por parcerias amorosas que potencializam essa dor.

Paralelamente à minha formação como analista junguiana, fiz também uma formação em psicodrama na Sociedade de Psicodrama de São Paulo, entre 1982 e 1985.

Dois psicodramatistas destacam-se nesse caminho: Sérgio Perazzo, que não só me apresentou ao psicodrama como ajudou a consolidá-lo na minha prática, e Dalmiro Bustos, com quem ainda ando de mãos dadas pelo palco psicodramático em supervisões de terapia de casal e de família.

O diálogo com todos eles vem, de forma direta e indireta, me acompanhando ao longo desse percurso profissional e me ajudou a desenvolver, além do livro já citado *Amor conjugal e terapia de casal*, alguns capítulos de livros e artigos na revista *Junguiana*.

No artigo "Vínculos familiares" (1993), discuti vários estudos psicológicos de crianças em que os sintomas por elas apresentados foram entendidos com base na problemática inconsciente dos pais vividos na conjugalidade.

"Violência conjugal: um paradoxo a ser investigado" (1995) e "Abordagem simbólica do conflito conjugal: o corpo em cena"

(2002) foram mais tarde reescritos para o livro *Laços amorosos: Terapia de casal e psicodrama*, editado pela editora Ágora em 2004.

Meu último artigo publicado na revista *Junguiana* foi "Tratando estados borderline de personalidade na terapia de casal" (2007).

Em parceria com Maria Regina Castanho França, participei do livro *O psicodrama - Aplicações da técnica psicodramática* (2005), organizado por Dalmiro Bustos, com o capítulo "Psicodrama com casais - A formação do par amoroso e a terapia de casal". Ainda como coautora, participei do livro *A família em foco - Sob as lentes do cinema* (2014), organizado por Marfiza Reis e Maria Elci Spaccaquerche, com o capítulo "O casal no divã: conflitos conjugais e terapia de casal".

Nos cinco Congressos Latino-Americanos de Psicologia Analítica, realizados em Punta del Leste (1998), Rio de Janeiro (2000), Salvador (2003), Punta del Leste (2006), Santiago do Chile (2009) e Florianópolis (2012), encontrei a oportunidade de apresentar à comunidade junguiana trabalhos sobre a terapia de casal em mesas-redondas e *workshops*, expondo na prática o que se discute na teoria. Vários desses trabalhos podem ser encontrados nos anais desses congressos.

O meu diálogo com terapeutas sistêmicos e psicodramatistas, ao longo desses anos, foi coroado pela realização do livro *Terapia de família com adolescentes* (2014a), organizado por Gisela Maria Pires Castanho e Maria Luiza Dias, no qual participei com o capítulo "Desenvolvimento e conflito na família com filhos adolescentes - Abordagem simbólico-arquetípica".

Gradualmente, novos adeptos dessa prática estão surgindo e buscando uma formação mais específica para seus trabalhos com casais e família na abordagem junguiana. A formação de terapeuta de casal e família vem funcionando no Núcleo de Estudos e Atendimento a Casais e Família, dentro do projeto da clínica da Sociedade Brasileira de Psicologia Analítica, desde 2000. Considero esse trabalho uma referência importante para o movimento da terapia de casal no campo da psicologia analítica. Acredito tratar-se de um projeto pioneiro dentro do cenário nacional e internacional junguianos, pois, além do desenvolvimento do pensamento teórico aplicado à compreensão da dinâmica conjugal, busca traduzir a teoria numa prática clínica que, num "círculo virtuoso", dará mais subsídio e sustentação às bases teóricas desse trabalho.

As contribuições de artigos e livros sobre terapia de casal e de família no campo da psicologia analítica ainda são poucas se comparadas com o grande volume de publicações sobre a teoria geral de Jung e suas aplicações clínicas. Notam-se um tímido movimento nesse sentido a partir de 1977 e uma produção um pouco mais acentuada nos últimos 15 anos. Diante de tantas possibilidades deixadas por Jung ao longo da construção de sua teoria, vislumbram-se diferentes caminhos a ser explorados no campo da terapia de casal.

As produções recentes trazem boas expectativas de uma evolução mais acelerada no trabalho clínico com casais.

MEUS INTERLOCUTORES NA ABORDAGEM SISTÊMICA

Paralelamente à opção de me desenvolver como terapeuta junguiana de casal e família, sempre valorizei a abordagem sistêmica. Não fiz nenhum curso de formação em institutos especializados, mas desde o início da minha prática acompanho o trabalho de diversos profissionais.

Desde os anos 1980, venho me familiarizando com o pensamento e a prática clínica com casais e família mediante encontros, cursos, *workshops* e congressos. Conheci Maurizio Andolfi, Gianfranco Cecchin, Carlos Sluzki, Marcelo Packman, Betty Mac Kune-Karrer, Peggy Papp, Bradford Keeney, Mony Elkaïm, Tom Andersen, Michael White.

É um privilégio também fazer cursos com Marilene Grandesso e Gilda Montoro, vivências com Sandra Fedulho, grupo de estudo com Gladys Brun, ouvir palestras proferidas por Iara

Camaratta Anton, Luiz Carlos Osório, Maria Tereza Maldonato e Luiz Carlos Prado, trocar ideias com Maria Amália Vitale, Adriana Fráguas e muitos outros, como Regina França, parceria à qual já me referi e sem a qual meu caminho teria sido mais difícil e bem menos divertido. Mesmo sem citar nomes de tantos outros com os quais converso sobre leituras, discussão de filmes etc., ressalto a importância dos colegas que me honram buscando meus cursos e grupos de estudos, entre eles os que me acompanham no projeto deste livro.

PENSANDO JUNG COM OS TERAPEUTAS SISTÊMICOS

A MINHA EXPERIÊNCIA COM a abordagem sistêmica deu-se mais na prática do que com o estudo sistemático da teoria. Observando muitos terapeutas sistêmicos atenderem famílias e casais, surpreendeu-me a correspondência de nossas atitudes diante dos clientes.

No começo, ainda insegura por não ter um modelo teórico e prático organizado e institucionalmente reconhecido para esse tipo de trabalho clínico, percebi que essa semelhança me dava certo conforto, que aos poucos foi cedendo lugar a uma construção mais sólida do meu papel de terapeuta junguiana de casal e família, certamente ainda inacabado. Desse conforto, surgiram percepções importantes sobre a afinidade entre o paradigma sistêmico e o junguiano. Essa semelhança deu sustento a uma postura, um pensar e um fazer terapêutico que traduziam um olhar clínico alicerçado em uma visão de homem nas suas relações com os diversos sistemas dentro da perspectiva da pós-modernidade.

A relatividade do conhecimento humano diante da infinitude do inconsciente coletivo, a busca de integração e harmonização dos opostos sem anular as diferenças, a aceitação de paradoxos e contradições inerentes à diversidade e complexidade da natureza humana são alguns aspectos do paradigma junguiano, afinado com as características da ciência pós-moderna (Penna, 2006, p. 19).

Aos poucos fui me sentindo mais confortável, ao perceber que a minha prática clínica estava alicerçada, como a teoria sistêmica, nesses pressupostos e na consciência do meu não saber diante de clientes individuais, casais e famílias. Conhecê-los implicava andar com eles na busca de diferentes significados e sentidos para suas vivências – na maioria das vezes, um caminho de dores psicológicas intensas e profundas.

O trabalho com casais e famílias ampliou meu entendimento do que Jung chamou de unilateralidade da consciência. Esse campo terapêutico propicia o exercício da pluralidade, da incerteza, da relatividade, da aceitação das várias possibilidades de percepção, favorecendo assim a melhor integração do indivíduo na família e no casal. Essa visão sistêmica promove a busca de contextos que podem ser entendidos como opostos entre si, de forma a ampliar nossa compreensão dos eventos.

Assim como a abordagem sistêmica trabalha com a ideia de circularidade, da não causalidade entre os eventos, o método junguiano é também compreendido como não linear, prospectivo, finalista e acausal. Por essa perspectiva, os sintomas não são tratados somente como um problema individual, mas também entendidos por sua função, seu propósito e seus múltiplos significados na dinâmica do casal e da família, como uma dificuldade do sistema conjugal ou familiar, em que todos são coparticipantes na manutenção dos conflitos.

Exemplificando essa prática, o sintoma apresentado individualmente por um emergente familiar é considerado uma forma de quebrar ou manter uma equação homeostática desse sistema em que o equilíbrio, satisfatório ou insatisfatório, é mantido à custa de uma patologia individual.

Esse movimento dentro da família e do casal ocorre como resultado de um processo compensatório no qual, em oposição, partes do sistema, quer seja intrapsíquico, quer seja inter-

-relacional, geram comportamentos que nos informam que seu oposto de alguma forma está presente e atuante, mesmo que não explicitado.

A disposição em buscar esse ausente implícito coloca-nos na pista de conectar e incluir novos símbolos e, portanto, novos significados no processo de desenvolvimento da família e do casal.

Não se trata de buscar soluções determinadas, pensadas como caminhos que levarão a resolver os conflitos. Trata-se de colocar a família ou o casal em movimento para o desenvolvimento de processos de mudanças, de onde surgirão novas visões e perspectivas que gerarão novos comportamentos que refletirão a busca do vir a ser dos indivíduos de forma diferenciada dentro do sistema. Esse processo Jung denominou individuação.

Dessa perspectiva, bastante clara na abordagem sistêmica, entendi melhor que "a psicologia analítica pode ser incluída nos paradigmas da multiplicidade, complexidade e diversidade de alternativas" (Penna, 2006, p. 21).

O pensamento junguiano esteve à frente do tempo de seu criador por meio dos seus conceitos e postulados teóricos, alguns muito próximos da física quântica, da teoria geral dos sistemas e do pensamento construtivista.

Eloisa Penna (*ibidem*, p. 20) explicita como a obra de Jung se insere e se identifica com a corrente construtivista, que inclui o paradoxo e privilegia a busca de sentido:

> Seu aspecto construtivo é nítido, sobretudo na concepção do processo de individuação como o processo de construção da individualidade, centrada na formação e transformação da consciência articulada com o inconsciente e com o mundo. O processo de produção de conhecimento, para Jung, resulta de uma dinâmica de aquisições que vão se acrescentando constantemente, formando um todo. Cada acréscimo produz ampliação de possibilidades, que se tornam, em si, oportunidade para a exploração de novas habilidades. Trata-se de um processo de transformação contínuo, no qual o novo se acrescenta ao velho e o renova e o impulsiona novamente para o desconhe-

cido, numa espiral que se estende para cima, para baixo e para os lados em direção a complexificação e diversificação infinitas, enquanto houver uma consciência ávida de conhecimento em busca de seu sentido na vida.

Quanto à proximidade dos postulados junguianos com a física quântica, escreve Ana Lia Aufranc (2006, p. 13):

> Na primeira metade do século XX houve uma revolução tanto no campo da física como no da psicologia, com o desenvolvimento, de um lado, da física quântica e, de outro, dos conceitos de inconsciente coletivo e de arquétipo por meio da psicologia analítica. A partir de campos tão divergentes, os físicos atômicos e os estudiosos da psique caminharam em direção a uma visão de mundo semelhante.

É dentro desses parâmetros norteadores que a prática da terapia de casal e de família na abordagem junguiana tem sido construída. Para mim, o pensamento junguiano ajudou a entender a concepção sistêmica, e esta última ajudou a ampliar minha visão da primeira, expandindo meu campo de trabalho clínico.

Os analistas junguianos devem se esforçar para desenvolver novos *insights* e procedimentos mais adequados e eficientes para o atendimento em terapia familiar e de casal dentro dos fundamentos da psicologia analítica, uma vez que seus alicerces teóricos são sólidos e estão em consonância com os atuais paradigmas da ciência.

CONSIDERAÇÕES FINAIS

Ao encerrar este texto que resume minha trajetória até o momento atual como terapeuta de casal e de família, em paralelo com outros colegas que também vêm explorando os estudos da psicologia analítica com esse mesmo objetivo, reconheço ainda mais a validade e a importância desse processo.

Ajudar a inserir o pensamento de Jung no campo da terapia de casal e de família é um modo de abrir mais espaços para o conhecimento de sua obra. Dialogando com outras formas de pensar, potencializa-se a riqueza do trabalho simbólico, um dos eixos principais dessa abordagem.

Participar desse movimento, que considero ainda incipiente, deixa-me orgulhosa e bem mais motivada.

REFERÊNCIAS

ALBERT, S. C. "Sandplay therapy with couples within the framework of analytical psychology". *Journal of Analytical Psychology*, v. 60, n. 1, 2015, p. 32-53.

BENEDITO, V. L. D. Y. "Vínculos familiares". *Junguiana*, n. 11, São Paulo, 1993, p. 82-93.

_____. *Infertilidade na relação conjugal: uma pesquisa na abordagem junguiana utilizando a terapia breve com sandplay*. Dissertação (Mestrado em Psicologia Clínica), Pontifícia Universidade Católica de São Paulo, São Paulo, 2008.

_____. *Terapia de sandplay com casais: uma proposta de diretrizes metodológicas*. Monografia para obtenção do título de analista junguiana na Sociedade de Psicologia Analítica, São Paulo, 2012.

AUFRANC, A. L. "A psique e o universo". *Junguiana*, n. 24, São Paulo, 2006, p. 7-13.

_____. "Violência conjugal: um paradoxo a ser investigado". *Junguiana*, n. 13, São Paulo, 1995b, p. 56-63.

_____. "Abordagem simbólica do conflito conjugal: o corpo em cena". *Junguiana*, n. 20, São Paulo, 2002, p. 87-94.

_____. "Abordagem simbólica do conflito conjugal: o corpo em cena". In: VITALE, M. A. F. (org.). *Laços amorosos: terapia de casal e psicodrama*. São Paulo: Ágora, 2004a.

_____. "Violência conjugal: um paradoxo a ser investigado". In: VITALE, M. A. F. (org.). *Laços amorosos: terapia de casal e psicodrama*. São Paulo: Ágora, 2004b.

_____. "Tratando estados *borderline* de personalidade na terapia de casal". *Junguiana*, n. 25, São Paulo, 2007, p. 83-91.

_____. "Desenvolvimento e conflito na família com filhos adolescentes – Abordagem simbólico-arquetípica". In: CASTANHO, G. P.; DIAS, M. L. (orgs.). *Terapia de família com adolescentes*. São Paulo: Roca, 2014a.

_____. "O casal no divã: conflitos conjugais e terapia de casal". In: Reis, M. R.; Spaccaquerche, M. E. (orgs.). *A família em foco – Sob as lentes do cinema.* 1. ed. São Paulo: Paulus, 2014b. (Coleção Amor e psique)

Boechat, P. "Por que a utilização da caixa de areia na terapia de família e casal?" In: Werres, J. (org.). *Ensaios sobre a clínica junguiana.* Rio Grande do Sul: Imprensa Livre, 2005.

_____. *Terapia familiar: mitos, símbolos e arquétipo.* Rio de Janeiro: Wak, 2007.

Broderick, B.; Schrader, S. "The history of professional marriage and family therapy". In: Gurman, A.; Kniskern, D. *Handbook of family therapy*, v. 1. Nova York: Bruner Mazel, 1981.

Bührmann, M. V. "A family therapy session with a dream as central content". *The Journal of Analytical Psychology*, Malden, v. 54, n. 4, 1982, p. 41-57.

Byington, C. A. B. "A família como dimensão simbólica do *self*". *Junguiana*, n. 17, São Paulo, 1999, p. 57-88.

_____. "Amor, sexo, ternura e dignidade". *Junguiana*, n. 19, São Paulo, 2001, p. 79-91.

_____. "As sete fases da vida e a crise da adolescência – Estudo da psicologia simbólica junguiana". In: Castanho, G. P.; Dias, M. L. (orgs.). *Terapia de família com adolescentes.* São Paulo: Roca, 2014.

Di Yorio, V. *Amor conjugal e terapia de casal: uma abordagem arquetípica.* São Paulo: Summus, 1996.

Dodson, L.; Gibson, T. *Psyche and family: Junguian applications to family therapy.* Wilmette: Chiron Publications, 1996.

Engelhard, S. "O Mandala da família – Restabelecendo o equilíbrio interior". In: Macedo, R. M. S. (org.). *Terapia familiar no Brasil na atualidade.* 1. ed. São Paulo: Roca, 2008.

_____. "Medidas para reciclagem do lixo familiar". *Revista Brasileira de Terapia Familiar*, v. 4, n. 1, Porto Alegre, jul. 2012, p. 99-108.

_____. "Família, dinheiro e as tranças do existir". In: Groisman, M. (org.). *Minha família e meu dinheiro: a história familiar comanda seu dinheiro?* 1. ed. Rio de Janeiro: Núcleo, 2013, p. 161-92.

_____. "Segredos e mentiras: a família prisioneira do mistério da adoção". In: Reis, M. R.; Spaccaquerche, M. E. (orgs.). *A família em foco – Sob as lentes do cinema.* 1. ed. São Paulo: Paulus, 2014a, p. 97-111. (Coleção Amor e Psique)

_____. "Estamos todos bem: a família congelada pelos segredos e o temor da morte". In: Reis, M. R.; Spaccaquerche, M. E. (orgs.). *A família em foco – Sob as lentes do cinema.* 1. ed. São Paulo: Paulus, 2014b, p. 207-36. (Coleção Amor e Psique)

França, M. R.; Benedito, V. D. I. "Psicodrama com casais - A formação do par amoroso e a terapia de casal". In: Bustos, D. (org.). *O psicodrama - Aplicações da técnica psicodramática*. São Paulo: Ágora, 2005.

Galiás, I. "Reflexões sobre o triângulo edípico". *Junguiana*, n. 6, São Paulo, 1988, p. 149-65.

_____. "A mãe-coruja e a menopausa". *Junguiana*, n. 10, São Paulo, 1992, p. 20-37.

_____. "A relação sogra-nora - Um tema que pede resgate". *Junguiana*, n. 11, São Paulo, 1993, p. 44-65.

_____. "Psicopatologia das relações assimétricas". *Junguiana*, n. 18, São Paulo, 2000, p. 113-32.

_____. "Pais e filhos - Uma rua de mão dupla". *Junguiana*, n. 21, São Paulo, 2003, p. 69-80.

_____. "Do amor na saúde à saúde do amor". *Junguiana*, n. 23, São Paulo, 2005, p. 107-18.

_____. "Relações pais-filhos: as poderosas complicações amorosas". *Junguiana*, n. 27, São Paulo, 2009, p. 13-19.

Grimaldi, S. *Mágoa, ressentimento e perdão na terapia de casal e de família*. Monografia para obtenção do título de analista junguiana na Sociedade de Psicologia Analítica, 2007.

Guggenbuhl-Craig, A. *O casamento está morto. Viva o casamento!* Zurique: Moysés Baumstein, 1997.

Hewison, D. "Searching for the facts in the clinical setting with couples". *The Journal of Analytical Psychology*, v. 48, n. 3, Malden, 2003, p. 341-54.

Jung, C. G. [1925] *O desenvolvimento da personalidade*. Petrópolis: Vozes, 1986.

Machado, A. "Proverbios y cantares". *Campos de Castilla*. Disponível em: <http://www.espacioebook.com/sigloxx_98/machado/machado_campos-decastilla.pdf>. Acesso em: 2 mar. 2015.

Mcwhirter, D. P.; Mattisor A. M. "The mate couple: how relationships develop". *The San Francisco Jung Institute*, v. 7, n. 4, San Francisco, 1987, p. 27-47.

Montoro, G. M. C. F. "Amor conjugal e padrões de relacionamento". In: Vitale, M. A. F. (org.). *Laços amorosos: terapia de casal e psicodrama*. São Paulo: Ágora, 2004.

Nell, R. *The use of dreams in couple counseling: a Junguian perspective*. Canadá: Inner City Books, 2005.

Penna, E. D. "Jung e a pós-modernidade". *Junguiana*, n. 24, São Paulo, 2006, p. 15-23.

Pessoa, M. S. C. *Elaboração de um método de análise de sonhos na terapia de casal - Um enfoque junguiano*. Tese (Doutorado em Psicologia Clínica), Pontifícia Universidade Católica de São Paulo, São Paulo, 2011.

_____. *O tempo e a terapia junguiana de casal: reflexões de uma analista.* Monografia para obtenção do título de analista junguiana na Sociedade de Psicologia Analítica, São Paulo, 2012.

REIS, M. F. "Metanoia familiar: a dança transformadora dos vinte anos". *Junguiana*, n. 11, São Paulo, 1993, p. 66-73.

_____. *Casamento: encontros e desencontros em busca da individuação.* Dissertação (Mestrado em Psicologia Clínica), Pontifícia Universidade Católica do Rio de Janeiro, Rio de Janeiro, 1999.

_____. "Crises conjugais: riscos e oportunidades". *Junguiana*, n. 25, São Paulo, 2007, p. 93-99.

REIS, M. T. R.; SPACCAQUERCHE, M. E. (orgs.). *A família em foco - Sob as lentes do cinema.* São Paulo: Paulus, 2014.

RUSZCYNSKI, S. "Psychotherapy with couples: theory and practice at the Tavistock Institute of marital studies". *The Journal of Analytical Psychology*, v. 39, n. 4, Malden, 1994, p. 520-22.

SANDFORD, J. *Os parceiros invisíveis.* São Paulo: Edições Paulinas,1986.

SCARF, M. "O encontro do oposto no parceiro conjugal". In: ZWEIG, C.; ABRAMS, J. (orgs.). *Ao encontro da sombra.* São Paulo: Cultrix, 1991.

SCHWARTZ-SALANT, N. *Narcisismo e transformação do caráter.* São Paulo: Cultrix, 1982.

_____. *A personalidade limítrofe: visão e cura.* São Paulo: Cultrix, 1989.

SMITH, L. "The brother-sister relationship in marriage". *The Journal of Analytical Psychology*, v. 25, n. 1, Malden, 1980, p. 17-35.

VARGAS, N. de S. "O masculino e feminino na interação homem-mulher. *Junguiana*, n. 4, São Paulo, 1986, p. 117-26.

_____. "O casamento e a família como caminho de individuação". *Junguiana*, n. 7, São Paulo, 1989, p. 101-11.

_____. *A importância dos tipos psicológicos na terapia de casais.* Dissertação (Mestrado em Medicina), Faculdade de Medicina da Universidade de São Paulo, São Paulo, 1991.

_____. "O humor nas relações conjugais". *Junguiana*, n. 10, São Paulo, 1992, p. 54-61.

_____. "Psicopatologia do vínculo de casal: uma visão junguiana". *Junguiana*, n. 11, São Paulo, 1993, p. 106-13.

_____. *Terapia de casais - Uma visão simbólico-arquetípica.* Dissertação (Doutorado em Medicina), Faculdade de Medicina da Universidade de São Paulo, São Paulo, 1995.

_____. "Descasamento, recasamento e a adolescência conjugal". *Junguiana*, n. 15, São Paulo, 1997, p. 8-16.

_____. *Terapia de casais - Uma visão junguiana.* São Paulo: Madras, 2004.

_____. "Casamento: união na saúde e na doença". *Junguiana*, n. 23, São Paulo, 2005, p. 119-27.

_____. "Casamento atual e família reconstituídas: dilemas e peculiaridades". *Junguiana*, n. 24, São Paulo, 2006, p. 77-85.

_____. "Conjugalidade e senescência: o casamento envelhece?" *Junguiana*, n. 27, São Paulo, 2009, p. 26-31.

_____. "Conflitos conjugais e familiares: simplesmente complicado". In: Reis, M. R.; Spaccaquerche, M. E. (orgs.). *A família em foco - Sob as lentes do cinema*. São Paulo: Paulus, 2014.

_____. "Psicoterapia de família com adolescentes - Visão da psicologia analítica". In: Castanho, G. P.; Dias, M. L. (orgs.). *Terapia de família com adolescentes*. São Paulo: Roca, 2014.

Ventura, M. "A dança da sombra no palco do casamento". In: Zweig, C.; Abrams, J. (orgs.). *Ao encontro da sombra*. São Paulo: Cultrix, 1991.

Young-Eisendrath, P. *Bruxas e heróis*. São Paulo: Summus, 1984.

_____. *You're not what I expected: learning to love the opposite sex*. Nova York: William Morrow & Co, 1993.

_____. "Gênero e contrassexualidade: a contribuição de Jung e além". In: Young-Eisendrath, P.; Dawson, T. (orgs.). *Manual de Cambridge para estudos junguianos*. Porto Alegre: Artmed, 2002.

2. A conjugalidade na psicologia analítica

Susan Carol Albert

JUNG ENTENDEU O CASAMENTO como um relacionamento psicológico, um espaço privilegiado no qual cada cônjuge, por meio do espelhamento, pode encontrar seus demônios e seus anjos.

O casamento oferece, talvez, a melhor possibilidade entre duas pessoas para um encontro dialético enriquecedor e o enfrentamento da própria sombra. Uma relação íntima pode encorajar o desenvolvimento de muitas potencialidades que desabrocham dentro da dinâmica conjugal e proporcionam experiências de sensualidade, sexualidade, intimidade, desafios, sacrifícios, conflitos, enfrentamentos e desenvolvimento. Para Vargas (2004, p. 40), "muitas vezes o desenvolvimento se dá de modo inconsciente para os cônjuges, que não se dão conta de imediato das grandes e profundas transformações que naturalmente vão sofrendo no casamento".

Há um relacionamento quando existe a distinção entre o eu e o outro e quando cada parceiro tem bom senso dele mesmo dentro e fora da relação. Jung entendeu que os jovens adultos, em geral, quando entram numa relação de casamento, não têm um entendimento suficientemente desenvolvido de si mesmos, e a união acaba não sendo uma escolha totalmente livre. O casamento pode ser considerado uma relação individual em termos psicológicos quando a natureza das motivações inconscientes é reconhecida, ou seja, quando os cônjuges têm um convívio suficientemente íntimo, em que haja espaço para cada um trabalhar sua própria sombra e enxergar o outro como uma entidade separada na relação Eu-Outro.

Obviamente, esse nível de consciência conjugal exige que exista um diálogo renovador e constante entre os parceiros. Os caminhos para a realização consciente são vários, mas Jung entendeu que esse processo, em geral, começa no início da segunda metade da vida. "A harmonia que existe no casamento durante a primeira metade da vida é baseada nas projeções de certas imagens" (Jung, 1925, § 336), ou seja, as imagens femininas que o homem carrega dentro dele e as imagens masculinas que a mulher carrega dentro dela são projetadas no seu respectivo parceiro.

Essa harmonia construída pelos parceiros, muitas vezes, é o resultado dos cônjuges investindo na *persona* do casamento. Cada cônjuge identifica-se com as projeções do parceiro, não se apropria dos próprios sentimentos, e acordos implícitos são combinados para, frequentemente, manter uma ilusão de um casamento pleno. Entende-se que esse complexo de harmonia pode impedir a criatividade e flexibilidade na relação; a energia está voltada para manter as aparências e evitar que a sombra de cada cônjuge fique exposta.

De acordo com Montoro (2004), na relação conjugal, os parceiros depositam vários aspectos das suas vidas individuais, por exemplo, sentido da vida, sexualidade, corpo, fantasias, autoconceito, valores. Consequentemente, "o casamento talvez possa ser considerado a forma mais complexa, conflitiva e desafiadora de amar, e, portanto, a que mais favorece o processo de individuação" (*ibidem*, p. 113).

A INDIVIDUAÇÃO

INDIVIDUAÇÃO É O CAMINHO que busca a realização dos potenciais do indivíduo no sentido mais pleno possível. Em geral, pensamos na individuação como um caminho individual, em que cada pessoa procura viver no sentido mais completo. No entanto, como Vargas (2004) aponta na terapia de casal, estamos a serviço do "processo de individuação conjugal". Podemos entender que, quando duas pessoas se unem em casamento, estão dispostas a criar uma terceira entidade, isto é, a conjugalidade, e o processo de individuação conjugal busca a realização das potencialidades que podem surgir dessa união.

No processo de individuação, a dialética entre conteúdos conscientes e inconscientes tem uma função fundamental, e o símbolo funciona como intermediário nesse diálogo. O inconsciente coletivo é uma fonte de criatividade inesgotável que, por meio de símbolos, pode transformar a energia psíquica. Pelo diálogo entre o inconsciente e o consciente, o ego pode acessar novas possibilidades e se fortalecer para enfrentar seus medos, limitações e conflitos.

Jung contempla a psique como se fosse uma fonte de energia que está constantemente em movimento, e seu fluxo está determinado pelo sistema de autorregulação e compensação, equilibrado pelo movimento entre tensão e estagnação. A psique, por seus conteúdos inconscientes e conscientes, age, de acordo com Jacobi (1967, p. 14), "como o teatro para todos os nossos esforços para o desenvolvimento". É por meio da mobilização da energia psíquica que a psique se transforma e, gradativamente, se torna capaz de integrar conteúdos inconscientes, ampliando assim a consciência e fortalecendo o ego.

O processo de individuação pode ocorrer inconscientemente ou se tornar consciente de várias maneiras e ser levado a um alto nível de diferenciação. Para Jacobi, trabalhando ativamente no processo de individuação, com recursos do imaginário, os poderes criativos que existem no inconsciente podem ser constelados. Por meio do confronto com os conteúdos do inconsciente, o ego consegue personificá-los para que eles sejam reconhecidos e compreendidos. Quando a consciência entende o sentido das imagens, uma transformação pode ocorrer, não apenas na consciência, mas também no inconsciente.

Para Young-Eisendrath (1997), o objetivo da individuação é o poder de utilizar a função transcendente, a tensão e a interação de opostos na vida cotidiana. A individuação é um processo contínuo que exige que cada pessoa desenvolva a capacidade de refletir sobre seus próprios estados subjetivos e considerá-los de diferentes perspectivas. A função transcendente significa que temos um relacionamento dialético com os vários aspectos de nós mesmos e, por conseguinte, passamos a presenciar e aceitar uma gama de estados subjetivos sem julgamento e cobrança.

RENASCIMENTOS

O SIMBOLISMO DE NASCIMENTO, vida, morte e renascimento é parte do processo de individuação, e a riqueza desses eventos está sempre sendo expressa na mitologia, nos contos de fadas, nas artes, na literatura e na vida. O termo "renascimento" pode ser entendido aqui como um "re-nascimento" psíquico durante a vida do indivíduo, uma renovação da personalidade e sua tendência a alcançar uma vida mais plena. O caminho da individuação é formado por vários passos que consistem em momentos de re-nascimento, com cada um desses passos contribuindo para uma transformação e um crescimento psíquico. De acordo com Jacobi (*ibidem*, p. 61), "todos os renascimentos estão precedidos por uma morte". As mortes e os renascimentos são os passos no processo de individuação, e frequentemente esses eventos são marcados por rituais de passagens. Nesse contexto, podemos entender a cerimônia do casamento como um ritual de passagem bastante significativo e simbólico para o casal, representando a "morte" de uma fase na vida e o "re-nascimento" de outra. Nesse ritual, o indivíduo passa da condição de ser filho de alguém para ser ele próprio o companheiro e parceiro de alguém.

ANIMA E *ANIMUS*

JUNG OFERECE-NOS UMA DESCRIÇÃO dos dinamismos arquetípicos da *anima* e do *animus*, que são as estruturas básicas da conjugalidade e, assim sendo, merecem atenção especial. Examinando as diferenças sexuais, ele identificou que o sexo oposto é um fator formador de projeções. Por meio delas, temos a possibilidade de ver aspectos de nós mesmos que são negados, ou seja, os conteúdos sombrios ou aqueles inacessíveis à consciência. Jung (1951) desenvolveu na sua teoria o conceito de *animus* e *anima*, entendidos como a personalidade de sexo oposto que cada um tem em sua psique, ou seja, um Outro interior, uma subpersonalidade inconsciente que tem vida própria e, muitas vezes, é projetada no sexo oposto com o propósito de se defender contra os conflitos internos. Mas a projeção tem também seu lado criativo, pois é por meio desse mecanismo que os cônjuges conseguem ter contato com os próprios sentimentos e fantasias.

Para Jung (*ibidem*, § 410), "o animus e a anima devem funcionar como uma ponte ou uma porta para as imagens do inconsciente coletivo, como a persona deve ser um tipo de ponte para o mundo". O *animus* e a *anima* têm a função de fazer uma conexão com a profundidade da psique.

Jung declara que a autonomia do inconsciente coletivo se expressa pelas figuras de *anima* e *animus*. "O fator que faz a projeção é a anima, ou melhor, o inconsciente representado pela anima" (*ibidem*, § 26). No mesmo texto, explica que o *animus/anima* pode ser realizado "através de uma relação com um parceiro do sexo oposto, porque apenas em tal relação suas projeções se tornam operativas" (*ibidem*, § 42). Ao mesmo tempo, porém, ele entende que nem todos os conteúdos do *animus/anima* são projetados, pois muitos aparecem em sonhos e podem ser trazidos à consciência por meio do processo de imaginação ativa.

O caminho de individuação exige que o homem se enfrente com seu lado feminino inconsciente, ou seja, sua *anima*, e a mulher, com seu *animus*. Ambos são "poderes arquetípicos" e, tendo elementos pessoais e coletivos, podem funcionar como as pontes para que cada cônjuge tenha contato com as profundezas da sua própria psique. O encontro com o *animus* e a *anima* proporciona a oportunidade de considerar nossos aspectos contrassexuais e ter uma visão mais ampla de que conteúdos projetados em nossos parceiros são, na verdade, pertencentes a nós mesmos.

Sandford (1988) refere-se a *anima* e *animus* como "parceiros invisíveis", presentes em todos os relacionamentos humanos. Eles existem como polaridades dentro de nós, e suas imagens psíquicas são projetadas no respectivo parceiro impactando profundamente a relação, pois o parceiro que carrega (e se identifica com) a imagem projetada acaba sendo levado de um extremo a outro, ou seja, supervalorizado ou subvalorizado, e, como consequência, a realidade humana do parceiro fica distorcida. Mas o que Sandford destaca é que "a projeção em si não é boa nem má; o que fazemos com ela é que deve ser levado em conta" (*ibidem*, p. 31).

De acordo com Polly Young-Eisendrath (1997), esses arquétipos, embora se desenvolvam durante a vida toda, tornam-se mais evidentes na meia-idade, em razão das mudanças na natureza da identidade das pessoas nesse período. A autora entende esses arquétipos como "imagens carregadas de emoções [...] que estruturam o que está latente no sexo oposto e em cada um de nós, uma espécie de alma gêmea de potenciais tanto ideais quanto desvalorizados" (*ibidem*, p. 224). Na relação conjugal, os parceiros têm a tarefa árdua de tornar essas projeções mais conscientes e lutar contra a tentação de se identificar com elas e, assim, simbolizar a experiência para que seu parceiro possa reconhecer suas próprias projeções.

Quando qualidades indesejáveis são projetadas na outra pessoa, ela continua mantendo contato com essas qualidades, mas por meio da relação com o outro. Essas qualidades redescobertas no outro acabam sendo tratadas da mesma maneira que foram tratadas em si, ou seja, o que não é suportado em si mesmo é localizado e atacado no outro. *Animus/anima*, muitas vezes, são descobertas sob a forma de projeções nos outros. Como representam os conteúdos centrais do inconsciente, essas projeções deixam a pessoa que projeta muito dependente daquela sobre a qual recaem as projeções. Como Young-Eisendrath (*ibidem*, p. 228) explica sucintamente:

> A mística da identificação projetiva é sua capacidade extraordinária de evocar no outro, muitas vezes num outro com quem temos intimidade, os aspectos mais temidos e idealizados do si mesmo. [...] e depois "provar" que a qualidade ou aspecto pertence ao outro e não a si mesmo.

Para Jung, cada indivíduo tem a oportunidade de desenvolver qualidades do sexo oposto na segunda metade da vida, pois durante esse período estamos mais propensos à reflexão e temos mais potencial para integrar aspectos de nosso *animus/anima* que foram projetados no outro.

Kast (2006) observou que, quando Jung escreveu sobre o que o *animus* e a *anima* têm em comum, descreveu os arquétipos que funcionam como mediadores entre a consciência e o inconsciente. Como observa Kast (*ibidem*, p. 119), "o efeito do *animus/anima* no ego é de fascinação e inquietante estimulação - uma experiência numinosa - que é uma característica de todas as situações arquetípicas".

O PROCESSO DE ANTI-INDIVIDUAÇÃO

Hewison (2003) diz que o processo de individuação é uma experiência tanto intrapsíquica quanto interpsíquica que depende de relações com os objetos externos para o seu desenvolvimento. Ele entende a relação conjugal como uma das áreas-chave da vida emocional no processo de individuação e também como a área que melhor ilustra progressões e regressões no desenvolvimento psicológico dos cônjuges. Hewison desenvolve o conceito de "anti-individuação", que ocorre quando os dois cônjuges entram em conluio para impedir a criatividade dentro da relação e atacam qualquer desenvolvimento no processo de individuação. Nas relações assim descritas, os cônjuges ficam fechados às possibilidades de descobrir e sentir quem eles realmente são para eles mesmos e para o outro.

Para Hewison, esse processo ocorre quando o ego fica extremamente rígido para não se perder numa experiência desconhecida; a tendência é que o indivíduo aja sem reflexão para se livrar dos sentimentos dolorosos e da ansiedade provocada por essa experiência. Os conteúdos arquetípicos não são "mediados" ou elaborados, mas experimentados como impactos fortes no indivíduo, que pode ficar enroscado neles, sem recursos suficientes para lidar com as emoções que surgem como consequência. A visão do mundo torna-se dicotomizada; relações são ou boas ou ruins; gratidão, preocupação ou luto não podem ser experimentados. Quando duas pessoas estão numa relação assim paralisada, impedem o desenvolvimento necessário para que a constelação do "*self* conjugal" criativo possa ser sentida. Byington (2003, p. 33) explica:

> O Self é a soma de todos os conteúdos psíquicos, incluindo a identidade do Ego e do Outro no consciente e no inconsciente (na Sombra), os arquétipos e suas inter-relações. [...] Ampliei esse conceito junguiano do Self Individual para todas as dimensões do Ser que têm um dinamismo de Totalidade.

O autor faz referência ao *self* individual, *self* grupal e *self* cósmico, e, nesse contexto, pode-se utilizar o termo "*self* conjugal", entendido como a soma dos conteúdos psíquicos do casal, como unidade.

Na visão de Hewison, quando um casal não quer enfrentar mudanças e investir em desenvolver a relação, isso é entendido como um "acordo" inconsciente entre os cônjuges no sentido de impedir o crescimento, por qualquer razão. O foco de seu trabalho está na interação compartilhada entre os parceiros no nível inconsciente: "Cada indivíduo age e depende do outro para manter uma 'defesa compartilhada do casal' contra uma perigosa e assustadora 'fantasia inconsciente e compartilhada' sobre o que o desenvolvimento pode significar" (Hewison, 2003, p. 8). Os cônjuges podem desenvolver uma relação contra o processo de individuação e diálogo e, em vez de transformação, há desastre e destruição psicológica. Na sua análise, ele destaca a importância do "luto" nas relações conjugais:

> Sem o processo de luto, de manter-se em contato com as nossas dificuldades emocionais ligadas a perdas e mudanças, o processo de individuação fica parado; o relacionamento de um casal que não se desenvolve enquanto os cônjuges envelhecem, está condenado a ser fechado, defensivo e incapaz de acomodar mudanças. (*Ibidem*, p. 19)

O processo de individuação requer de cada pessoa diferenciar-se dos seus pais, ou seja, separar-se dos seus complexos parentais, para conseguir fazer a passagem de filho(a) para adulto(a) e também assumir uma relação conjugal baseada no respeito mútuo, que oferece espaço para desenvolver o potencial de cada cônjuge.

Ao contrário, se a relação se estrutura com base nos complexos infantis, o potencial para crescimento e desenvolvimento fica travado por consequência de uma dinâmica inconsciente pela qual um ou ambos os cônjuges se identificam com a criança e projetam a imagem parental. Ou um ou ambos se identificam com o pai ou a mãe dominador(a) e projetam a criança indefesa; como resultado, o relacionamento não se desenvolve.

REFERÊNCIAS

BYINGTON, C. A. B. *A construção amorosa do saber.* São Paulo: Religare, 2003.

HEWISON, D. "'Oh Rose, thou art sick!' Anti-individuation forces in the film 'American Beauty'". *Journal of Analytical Psychology*, v. 48, n. 5, 2003, p. 683-704.

JACOBI, J. *The way of individuation.* Londres: Hodder & Stoughton, 1967.

JUNG, C. G. "Marriage as a psychological relationship". *CW 17*, 1925.

_____. "Aion. Researches into the phenomenology of the self". *CW 9ii*, 1951.

KAST, V. "Anima/animus". In: *The handbook of Jungian psychology.* Londres: Routlege, 2006.

MONTORO, G. M. C. F. "Amor conjugal e padrões de relacionamento". In: *Laços amorosos: terapia de casal e psicodrama.* São Paulo: Ágora, 2004.

SANDFORD, J. A. *Os parceiros invisíveis.* São Paulo: Paulus, 1988.

VARGAS, N. S. *Terapia de casais: uma visão junguiana.* São Paulo: Madras, 2004.

YOUNG-EISENDRATH, P. "Gender and contrasexuality: Jung's contribution and Beyond". In: *The Cambridge Companion to Jung.* Cambridge: Cambridge University Press, 1997.

3. A psicologia analítica e a terapia familiar

Aurea Afonso M. Caetano
Deusa Rita Tardelli Robles
Maria Silvia C. Pessoa
Olga Maria Fontana

A teoria e a prática da terapia junguiana têm sido em grande parte derivadas e aplicadas ao contexto da psicoterapia individual. Levando-se em conta a época em que Jung viveu e o contexto cultural do desenvolvimento da psicologia, pode-se avaliar o grande salto por ele empreendido. No entanto, embora ele tenha se ocupado com a terapia centrada no atendimento individual de seus pacientes, sua ênfase específica sobre as estruturas arquetípicas, que coordenam tanto a realidade psicológica individual quanto a coletiva, pode ser expandida de tal modo que englobe uma teoria psicodinâmica de família e, consequentemente, sua aplicação terapêutica ao campo da terapia familiar.

O paradigma junguiano dirige-se de forma significativa tanto ao mundo intrapsíquico quanto ao reino coletivo e suas inter-relações. Podemos perceber em toda a obra de Jung a ênfase dada à importância que a família exerce no desenvolvimento do indivíduo. Em seu trabalho com associação de palavras, Jung escreve: "[...] a filha compartilha o modo de sua mãe pensar não somente nas suas ideias, mas também na sua forma de expressão" (1995, § 1005).

Em meados da década de 1950, com base na teoria geral dos sistemas, novas abordagens metodológicas foram desenvolvidas a fim de compreender a dinâmica familiar e criar diferentes formas de lidar com a família no contexto terapêutico. Conceitos como circularidade, funcionalismo, teoria dos sistemas, cibernética, estrutura e fronteiras, que levaram ao desenvolvimento da terapia familiar, foram importados de outros campos de estudos como a biologia, a física e a antropologia.

A teoria de Bertallanffy (1972) está ligada à noção de circularidade. Por essa visão, como os eventos que ocorrem com uma família passam a ser olhados como fazendo parte do sistema em sua cadeia de interação circular, não há espaço para a ideia de que um único membro da família seja visto como o problemático.

Gregory Bateson (1986) introduziu alguns conceitos da cibernética na compreensão da comunicação e organização da família. Para manter-se estável, o sistema familiar precisa adaptar-se às mudanças; portanto, homeostasia e transformação são processos básicos de manutenção da família. Assim, na abordagem sistêmica, quando nos referimos à saúde da família, referimo-nos à funcionalidade ou disfuncionalidade do sistema familiar.

Minuchin (1982) define a família como um sistema aberto, composto de subsistemas que interagem entre si, em que cada membro desempenha múltiplos papéis. Para proteger os subsistemas e as famílias como um todo, existem as fronteiras, barreiras invisíveis que demarcam o espaço em relação ao contato com os outros. O bom funcionamento familiar requer fronteiras nítidas que permitam variações entre os indivíduos ou subsistemas e espaço para o crescimento e a interdependência.

Esses conceitos nos remetem à ideia principal da interação do todo com suas partes, de modo que, quando um membro da família apresenta um sintoma, este deve ser compreendido em função da interação com as demais pessoas do grupo familiar, e não de forma isolada. Um sintoma pode ser visto como uma tentativa da família pela manutenção do equilíbrio. Inclui-se também nessa compreensão a ideia de que os problemas da família se desenvolvem não apenas de acordo com as interações atuais, mas também como herança psicológica. Esse conceito é conhecido como transgeracionalidade.

O objetivo dos terapeutas de família é ajudar seus membros no sentido de ampliar a compreensão que eles têm do conflito e expandir as opções para promover mudanças. Ele deve respeitosamente ajudar a encontrar a direção, explorar os medos e transmitir segurança, favorecendo a família a se conectar com o sintoma, que deixa de ser visto como individual e torna-se familiar. Como diz Jung (1981, § 93): "Na verdade quase seria impossível estabelecer a tese de que os verdadeiros gestores da criança são seus pais, mas muito mais seus avós e bisavós, enfim toda a sua árvore genealógica [...]".

JUNG E A TERAPIA FAMILIAR

JUNG PREOCUPOU-SE EM DESENVOLVER uma teoria voltada para o atendimento individual de seus pacientes. No entanto, sua visão mais abrangente, sua ênfase no inconsciente coletivo e nos arquétipos, sua noção de correlação sincrônica entre pessoas e acontecimentos evidenciam sua percepção do ser em seus aspectos relacionais. Quando um paciente procura terapia, ouvimos o relato de sua história, que envolve pais, avós, tios e primos. Percebemos uma intrincada rede de relações que atua diretamente no seu desenvolvimento e acaba por influenciar nossa prática.

Segundo Stein (1978, p. 95):

> Viver a experiência da Mãe e Pai arquetípicos, em relação aos próprios pais, é essencial para o desenvolvimento psicológico da criança. No entanto o desenvolvimento do Ego será seriamente afetado se esta experiência fundamental for abalada cedo demais. Por outro lado, a emergência do ego a partir do inconsciente depende do abandono gradual das projeções arquetípicas encarnadas pelos pais.

Parte da imagem idealizada que inicialmente a criança tem de seus pais deverá ser projetada sobre outros personagens de sua vida, a fim de que estes possam ser vistos com características mais humanas.

Assim, a família é a primeira a receber as projeções arquetípicas do *self* do bebê. É o ambiente familiar que ativa e desdobra a alma dentro de cada um de nós ao nascer. O incessante ato de nutrir da mãe e do pai arquetípicos valida não somente o corpo e seu despertar sensorial, mas também a psique e seu despertar.

Segundo Dodson e Gibson (1996), a terapia familiar arquetípica pode utilizar procedimentos semelhantes aos da psicoterapia individual, mas com *insights* mais apropriados aos sistemas familiares. Para articular entre teoria junguiana e dinâmica familiar, os autores sugerem que analisemos alguns conceitos, como os de arquétipo, sombra, *persona*, símbolo e complexo.

A teoria de Jung afirma que o ciclo vital é orquestrado por estruturas arquetípicas que se manifestam como potencialidades em certos períodos críticos de desenvolvimento biopsiquicossocial. Essas estruturas, embora não carreguem conteúdos individuais herdados, são atualizadas e moduladas pelas circunstâncias particulares da experiência da vida em determinado contexto social, descrito por Stevens (1982) como algo "específico da espécie".

Assim, não existe conteúdo, mas predisposição. As imagens arquetípicas manifestam-se por meio das vivências, e estas possibilitam a personificação. Assim, é importante que a vivência vá gerando consciência e, a cada ciclo de vida, as estruturas arquetípicas possam se atualizar.

Como exemplo, podemos citar alguns arquétipos – que são padrões estruturantes de funcionamento comuns a toda a espécie humana –, como o da Grande Mãe, do Pai, do Herói ou do Velho Sábio, entre inúmeros outros. A presença desses arquétipos na organização familiar é evidente, mas cada família vivencia essas estruturas de diferentes formas.

O indivíduo está destinado a vivenciar o arquétipo do pai e, para isso, necessita de uma experiência pessoal com o pai real ou qualquer pessoa que desempenhe esse papel. Desenvolve, então, uma forma personalizada dessa estrutura coletiva. Se ocorrerem falhas nessa vivência e os membros da família atuarem de maneira puramente coletiva, o indivíduo agirá de modo também coletivo, com atitudes convencionais, sendo levado a atuar sem espontaneidade. Para criar uma resposta individual, é necessário contestar os pais reais, retirando suas projeções arquetípicas. Isso acontece na interação do indivíduo com o outro na família ou fora dela. Em um processo de transferência e interiorização, é possível estabelecer uma relação mais humana com os pais. O arquétipo, portanto, é essencialmente um conceito relacional e interacional.

Como exemplo, tomemos o seguinte caso hipotético: Antônio, 34 anos, engenheiro, procura terapia individual relatando sofrer de insônia há 40 dias, não conseguindo trabalhar direito. O ambiente de trabalho parece-lhe hostil e ele tem vontade de abandonar tudo sem nem mesmo se despedir. Seu pai tem 75 anos e a mãe, 74. Ambos são aposentados e ele tem uma irmã fisioterapeuta de 40 anos.

Antônio comparece à primeira consulta na companhia de sua mãe, que, zelosa, tem esse hábito. Logo na sala de espera, a terapeuta pede à mãe que aguarde enquanto conversa com o paciente. Ela identifica Antônio como o paciente de uma família disfuncional e propõe atendimento familiar. Antônio é impulsivo, aguenta pouco qualquer tipo de angústia, tem grande dificuldade de se relacionar (não tem amigos) e leva uma vida afetiva vazia. A irmã mais velha vai do trabalho para casa, não tendo, igualmente, uma vida afetiva.

Nesse caso, notamos como uma imagem de mãe superprotetora e de um pai "fraco, sem grande presença" atua sobre os filhos. Estes, embora adultos e com empregos estáveis, permanecem na casa dos pais, que continuam suprindo os filhos, como se fossem adolescentes crescidos. A experiência arquetípica parece ter sofrido danos, pois Antônio permanece fixado nas primeiras experiências parentais, vivendo numa dinâmica *puer*; um filho perfeito, porém incomodado por alguma angústia que não consegue entender, uma vez que tem uma vida tão perfeita e rodeada de amor.

É como se nessa família o tempo não houvesse passado - não se percebe a mudança de ciclos -, e os quatro adultos se relacionam sem expectativas de um futuro melhor. Não fosse pela ansiedade e insônia de Antônio, não teriam do que reclamar.

Como o caso ilustra bem, a possessão arquetípica não é um acontecimento individual, mas está relacionada com os outros indivíduos da família e tem um significado, um propósito e uma função. Dessa maneira, pode-se dizer que a família, como unidade, se manifesta e funciona por meio de um destino - em nosso caso entendido como uma predisposição que leva a uma busca - arquetipicamente coordenado. A procura de Antônio por terapia e a ansiedade da mãe pelo sintoma do filho podem ser a abertura necessária para que a família reveja esse padrão de relacionamento.

No trabalho com a família, devemos explorar o fato de como determinado conteúdo que aparece ligado a um membro surge na dinâmica familiar. Isto é, qual a função e o propósito do aparecimento daquele conteúdo para toda a família naquele momento específico.

Os conceitos junguianos de *persona* e sombra dão maior clareza à situação. Na interação contínua da família com o meio intermediada por essas experiências arquetípicas, algumas vivências ficam identificadas com a estrutura da *persona* familiar, ou seja, aqueles aspectos com os quais a família se apresenta, se exibe ao mundo, nos seus valores morais, culturais, nos seus papéis fixos, na participação social etc. Em nosso exemplo, a família de Antônio parece perfeita, tendo como *persona* familiar algo maravilhoso; todos se dão bem, sem no entanto lidar com a sombra familiar que parece conter o medo do abandono.

Essa mesma interação contínua faz que outros aspectos fiquem dissociados do funcionamento consciente da família, formando a sombra familiar, ou seja, o conjunto dos aspectos não desenvolvidos, reprimidos e não expressos, tanto em suas polaridades negativas quanto positivas. Um processo de confrontação com a sombra pode ser feito num contexto de dimensões interativas, buscando um significado coletivo mais amplo.

Ao olharmos a família como um sistema, percebemos que esta interage com o mundo de forma que certas funções ou papéis individuais são designados a um membro específico de maneira não refletida ou "inconsciente". Dentro de uma abordagem junguiana, um dos objetivos centrais da terapia familiar é o movimento de sair da equação familiar homeostática em que o equilíbrio é mantido ao custo de uma ou várias patologias individuais e de unilateralidades.

Outro aspecto importante nesse referencial é o conceito de compensação. O sintoma apresentado é frequentemente uma maneira de manter um sistema familiar homeostaticamente fechado, assim como uma oportunidade para abrir o sistema e sair do sintoma. Podemos entender até mesmo uma função prospectiva no sintoma, em que este nos fornece um caminho. No caso fictício, Antônio não lida bem com a angústia. Em uma família na qual a mãe trabalha o tempo todo para que ninguém se sinta angustiado e todas as necessidades sejam supridas, isso pode ter diferentes significados. Na circumbulação (ou *circunambulatio*) do sintoma, chegaremos a várias respostas. Uma delas atenderá à demanda dessa família específica.

Antônio apresenta o sintoma, sendo, portanto, o "paciente identificado" da família. Sua ansiedade faz que os outros membros pareçam "normais", mas uma análise mais aprofundada mostra a dependência que também a irmã mais velha tem da família. Tanto pais quanto filhos são dependentes entre si. Esse pai é uma figura submissa, e a mãe é quem decide e supre tudo. Ao procurar terapia, Antônio trouxe com ele sua família e, na medida em que o processo se aprofunda, mudanças no esquema familiar parecem ser inevitáveis.

Outro conceito da teoria de Jung muito esclarecedor para essa situação é o de complexo, entendido como um conjunto carregado de energia com forte conotação afetiva. Ele é formado por associações, imagens, percepções, ideias e fantasias, encadeadas e agrupadas ao redor de um núcleo arquetípico, a partir de vivências relacionais. No exemplo, o arquétipo prevalente é o da Grande Mãe. Não permitindo o crescimento dos filhos, a mãe prende-os a ela e à família. Os filhos carregam reflexos do complexo materno, não conseguindo ter relações afetivas satisfatórias.

A teoria dos tipos psicológicos é outra grande contribuição de Jung para a terapia familiar. A ideia das quatro funções da consciência - pensamento, sentimento, intuição e sensação - associada aos dois tipos de atitude possíveis - extrovertida ou introvertida - diante da vida pode ajudar o terapeuta a compreender melhor uma real dificuldade de comunicação entre os membros da família. E, quando as diferenças entre cada elemento são explicitadas, um grande alívio e respeito podem ser conquistados.

A abordagem junguiana, ao trabalhar prospectivamente os sonhos, olhar os sintomas como oportunidade de crescimento e destrinchar a rede arquetípica que subjaz às famílias, oferece um corpo teórico coerente que une uma abordagem psicodinâmica do indivíduo a uma abordagem sistêmica do funcionamento familiar. O próprio Jung (1995) disse que, frequentemente, uma família leva gerações para trabalhar certo destino arquetípico.

TAREFAS DO TERAPEUTA

Uma das tarefas iniciais do terapeuta de família é a necessária avaliação dos problemas apresentados, não de forma linear ou causal, mas com ênfase na elucidação da rede contextual das motivações que levaram a família a procurar assistência.

Nos primeiros contatos, o terapeuta procura elucidar essas motivações e esclarecer com cada membro familiar o impacto delas sobre cada um e também seus significados. Desse modo, terapeuta e família podem juntos aproximar-se do impasse arquetípico que a família está vivendo naquele momento específico. É importante criar um vínculo, baseado no sentimento de empatia com cada um dos indivíduos, e fazer a família sentir-se acolhida como um todo pelo terapeuta.

Como já vimos, o problema pode, inicialmente, vir localizado em um indivíduo, e o próprio tratamento, bem como as expectativas colocadas neste (e por este), pode ativar e reatuar alguns arquétipos, designando papéis para os membros da família e o terapeuta. Uma pessoa pode receber o papel de "doente"; e o terapeuta, o papel complementar de "curador".

Por exemplo, no caso citado, Antônio carrega o sintoma (a insônia), e sua mãe espera que o terapeuta se alie a ela e lhe devolva o filho curado, porém ainda sob seu poder, mantendo assim a homeostase familiar. É tarefa do terapeuta antecipar as dinâmicas sistêmicas e intrapsíquicas, colocando-se adequadamente dentro desse contexto.

Quando o terapeuta recebe uma família para tratamento, é importante que ele faça uma análise dos arquétipos que orquestram as interações e trocas dessa família nos níveis intrapsíquicos e/ou interpessoais, para que os sintomas trazidos possam ser expandidos em termos de dimensões de imagens. Devemos lembrar que a linguagem é uma arca de tesouro de imagens que nos molda mais do que nós a moldamos.

O terapeuta não é um observador externo que busca uma neutralidade. De acordo com o arquétipo do curador ferido (Penna, 2004), ele influencia e é influenciado durante todo o tempo em que interage com a família e cada um de seus membros.

Da mesma forma, cada membro da família não é uma entidade isolada, mas é definido em termos das estruturas mais amplas que os contêm. Assim, a terapia familiar torna-se uma atividade multidimensional que inclui perspectivas: intrapsíquicas, socioculturais, figurativas, ecológicas, políticas e outras. Cabe ao terapeuta procurar abandonar qualquer metodologia unilateral que se caracterize por uma visão reducionista, causal e linear.

É também tarefa do terapeuta ajudar a família a explorar os significados metafóricos e as imagens conectadas ao problema concreto. Dessa forma, o sintoma pode ser apreciado como uma manifestação da rede de arquétipos operando na família e ainda favorecer uma nova maneira de percebê-la em sua expressão tanto no mundo subjetivo quanto no mundo concreto. O terapeuta de família deve também identificar questões como mitos, crenças e papéis familiares manifestados em repetições, sonhos, versões diferentes de eventos, papéis familiares e demais temas de igual importância para aquela família específica.

Na visão de Jung, é importante explorar a função teleológica latente na apresentação do sintoma, pensado como elemento das funções corretivas e potencialmente curadoras. Voltando ao nosso exemplo, a "insônia" de Antônio foi o sintoma que trouxe a família para atendimento, simbolizando a necessidade deles de despertar para algo novo.

O terapeuta evita tomar partido no jogo da culpa da família, desconsiderando soluções que só tendem a manter o *status quo* patológico e possibilitando soluções mais apropriadas advindas de um movimento genuíno do sistema como um todo. Assim, toda transformação terapêutica necessita do equilíbrio entre mudança e estabilidade, pois em todo trabalho de renovação há uma combinação de destruição de certas partes e construção de algumas novas.

Para Papadopoulos (1996), "desembaraçar-se" aparece como uma metáfora útil para a terapia: os materiais existentes são rearranjados de modo que o nó é desatado e o fio é disponibilizado para melhor uso. A tarefa do terapeuta é ajudar a família a criar caminhos construindo um contexto em que um genuíno e apropriado respeito a um eixo central seja mantido.

Como salienta Newman (1980), o trabalho com a família é muito mais uma questão de encontrar a metáfora alquímica apropriada que permita papéis complementares para todas as partes desses importantes processos terapêuticos. Referente a esse posicionamento, podemos remeter a Jung, o qual já havia considerado ser pretensioso qualquer julgamento sobre uma personalidade que se colocasse à sua frente:

> Trabalhar desta forma exige uma apreciação poética de que o sistema é mais poderoso que o individual, que o arquétipo é mais forte que o desejo, que o complexo nos possui ao invés de nós o possuirmos e que o sonho nos sonha e não nós o sonhamos. (Papadopoulos *apud* Dodson e Gibson, 1996, p. 152)

REFERÊNCIAS

BATESON, G. *Mente e natureza.* Rio de Janeiro: Francisco Alves, 1986.

BERTALANFFY, L. V. *Teoria geral dos sistemas.* Petrópolis: Vozes, 1972.

DODSON, L.; GIBSON, T. *Psyche and family.* Wilmete: Chiron Publications, 1996.

JUNG, C. G. *O desenvolvimento da personalidade*, v. XVI. Petrópolis: Vozes, 1981.

_____. *Estudos experimentais*, v. II. Petrópolis: Vozes 1995.

MINUCHIN, S. *Famílias: funcionamento e tratamento.* Porto Alegre: Artmed, 1982.

NEWMAN, K. D. *Counter-transference and consciousness.* Nova York: Spring, 1980.

PAPADOPOULOS, R. "Archetypal family therapy". In: *Psyche and family.* Asheville: Chiron Publications, 1996.

PENNA, E. M. D. "A imagem arquetípica do curador ferido no encontro analítico". In: *Ensaios sobre a clínica junguiana.* Porto Alegre: Imprensa Livre, 2004.

STEIN, R. *Incesto e amor humano.* São Paulo: Símbolo, 1978.

STEVENS, A. *Archetype: a natural history of the self.* Londres: Routledge and Kogan, 1982.

4. Eros e poder na conjugalidade e na terapia de casal

Vanda Lucia Di Yorio Benedito

JUNG, AO DESENVOLVER A teoria da psicologia analítica, dentro do momento histórico-cultural da psicanálise da sua época, colocou suas profundas reflexões a serviço da análise individual.

Embora não tenha voltado seus estudos à área da psicoterapia de casal e de família, seus conceitos e pressupostos são fontes seguras para a compreensão da dinâmica conjugal e familiar. Jung desenvolveu no seu método a amplificação simbólica de temas míticos como uma das vias de acesso à psique humana. Por meio desse recurso clínico, podemos atingir conteúdos do inconsciente coletivo que apontam para possibilidades inesgotáveis de conhecimento da nossa dinâmica psicológica, com múltiplas leituras e interpretações.

Segundo Alvarenga (2007, p. 11), os mitos, "essas histórias de vida", tornaram-se referenciais de grande importância para explicar relacionamentos, conflitos, doenças e as possíveis soluções para esses tantos impasses. Sob essa perspectiva, escolhemos o mito de Narciso para alinhar os conceitos da psicologia analítica à compreensão mais profunda de estruturas relacionais no campo da conjugalidade. Valemo-nos também de estudos psicanalíticos de Otto Kernberg e das leituras sociológicas da contemporaneidade de Zigmunt Bauman para ampliar a compreensão simbólica da vivência narcísica nos relacionamentos amorosos.

Para tomar o mito de Narciso como referência, fazem-se necessários alguns dados essenciais sobre esse mito, baseados na tradução de Louise Vinge citada por Schwartz-Salant (1982).

Narciso é fruto de um estupro, de uma relação de força e poder, e não de amor. Sua mãe, Liríope, uma ninfa, foi violentada por Céfiso, deus-rio, nas correntezas das águas. Ao consultar o adivinho Tirésias, Liríope ouviu que Narciso só sobreviveria se ele "jamais se conhecesse". Sua beleza era fascinante, mas viveu sem se ver, desconhecendo tal beleza em si próprio. Só se sabia desejado, mas não desejava nem era tocado pelo desejo do outro por ele. O outro não lhe fazia sentido, não provocava ressonância dentro dele. Era frio e indiferente a qualquer apelo. Eco, uma ninfa que, por castigo de Hera, teve o poder da voz mantido apenas para repetir o final de uma frase que ouvisse, apaixonou-se por Narciso.

Quando Eco se atirou em seus braços, apaixonada, e pensando ser correspondida, ouviu de Narciso: "Retira as mãos! Não me abraces. Que eu morra antes de conceder-te poder sobre mim!" (Schwartz-Salant, *ibidem*, p. 98). Eco, ao sofrer tamanha rejeição, foge envergonhada e vai se esconder na floresta, onde passa a viver em cavernas vazias, perdendo cada vez mais o viço do seu corpo, restando-lhe apenas a voz que ecoa seu amor não correspondido na forma de desespero.

Outra ninfa, também desprezada por Narciso, roga aos céus que "ele possa amar a si mesmo e não obter aquilo que ama" (p. 98). Numa de suas caçadas, Narciso, ao se debruçar sobre um lago cristalino a fim de saciar sua sede, vê uma imagem pela qual se apaixona, e passa a desejá-la e querer dela se aproximar, o que nunca havia experimentado antes. É tocado pelo desejo de possuí-la. Não entende por que não é correspondido e percebe a tênue linha que o separa de seu objeto de amor. Quando estende seus braços, o outro também o faz; quando sorri e quando chora, a imagem lhe corresponde, mas ao tentar beijá-la e abraçá-la não o consegue, até que percebe que aquela imagem que vê é dele próprio. Isso o faz sofrer, pois gostaria que aquilo que desperta amor estivesse separado dele. Não pode fazer aquilo de que mais precisa: ir ao encontro do outro. Narciso está irremediavelmente atado a si mesmo, o que lhe causa sofrimento e um sentimento de solidão e vazio até então desconhecido. Chora. Suas lágrimas turvam as águas e sua imagem desaparece, para seu desespero. Desfere um golpe em seu peito buscando a morte.

A análise do mito de Narciso expõe as feridas narcísicas existentes no vínculo amoroso e nos conduz ao trabalho da psicoterapia de casal, em que é importante identificar a complementaridade dos opostos presentes no vínculo e os desafios que os casais, com essa dinâmica subjacente, enfrentam durante o trabalho psicoterápico.

A discussão acerca desses tópicos, ao longo deste capítulo, considera a forma predominante como os vínculos amorosos estão sendo construídos no momento atual e a velocidade com que estes rapidamente perdem o viço do amor, da ternura, do ideal conjunto e são substituídos por disputas de poder, como identificamos no mito de Narciso. Este trabalho é resultado de algumas reflexões sobre a crescente demanda de jovens casais em busca de terapia já nos dois primeiros anos de casamento. E o diálogo com vários autores também nos acompanhou nessas reflexões.

Zigmunt Bauman (2004) discute as relações amorosas na atualidade ressaltando a ambivalência explícita na busca dos relacionamentos amorosos. Retrata homens e mulheres que anseiam desesperadamente se relacionar, mas estão à deriva de seus sentimentos, emoções e desejos descartáveis em curto prazo. Ele chamou esse contexto atual de "tempos líquidos", "líquido cenário da vida moderna", "líquido mundo moderno", "relacionamentos de bolso", em que tudo se desfaz rapidamente para se refazer sem nenhuma perspectiva de permanência.

A mensagem que circula entre os jovens casais é a seguinte: "Se você deseja se relacionar, mantenha distância; se quer usufruir do convívio, não assuma nem exija compromisso. Deixe todas as portas abertas" (Bauman, *ibidem*, p. 10). De uma maneira ambivalente, as pessoas desejam laços fortes, mas procuram mantê-los frouxos pelo temor de se verem obrigadas a suportar tensões e encargos que possam aprisioná-las num relacionamento. Assim, os casais ficam semijuntos, o que torna mais fácil "diluir as relações para que se possa consumi-las" (*ibidem*, p. 10). Serão tais formas de expressão uma nova roupagem do tão falado, mas pouco entendido, medo da entrega?

Por meio de várias imagens, como "os prazeres do convívio e os horrores da clausura" (*ibidem*, p. 12), Bauman coloca-nos em contato com a dor dessas pessoas pela impossibilidade de viver o amor, apesar de desejá-lo; reflete sobre a conveniência da rede de conexões que permite deletar o outro apenas mudando o cenário, com uma nova busca se iniciando para novas conexões e ampliação da rede; ressalta a diferença entre estar num relacionamento em que se vive o paradoxo de sofrer com o rompimento e estar numa conexão que se rompe antes que comece a ser detestada. Na "modernidade líquida", não se fazem vínculos, apenas conexões. Essas vivências nas relações amorosas não trazem satisfação duradoura nem garantia contra a ansiedade e a solidão.

> A facilidade do desengajamento e do rompimento (a qualquer hora) não reduzem os riscos, apenas os distribuem de modo diferente, junto com as ansiedades que provocam. (Bauman, 2004, p. 13)

Nesses tempos líquidos, o desejo de viver a experiência amorosa se faz por meio de uma busca de satisfação instantânea, que não exige grandes esforços, mas almeja resultados garantidos. O autor chega a comparar essas experiências com o investimento no mercado de ações, em que a posse do produto só se mantém enquanto o rendimento está compensando, e se faz rapidamente a troca por novos produtos que prometem lucros mais imediatos. O outro nada pode fazer: ele "é a ação a ser vendida, o prejuízo a ser eliminado" (*ibidem*, p. 30).

Tratando das diferentes formas de viver o amor, o poder, a atração pela paixão e a necessidade de escapar dos vínculos, o autor conclui:

> Eros não quer sobreviver à dualidade. Nisso reside a assombrosa fragilidade do amor, lado a lado com sua maldita recusa em suportar com leveza a vulnerabilidade. Todo amor empenha-se em subjugar, mas quando triunfa encontra a derradeira derrota. (*ibidem*, p. 22)

Kernberg (1995) também aborda a ambivalência nos vínculos marcados por características e defesas narcisistas.

> Para o parceiro narcisista, a vida prossegue em isolamento; a dependência em relação ao outro é temida na medida em que representa o reconhecimento da inveja e a gratidão pela dependência. A dependência é substituída por exigências cheias de razão e por frustração quando estas não são atendidas. Os ressentimentos aumentam e são difíceis de se desvincular dos momentos de intimidade; são mais facilmente resolvidos por meio de cisão de experiências diferentes de cada um, mantendo-se a paz à custa da fragmentação da relação. (Kernberg, *ibidem*, p. 138)

O manejo da autonomia *versus* a dependência traz diversos conflitos nessas relações. Em razão da dificuldade da entrega no vínculo amoroso, o parceiro narcisista defende-se desvalorizando o outro, condenando-se a duas formas defensivas igualmente negativas: estabelecer um abismo afetivo com o outro ou ficar fusionado com ele numa tentativa de controlá-lo. Nenhum desses arranjos inconscientes torna os cônjuges capazes de encontrar uma saída que lhes permita uma integração madura de suas emoções e percepções.

> Existem, portanto, duas possibilidades: o desenvolvimento inadequado do superego estimula a indiferença, a falta de preocupação e a insensibilidade, o que distancia os parceiros; ou a existência de certo funcionamento do superego pode resultar na projeção dos sentimentos de culpa no parceiro, o que introduz uma qualidade paranoide no relacionamento. (Kernberg, *ibidem*, p. 151)

Cada uma dessas duas formas de defesa aponta para o medo da ligação com o outro. Pelo pavor de se verem fusionados e engolidos, os cônjuges criam abismos afetivos entre eles e, pelo receio da distância e do abandono afetivo, se fusionam. A sombra conjugal constrói-se e mantém-se com essas defesas, que se fortalecem numa dinâmica psíquica compensatória, instaurando na *persona* conjugal comportamentos competitivos e destrutivos que não facilitam o processo de individuação dos parceiros dentro da conjugalidade.

Cada parceiro tende a funcionar como representante simbólico de fantasias sombrias do outro, o que leva muitos casais a fazer escolhas amorosas patologicamente complementares. Assim, o medo de ser abandonado desencadeia a necessidade de um parceiro que lhe passe segurança. Essa falsa segurança é sustentada por um distanciamento afetivo e controlador, frequentemente visto como autossuficiência, própria de quem "não precisa de ninguém". Um parceiro vive intensamente na sua *persona*, na forma de um complexo, o que o outro reprime na sua sombra.

Schwartz-Salant (1982, p. 45) escreve que a estrutura arquetípica é ambivalente, e que essa ambivalência "é precisamente a principal característica do narcisismo". Observamos essa ambivalência na intensa relação de idealização que parceiros com essa dinâmica impõem no vínculo amoroso: ele não quer ser amado, e sim admirado. Tal dinâmica é marcada por um sofrimento que se deve ao "fato de jamais ter sido capaz de estender uma idealização a outra pessoa significativa, nem ter conseguido que essa idealização fosse adequadamente recebida" (*ibidem*, p. 106).

Jung (1982 [1934]) escreveu que *anima* e *animus* são os arquétipos responsáveis pela paixão, promovendo, simultânea e paradoxalmente, a idealização do outro e sua destruição, pelo temor da autonomia e força com que eles se expressam na vida psíquica. Um encontro, ao ativar esses arquétipos, é sempre muito emocional; leva os parceiros a se relacionar entre si, predominantemente a partir de suas bases instintivas, coletivas e arquetípicas.

> Esse fato, aparentemente estranho, se deve à seguinte circunstância: toda vez que o *animus* e a *anima* se encontram, o *animus* lança mão da espada de seu poder e a *anima* asperge o veneno de suas ilusões e seduções. Mas o resultado nem sempre será necessariamente negativo, pois há também a grande possibilidade de que os dois se apaixonem um pelo outro (numa espécie de amor à primeira vista). Mas a linguagem do amor é de espantosa uniformidade e, em geral, utiliza-se de formas populares, acompanhadas da maior dedicação e fidelidade, o que faz que os dois parceiros se encontrem mais uma vez numa situação banal e coletiva. Eles, entretanto, se armam, na ilusão de estar se relacionando do modo mais individual possível. (Jung, 1982 [1934], § 30)

Essa dualidade de idealização e destruição está colocada no mito de Narciso. Ela é milenar. Historicamente, o comportamento de seus personagens sofre mudanças de acordo com demandas da consciência coletiva, mas simbolicamente suas essências permaneceram.

Ao longo deste trabalho, ao nos referirmos a Narciso e Eco, estaremos tratando de dinâmicas psicológicas encontradas tanto em homens quanto em mulheres. Nenhuma delas é específica de um gênero, mesmo que possamos reconhecê-las mais frequentemente em um ou outro.

Todo mito revela, do ponto de vista simbólico, várias questões psicológicas do processo de desenvolvimento do ser humano e de suas relações. O mito de Narciso, do ponto de vista da conjugalidade, aponta para o difícil problema da ligação, da intimidade, da aceitação e do relacionamento com o outro. Mostra tanto o lado defensivo, dentro de uma relação amorosa nas suas diferentes formas de estagnação, quanto o lado criativo possível, estimulando cada parceiro a reconhecer (e lidar com) os desafios necessários em relação a si mesmo e dentro do relacionamento.

Kernberg (1995) traz, numa visão psicanalítica, o que a psicologia analítica entende como processo de individuação, a meta inconsciente do desenvolvimento humano, abordando a dinâmica de casal. Ele também descreve a possibilidade criativa nos vínculos amorosos narcisistas, identificando nas defesas e nos conflitos conjugais o germe para a cura narcísica.

> Às vezes, a seleção de um parceiro inclui esforços para curar a patologia do indivíduo. Inconscientemente, um homem com um autoengrandecimento narcísico pode escolher uma mulher com características opostas. Ao ser atraído por essa mulher e tentado a pisotear seus valores, como parte de uma compulsão à repetição de seus conflitos narcísicos, ele também pode estar encerrando a esperança inconsciente de que ela afinal triunfe moralmente sobre o cinismo dele. Portanto, os esforços de cura podem desenvolver-se tanto na esfera dos sistemas de ideal de ego do casal quanto na dos conflitos passados inconscientes. (Kernberg, 1995, p. 155)

O mito de Narciso leva-nos a vários questionamentos no que diz respeito à dinâmica conjugal, tanto para os casais de hoje quanto para os casais de amanhã, uma vez que homens e mulheres continuarão atualizando, de diferentes formas, suas jornadas arquetípicas em busca do amor.

Nesse caminho, invariavelmente, os parceiros enfrentarão o medo de se confrontar com a sombra, a coragem para abandonar a *persona* defensiva, o desafio e os perigos do fascínio no desenvolvimento das funções da *anima* e do *animus*. Na busca da individuação, dentro da experiência amorosa adulta, o sacrifício da idealização infantil é necessário para disponibilizar a libido a serviço de um desenvolvimento maduro. Esse processo cria as bases para a relação ego-*self*, simbolizada e vivida também dentro do relacionamento conjugal. O medo de desafiar a organização psicológica que envolve essas estruturas nos paralisa.

> Se esse medo não é superado, as relações com o objeto ficam marcadas com uma característica rejeitadora defensiva. Ao mesmo tempo, a tendência é o desenvolvimento de uma atitude de autossuficiência e de arrogância, sustentada por uma rigidez corporal com a função de ancorar a atitude psíqui-

ca e de ajudar na repressão dos sentimentos de fragilidade, frustração e falta de confiança. (Cavalcanti, 1992, p. 200)

Alvarenga aborda os castigos de Eco e Narciso e conclui:

> Narciso também está fadado à morte, tanto quanto Eco, pois ambos não se conjugam, não forjam o *coniunctio*, não procriam filhos simbólicos. Eco perdeu-se de si mesma e não compõe totalidade tanto quanto Narciso, que nunca se soube como diferente de sua própria imagem e restou apaixonado pela própria projeção. (Alvarenga, 2011, p. 37)

Como sobreviverá um casal que experimenta essas atitudes e defesas na relação? Dois "Narcisos" lutando no mesmo ringue doméstico para ter mais controle e valor, cada um movido inconscientemente pelo medo de ser engolido, desvalorizado ou descartado? Como sobreviverá um casal que valoriza exageradamente a autoimagem, a força, o poder, a competição, o sucesso e o *status*, em detrimento da qualidade do relacionamento afetivo, da realização pessoal e do bem-estar psíquico?

Identificamos nesses tipos de casal uma dinâmica conjugal narcisista, tomando como referência a descrição do perfil de narcisismo de Schwartz-Salant (1982). Ambos não se deixam penetrar pelo outro, não podem tolerar a mínima crítica, apresentam baixíssima capacidade empática ao mundo do parceiro, trocando suas necessidades profundas por imposições ao outro. Tanto o funcionamento masculino quanto o feminino mostram-se perturbados, e a história do relacionamento sofre distorções e ataques.

Fernandes (2010, p. 19) apresenta-nos suas reflexões sobre a falta de empatia nesses relacionamentos:

> Paradoxalmente, portanto, o ser apaixonado pode não ser revestido de ressonância empática pelo objeto de sua paixão, requisito fundamental para o vínculo verdadeiramente amoroso. Assim, o apaixonado não se torna mais empático por quem idealizou. Pode acontecer justamente o contrário. Ele

> pode tornar-se possessivo e míope em relação ao objeto da paixão. Muitas vezes, em lugar de fazer o bem e promover a realização daquele para quem se rende, o apaixonado, indiferenciado das potências que brotam de seu inconsciente, pode buscar a destruição do objeto idealizado carregado de *numinum*, que tanto poder tem sobre sua autoimagem.

O autor descreve o problema inconsciente da empatia entre esses casais. Reflete que, na paixão, a alteridade e a capacidade de entendimento mútuo desaparecem. Há falta de sintonia e simetria do apaixonado com o objeto da paixão, que, por ser extremamente idealizado, carregado de *numinum*, tem muita força sobre o psiquismo do apaixonado, de tal maneira que este se sente narcisicamente envolvido na conquista e frágil nessa relação de grande risco para sua autoestima.

Nesses casos, a busca exagerada de poder ocorre à custa da estagnação de um dos parceiros. De onde é possível partir a mudança? Quem aceitará os desafios para transformar essa relação? Quais riscos cada cônjuge, em sua posição oposta, terá de enfrentar quando a mudança começar o ocorrer? Tais considerações encontram na terapia de casal um campo facilitador para encorajar os parceiros a trilhar o caminho que, na sua essência, o mito propõe.

Que desafios estão propostos ao casal Narciso e Eco? Como essa vivência se expressa na vida psíquica de cada um e no cotidiano do casal? Schwartz-Salant (1982, p. 42) responde: "Sem Eros, a alma está perdida e o indivíduo se reduz aos impulsos de poder que dominam o ego e criam a ilusão de controle".

O mito mostra-nos que Narciso, como cônjuge, traz para o relacionamento uma força opressora e dominadora, para assim não desvelar sua fragilidade, projetivamente identificada no parceiro. A grande ferida é a falta de si mesmo, não reconhecida, dissociada da consciência, que gera uma sensação permanente de incompletude e imperfeição.

A defesa contra esses sentimentos é usar o outro para que o preencha de forma onipotente. Para não se sentir na mão do outro, dependente e vulnerável, o indivíduo desenvolve habilidades opressivas a fim de retirar do cônjuge aquilo de que necessita. Seu parceiro acaba entendendo que é seu dever entregar o que lhe é arrancado e, como acredita que só obteve porque arrancou aquilo que desejava, Narciso assume que não deve ao cônjuge nenhuma gratidão, que é a base do amor por si e pelo outro.

Narciso faz com Eco o que ele teme viver na relação com ela. Pelo medo de ser dominado e subjugado, usa de todas as armas, tanto sutis quanto agressivas, para deixá-la sem autonomia. Tem horror a ser levado a ser o que não é, e de tudo fará para que Eco não "seja" quem ela é ou possa vir a ser.

Kernberg (1995, p. 145) descreve essa dinâmica de relacionamento com clareza, levando-nos a identificá-la sem dificuldade nos casais Narciso e Eco.

> As pessoas narcisistas precisam ser admiradas e inconscientemente extraem "suprimentos" de admiração dos outros, como uma defesa vingativa contra a inveja; ao projetar essas mesmas necessidades em seu parceiro, elas temem, por sua vez, serem exploradas e "roubadas" daquilo que têm. Portanto não toleram que seu parceiro dependa delas, e vivenciam a reciprocidade habitual das relações humanas como uma exploração invasiva. Em virtude dos conflitos em torno da inveja inconsciente, não podem sentir gratidão por aquilo que recebem do outro, cuja própria capacidade de dar livremente elas também invejam. A ausência de gratidão impede o fortalecimento da capacidade de apreciar, amorosamente, o amor recebido.

Essa dinâmica disfuncional entre o casal só é mantida porque ambos desenvolveram entre si um estado relacional simbiótico.

> A simbiose caracteriza-se pelo permanente estado fusional entre o sujeito e o objeto. Tal fenômeno ocorre no deslocamento de uma simbiose primária para uma secundária. Dessa forma, o sujeito pode buscar, simbioticamente, exercer controle narcísico sobre o outro por meio de mecanismos sádicos ou masoquistas. (Fernandes, 2010, p. 22)

Ameaçar abandono e retirar seu apoio é uma estratégia poderosa para manter Eco insegura e acovardada na sua empreitada de tornar-se si mesma. Uma dinâmica pautada por Narciso não se deixa convencer a fazer o que não deseja e a ter pensamentos não produzidos por ele mesmo. Para isso, serve-se da grande capacidade empática de Eco às necessidades do outro, além da sua capacidade de renúncia em ser reconhecida, uma vez que se sente gratificada ao angariar amor e aceitação, mesmo que o preço a ser pago seja o abandono de suas potencialidades e criatividade. Por isso, ela muitas vezes não constrói um espaço próprio no mundo físico e psíquico.

Patrícia Berry (1984) escreve que Narciso e Eco são essencialmente da mesma natureza, como amado e amante, perseguido e perseguidor, objeto e sujeito. Narciso escolhe um par para viver por ele seus medos e ansiedades persecutórias. Na psicoterapia de casal, precisamos ajudar Narciso a encontrar Eco dentro de si e empatizar com essa dor. Ao trazer para si a responsabilidade, retira do cônjuge essa tarefa, impossível de ser cumprida por meio das projeções, pois se trata de uma ferida intrapsíquica vivida e reforçada na relação interpsíquica do casamento.

O indivíduo dominado pela dinâmica narcisista precisa sentir que aquilo que mais teme – a ligação – é o de que mais necessita, e o desafio necessário é ter a coragem para viver esse medo e só assim superá-lo. Ou seja, dar autonomia ao outro e aguentar o medo de ser abandonado, conseguir prescindir da imagem de uma *persona* de poder para que a individualidade tenha lugar. Narciso tem de suportar a dor de se conhecer para sobreviver. Se ele não o conseguir, morre como individualidade, autoconsciência, e passa a viver "matando psiquicamente" o cônjuge, ao lhe negar realidade própria. Narciso domina e explora, Eco submete-se e deixa-se explorar.

> As pessoas com fixação egoísta geralmente se associam, seja no casamento seja na profissão, a pessoas com fixação oposta, isto é, narcisista, que as complementam em simbioses patológicas de difícil terapia. (Montellano, 1996, p. 89)

A Eco cabe ser o que o outro já espera dela. Ela também não pode se conhecer: seus desejos, suas necessidades e suas competências são colocadas em função do outro idealizado como forma de manter uma relação de autogratificação e autovalorização, dependente do outro idealizado para existir como alguém de valor. Assim como Narciso, Eco também vive a dor psíquica pela falta de si mesma. Ela depende do outro para existir, colocando-se a serviço dele de maneira indiferenciada, sem voz, refletindo assim suas necessidades simbióticas. Precisa desenvolver a capacidade de adquirir existência psíquica: reivindicar autoridade às suas próprias perspectivas, numa autoimagem de valor na relação conjugal. Para tanto, é preciso entrar em contato com suas faltas, abrir mão de suas exigências de autoperfeccionismo como a única maneira de ser reconhecida e amada. É importante reconhecer que suas defesas são uma forma de controle de sua raiva e de sua destrutividade, muitas vezes projetada no cônjuge.

A partir do dinamismo arquetípico que Eco representa, essa personalidade precisa começar a reconhecer seus recursos e competências. Deve superar o medo da rejeição, da desvalorização e do abandono por parte de quem idealiza e em quem projeta seu ideal de perfeição: o cônjuge Narciso. Esse medo, associado a expectativas de se ver reconhecida e valorizada no vínculo, faz que sempre espere dele, inutilmente, o preenchimento de seus vazios. Essa espera improfícua, mas sempre prometida e sustentada pela projeção, mantém Eco estagnada dentro desse vínculo. Adquirir a confiança de que é capaz de se autocuidar quebra a crença de que só pode amar (e, portanto, depender de) um "objeto ideal". Narciso também ganha com essa ruptura, pois pode passar a ser amado mesmo não sendo perfeito, recebendo um olhar amoroso e, ao mesmo tempo, realista da sua pessoa. E Eco ainda ganha a possibilidade de reconhecer em si a própria capacidade de amar aquele que, em alguns momentos, desvaloriza e por quem inúmeras vezes sente ódio.

Como é isso no dia a dia do casal? Segue um exemplo fictício criado com base em diferentes queixas de diversos casais.

Pedro telefona de outro país e solicita Maria, que está no seu trabalho, atendendo um cliente. Ele precisa que ela entre em contato com sua agente de viagem para resolver um problema. Tudo isso deve ser feito em poucos minutos. Pressiona e estressa Maria a ponto de ela dispensar o cliente para atendê-lo. Meses depois, Maria liga para casa, pedindo a Pedro que pegue sua agenda no andar de baixo da casa para lhe passar um número de telefone. Ele se enfurece, faz silêncio e reclama que está por demais concentrado no seu trabalho para largá-lo naquele momento. Ela desliga o telefone, ressentida, sai do trabalho e vai para casa buscar a agenda telefônica.

Cenas assim repetem-se em vários aspectos da vida desse casal e de muitos outros com igual dinâmica de funcionamento. Independentemente do conteúdo, o formato é sempre o mesmo. Em geral, Narciso não pergunta o que o outro deseja, sente ou pensa. Ele decide, para não ter de lidar com um querer diferente do seu. Em geral, Eco não deixa claro de que precisa, não coloca força nos seus desejos. Precisa de alguém que ponha luz no seu querer e a autorize a desejar.

Desafios para o cônjuge Narciso: lidar concomitantemente com a frustração e a aceitação de que a necessidade do outro é tão importante quanto a sua; lidar com o impulso de anular o desejo e a realidade do outro, como se ameaçassem sua integridade e importância; trabalhar seus sentimentos persecutórios que o fazem interpretar doação como exploração e gratidão como subserviência; e dissolver suas fantasias de ficar endividado com o outro que o aprisionará.

Desafios para o cônjuge Eco: reconhecer a importância e a validade de suas necessidades e desejos independentemente de qualquer reação negativa do mundo externo; sustentar atitudes que venham a desestabilizar aquele do qual pode ser dependente afetivamente, algumas vezes financeira e socialmente; ancorar sua autoestima na legitimidade de seus recursos, mesmo que sua insegurança tenda a convidar seu cônjuge a continuar ocupando espaços que poderiam ser reconhecidos também como de sua competência; e também aguentar que o outro, mesmo que numa atitude de extremo esforço, entregue na relação aquilo que já lhe pertence como patrimônio conjugal: a empatia, mesmo quando seria mais fácil assumir que o outro nunca fará, nunca abrirá mão de estar em primeiro lugar etc.

Essa dinâmica não raro se rompe quando Eco passa por uma transformação, ocupando novos espaços na relação. Tendo mais recursos psíquicos para se organizar de forma mais madura, ou ainda por encontrar um novo Narciso, Eco acaba por desestabilizar o companheiro, que se vê diante da ameaça concreta de perder quem imaginava estar sob seu controle. Este vê suas defesas onipotentes ruírem, tem a consciência dolorosa da importância do outro em sua vida e vê sua dependência afetiva desse outro, antes negada e dissociada da consciência, surgir de forma avassaladora.

Tal padrão costuma também se romper quando o casal evolui no processo da terapia. As defesas começam a ser bombardeadas pelo confronto dos complexos que paralisam o casal, e desafios necessários ao trabalho de elaboração do vínculo tornam-se conscientes para os cônjuges.

Fernandes (2010, p. 24) aponta a dificuldade desse momento da análise, quando muitos sentem que o próximo passo será o sacrifício de idealizações grandiosas a respeito de si:

> Poucos são os que vão até os limites exigidos pelo processo de individuação rumo ao casamento interno. Poucos se despem de suas racionalizações defensivas. Entretanto, é necessário estar despido para entrar na câmara nupcial.

Nossa experiência com casais em psicoterapia corrobora essa conclusão. Já havíamos constatado que essa etapa do processo exige mais tempo e cuidado redobrado. Os cônjuges sentem-se inseguros quando percebem que estão sendo desafiados a abrir mão de posturas diante do parceiro que marcavam o vínculo com julgamentos distorcidos de si e do outro. Constata-se a luta narcísica interna para fazer os sacrifícios psicológicos necessários ao processo de transformação das personalidades que compõem a conjugalidade, para daí advirem novas possibilidades de ajuste no vínculo amoroso.

> A visão estreita que a neurose lhes impõe leva-os a resistir às mudanças, acreditando que, se assim o fizerem, estarão se submetendo aos desejos e caprichos do outro. Mas, na verdade, essa crença nada mais é do que uma forma de projetar o medo, disfarçado em raiva, que subjaz às emoções perturbadoras que alimentam a dor escondida pelas defesas. (Benedito, 2002, p. 92)

Desestabilizar esse vínculo é fundamental para romper a simbiose conjugal. O terapeuta deve desafiar cada parceiro a ter coragem para viver o medo que o paralisa no seu desenvolvimento pessoal. E, certamente, em decorrência desse processo, virá um ganho para o relacionamento conjugal.

CONSIDERAÇÕES FINAIS

O PONTO CENTRAL DOS conflitos gerados pelas feridas narcísicas remete-nos à questão da construção da identidade de ambos os parceiros – o quanto cada um se sente seguro sobre os referenciais que constituem o padrão interno de autorreconhecimento. O estabelecimento da identidade é condição fundamental para a construção da relação eu-outro e, portanto, da conjugalidade.

É possível permanecer como somos ao mesmo tempo que nos unimos a outra pessoa de forma tão íntima, ou essa total intimidade num relacionamento amoroso traz a destruição do ego individual? O quanto é possível renunciar em favor de outra pessoa sem perda da própria identidade?

Identidade-individualidade é um estado de ser oposto ao da fusão. Fusão é um estado arcaico de identidade eu-outro que se baseia na indiferenciação do eu, condição geradora da simbiose do casal que não permite que se viva a conjugalidade, nem a individualidade, no relacionamento amoroso.

A construção da identidade é feita por meio de um lidar constante entre as diversas polaridades. Desde o começo da vida, o bebê luta e busca sobreviver entre prazer e desprazer, fome e saciedade, vigília e sono. Não existe meio-termo. Vive-se ou o prazer total ou o desconforto total.

É arquetípica a tarefa do homem de lidar com as polaridades e, assim, construir seu pensamento a respeito de si e do mundo. O par masculino-feminino pode conter, simbolicamente, todos os outros pares de opostos, uma vez que são princípios geradores. Portanto, só existe conjugalidade porque existem duas individualidades que se conjugam.

> Para que a centelha de criação seja gerada, masculino e feminino têm de se unir em sua plena virilidade e feminilidade sexuais. Antes que possam se unir, é preciso que tenham estado separados, distintos, afastados um do outro. (Singer, 1976, p. 27)

Colman e Colman (1988) lembram-nos de que a mitologia está repleta de narrativas e imagens do eterno masculino e feminino entrelaçados num amplexo infindo. Essas imagens simbolizam uma saída para o conflito de opostos, que se dá pelo amor de um pelo outro, e não pelo embate entre eles.

Mas dificilmente se chega ao amor sem lutas; amor é um estado que se conquista, pois temos de lutar contra forças opostas que são poderosas e destrutivas, como inveja, ciúme, raiva, estados psíquicos regressivos, nossas feridas narcísicas etc.

A conjugalidade exige, em alguma medida, a redenção da ferida narcísica: exige ser penetrado, aceitar críticas, reconhecer as diferenças, conscientizar-se das próprias necessidades e ter empatia pelas do outro, construindo uma história com ele. E tudo isso porque se é capaz de ser penetrado pelos próprios aspectos inconscientes e sombrios, reservar alguma empatia por aquilo que não é "ideal" na sua personalidade e, portanto, ser autocrítico sem se paralisar, reconhecer suas necessidades sem se desvalorizar, perceber um sentido histórico da própria existência, harmonizando o masculino e o feminino em si.

Aos casais que disputam poder na relação e reprimem o desejo de amar e a necessidade de se entregar a essa vivência para não correr o risco de "perder" de si e para o outro, devemos perguntar: o que significa ceder nessa relação? Qual a importância de ter de ganhar? O que se ganha quando se vence? O que se perde quando se ganha? Ganhar é o oposto de perder? Quando se perde, o que mais se perde? Temem ser submetidos, desvalorizados? Quando se afasta, o que se ganha? E o que se perde? Do que se aproxima quando se afasta? E do que se afasta quando se aproxima? Essas e muitas outras perguntas nos mostram a complexidade envolvida nessa dinâmica da conjugalidade e individualidade no casamento.

O casamento apresenta aos cônjuges a difícil empreitada que é se tornar cada vez mais o que se é, transformando-se com e por meio do outro, porém conservando e respeitando a própria essência, num processo que Jung denominou individuação.

Para finalizar, destacamos um trecho do livro *Androginia* (Singer, 1976, p. 39) que resume a posição da psicologia analítica de Jung sobre o tema:

> A vivência da tensão gerada pelos opostos permite ao indivíduo adquirir poder (força interior), o que só é possível se abrirmo-nos aos contrários dentro de nós – não através de um esforço para integrar o que é estranho ou exterior, mas sim despertando para a realidade de que os contrários sempre estiveram presentes, e de que coexistiriam harmonicamente se nós não cravássemos uma cunha em meio a eles.

REFERÊNCIAS

ALVARENGA, M. Z. "A vida na *coniunctio* Zeus-Hera; a morte na *separatio* Eco-Narciso". *Junguiana*, n. 29/2, São Paulo, 2007, p. 33-38.

BAUMAN, Z. *Amor líquido*. Rio de Janeiro: Zahar, 2004.

BENEDITO, V. L. Di Y. "Abordagem simbólica do conflito conjugal - O corpo em cena". *Junguiana*, n. 20, São Paulo, 2002, p. 87-94.

BERRY, P. *Echo's subtle body - Contributions to an archetypal psychology*. Dallas: Spring Publication, 1984.

CAVALCANTI, R. *O mito de Narciso - O herói da consciência*. São Paulo: Cultrix, 1992.

COLMAN, A.; COLMAN, L. *O pai - Mitologia e reinterpretação dos arquétipos*. São Paulo: Cultrix, 1988.

FERNANDES, R. R. "O outro lado da paixão. Narcisismo defensivo e relações fusionais". *Junguiana*, n. 28/1, São Paulo, 2010, p. 18-24.

JUNG, C. G. [1934] *Aion - Estudos sobre o simbolismo do si-mesmo*, v. IX/2. São Paulo: Vozes, 1982.

KERNBERG, O. F. *A psicopatologia das relações amorosas*. Porto Alegre: Artes Médicas, 1995.

MONTELLANO, R. P. "Narcisismo: considerações atuais". *Junguiana*, n. 14, São Paulo, 1996, p. 86-91.

SCHWARTZ-SALANT, N. *Narcisismo e a transformação do caráter*. São Paulo: Cultrix, 1982.

SINGER, J. *Androginia - Rumo a uma nova teoria da sexualidade*. São Paulo: Cultrix, 1976.

5. O casamento como palco de reedição das feridas: uma leitura simbólica

Jane Eyre Sader de Siqueira

> O conflito gera o fogo dos afetos e emoções e como todo fogo, este também tem dois aspectos, ou seja, o da convulsão e o da geração da luz.
> (Jung, 2000, § 179)

Segundo Jung (1999), raramente, ou nunca, um matrimônio se desenvolve sem crise até atingir um padrão de relacionamento em que as individualidades sejam respeitadas. É impossível tornar-se consciente sem passar por sofrimentos.

Para a psicologia analítica, o casamento é uma das vias de vivência do processo de individuação, processo esse que Jung denominou tornar-se si mesmo, a realização de potencialidades inatas em cada ser humano. O casamento propicia o encontro e o confronto das partes inconscientes de cada um projetadas em seu parceiro. Uma das tarefas da terapia de casal é ajudar o indivíduo a reconhecer aspectos que depositou no outro como sendo partes de si mesmo, possibilitando uma elaboração e ampliação da consciência.

Para isso, é necessário que o cônjuge, namorado ou amante lide com suas frustrações, ao retirar as projeções, e integre conteúdos sombrios projetados no outro, que são os conteúdos que a pessoa rejeita em si própria.

Muitas vezes nos perguntamos o que leva à escolha do parceiro. As afinidades eletivas nas quais se baseia a escolha amorosa não são apenas as partes aparentemente boas dos indivíduos, mas também as ruins, que pertencem à dimensão da sombra.

No confronto do inconsciente com a consciência, os vários componentes do ser amadurecem e unem-se numa síntese, na realização de um indivíduo mais inteiro e específico. A esse confronto, que também implica momentos de entrega, Jung chama de processo de individuação. Em seu desenvolvimento, o indivíduo conecta-se com seu centro psíquico, chamado por Jung de *self*. A personalidade completa-se quando a consciência e o inconsciente vêm ordenar-se em torno do *self* (Silveira, 2000).

A segunda metade da vida é a fase denominada por Jung de metanoia. Geralmente uma profunda mudança começa nessa fase da vida; é um tempo de suma importância psicológica. Há um questionamento sofrido de como a vida se desenvolveu até o momento.

> Procura-se encontrar suas motivações verdadeiras e surgem descobertas. O indivíduo consegue conhecer sua peculiaridade por meio da consideração crítica de si próprio e de seu destino. Mas esses conhecimentos não lhe são dados de graça. Chega-se a tais conhecimentos apenas por abalos violentos. (Jung, 1999, § 331a)

A tarefa da individuação na segunda metade da vida requer que os homens articulem em sua identidade pessoal seus aspectos femininos (a *anima*) e as mulheres, seus aspectos masculinos (o *animus*).

Para completar-se, o indivíduo terá de aceitar as próprias imperfeições, até então, muitas vezes, projetadas no outro, e o fardo de conviver conscientemente com tendências opostas, inerentes à sua natureza. Sem conflito não há consciência: "A consciência só pode existir através do permanente reconhecimento e respeito do inconsciente: toda vida tem que passar por muitas mortes" (Jung, 2000, § 178).

Na viagem misteriosa pelos caminhos do amor, há muitas decepções, sofrimento, mortes de sonhos e idealizações, mas é em função dessa viagem que cada um encontra o outro e a si mesmo. É nesse sentido que o relacionar-se é fundamental e tão vital em nossas vidas.

> Quem ao menos uma vez não se imergiu nessa experiência fica separado do mundo do espírito e do da carne. O amado se torna uma figura que estimula a busca de uma verdade interior minha. (Carotenuto, 1994, p. 30)

Na experiência do amor, o indivíduo vive a crise de suas incertezas e coloca a si mesmo numa condição existencial de desequilíbrio. Ele se sente constantemente desarmado, vulnerável. Nessa reviravolta gerada pelo amor é que surge a possibilidade de atitudes aparentemente rígidas se dissolverem, com o que o indivíduo se transforma. A condição amorosa pode colocar o indivíduo em uma nova e mais ampla participação psíquica, possibilitando novos encontros consigo mesmo e com o outro. Do desequilíbrio, do caos, pode nascer uma nova existência.

De acordo com Carotenuto (1994), ao vivenciar o amor, experimentam-se e provocam-se sofrimentos e dores, o que causa bastante tormento. No mundo interior ficaram registradas experiências desde o nascimento, como medo da separação e angústia, e esses sentimentos são reeditados no estado de enamoramento. Há uma ilusão de preencher um vazio estrutural, de base, na vivência do amor. Essa experiência corresponde a exigências profundas do indivíduo e pode ser definida como busca da totalidade perdida. "Se eu me encontro numa fase em que experimento agudamente essa dor, o outro adquire o valor de uma esperança: a promessa, para mim, de me tornar algo completamente novo" (Carotenuto, *ibidem*, p. 54). É a dimensão da falta que estimula a busca do outro como totalidade e representa para o indivíduo uma contínua promessa de diferenciação e de mudança. Porém, uma promessa de completude implica sempre e também o risco de um fracasso.

> Pode acontecer que, naquele momento particular, alguma coisa dificulte a minha metamorfose, e então o outro, depois de haver encarnado a "pro-

> messa viva" da minha possibilidade de tornar-me, pode representar o testemunho vivo da minha impossibilidade de transformar-me. Esse é o aspecto mais inquietante porque o haver sentido, ainda que por um instante, que podíamos ser diferentes, o sermos iludidos de que algo podia mudar, deixa-nos uma herança dolorosa. E então devemos aprender a suportar a privação. Penso que a aceitação da falta seja outro traço estrutural da nossa existência. "Toda a nossa vida é uma luta para captarmos aquela coisa que nos escapa, e para podermos lutar devemos aprender a sentir sobre os nossos ombros o peso da ausência do outro". (Carotenuto, *ibidem*, p. 55)

Nenhuma experiência ou terapia elimina essa sensação de vazio que acreditamos que o amor poderia preencher. Caso se acredite que o vazio foi abolido, está enganando a si próprio. Embora o outro possa corresponder ao nosso desejo inconsciente, a necessidade de totalidade é de tal forma desmedida que nenhuma experiência a poderá satisfazer totalmente. O destino de cada um é aprender a suportar a privação e também a desilusão da pessoa que está ao seu lado (Carotenuto, *ibidem*).

Tanto na dimensão amorosa quanto na vida, a necessidade impulsiona a ir adiante, mas a busca não tem mais fim, pois, qualquer que seja o resultado que se possa obter, é sempre insuficiente diante das próprias expectativas. A insatisfação é o preço que se paga para crescer. A personalidade desenvolve-se somente sob o impulso do que falta. O outro exprime uma promessa de ser, porém a presença do outro indica o que se pode ser (Carotenuto, *ibidem*).

> O maior erro que podemos cometer é pensar que o outro nos seduziu: eu fui seduzido pelas minhas próprias imagens, que o outro foi capaz apenas de evocar. Quando caio nos braços do outro e me sinto disposto a tudo, na realidade alguém deve poder me dizer que eu estaria pronto a dar qualquer coisa para realizar o meu mundo interior. (Carotenuto, *ibidem*, p. 64-65)

Percebe-se então que no relacionamento amoroso existe a possibilidade de se confrontar, de se encontrar, de se rejuntar a si mesmo, reconhecendo partes do outro que são de si próprio.

Em inúmeros relacionamentos amorosos, as feridas da infância são reeditadas em função de ciladas inconscientes que necessitam de conscientização e de elaboração de ambas as partes. Nem sempre isso se torna possível, dependendo da evolução e das possibilidades internas de cada parceiro. No processo de psicoterapia, cada um deveria discriminar suas partes projetadas no outro, mas às vezes um deles pode ter barreiras e defesas mais fortes e um desenvolvimento mais primário, impossibilitando que isso ocorra.

EXEMPLO CLÍNICO

A SEGUIR EXPONHO UMA história de amor, sofrimento, projeções e conflito. Os nomes e alguns dados foram modificados a fim de proteger a identidade do casal.

Ado e Raquel procuraram-me para terapia de casal. Estavam havia seis meses em crise, pensando em se separar. Moravam juntos por aproximadamente três anos. Ado, 50 anos, vinha de um casamento anterior de 18 anos, com filhos. Raquel tinha 37 anos quando se conheceram e se encantou por ele ser tão diferente dela, expondo-se abertamente desde o início, contando sobre sua vida. Ela era o oposto, reservada, não se abrindo intimamente nem para as amigas. Logo passaram a morar juntos.

A primeira situação de conflito foi após três meses de relacionamento. Cada um foi passar o Natal com sua família de origem, no estado do Rio de Janeiro. Raquel foi de sua cidade natal para uma cidade próxima visitar suas amigas de infância. Como o tempo estava chuvoso, Ado ficou preocupado e, por meio de mensagens de celular, pedia para Raquel dizer se estava tudo bem. Passou a tarde toda à espera de notícias, obtendo retorno apenas à noite. Raquel havia brigado com o pai antes de sair para se encontrar com as amigas; ele a tratara como uma menina. Ela ficou triste de se perceber ainda amarrada a algumas situações que já imaginava ter resolvido. Não queria estar mal ao encontrar suas amigas que não via havia alguns anos e, como não costumava dividir seu sofrimento íntimo, tentou desligar-se dos problemas a fim de estar bem com elas. Ligou para Ado à noite, mas ele não se conformou por ela não lhe ter dado notícias antes, por não ter aplacado sua angústia, sua preocupação. Nessa época, Ado estava inseguro, pois um antigo pretendente estava investindo em Raquel e ele achava que ela não colocava o limite adequadamente, aguçando sua insegurança.

Ado não entendeu a ausência e o distanciamento de Raquel. No decorrer das sessões, disse que sentia certo "autismo" no relacionamento. Queixava-se da falta de confiança e transparência de Raquel. Ele sentia que não a conhecia, e o que conhecia até então estava longe de ser a pessoa com quem pretendia fazer os planos de sua vida. Para que a relação tivesse futuro, as questões tinham de ser esclarecidas.

Segundo Raquel, ele não conseguia vê-la. Ela gostaria de ser levada em conta e compreendida, que ele tivesse empatia, que considerasse o que ela sentia, que houvesse respeito com a verdade dela. Ele pensava ser dela toda a responsabilidade; Ado não entendia o papel dele no relacionamento.

Após a primeira fase do relacionamento, do apaixonamento, das idealizações, na qual cada um serve para o depósito dos sonhos do outro, surge o primeiro conflito.

> A idealização do parceiro escolhido está sempre presente, com maior ou menor intensidade, sendo a decepção com o outro diretamente proporcional ao nível da idealização. O desenvolvimento do vínculo conjugal dependerá da capacidade dos indivíduos de lidar com a frustração com que deparam quando a imagem idealizada não corresponde mais ao comportamento do outro, bem como da condição psicológica dos parceiros para reestruturarem o vínculo em bases reais. (Benedito, 1996, p. 24)

A crise do casal instaurou-se no relacionamento quando eles foram para suas cidades e retornaram às suas famílias de origem. Para Jung, simbolicamente, a volta à cidade natal é uma das expressões do caminho de individuação – a volta ao lar. É a volta a si mesmo; o retornar com a possibilidade de rejuntar as partes (Siqueira, 2009). O campo fica propício para entrar em contato com as feridas não elaboradas de cada um.

A maneira de se relacionar no âmbito da família de origem é reeditada na dinâmica conjugal. Raquel percebeu-se ainda envolvida com os antigos conflitos com seu pai e passou a funcionar como quando era menina, fechando-se, evitando se abrir para o outro. Ado, como se verá mais adiante, foi tocado em sua ferida narcísica, na ausência de Raquel, no vazio, sem notícias. Ambos criaram, nesse episódio, expectativas diferentes sobre o outro. Ado esperava que ela o incluísse e enviasse notícias para aplacar sua angústia e ansiedade. Raquel esperava ter sido compreendida por ele nesse episódio com o pai, em sua ausência, seu isolamento. Ficaram aprisionados nessa situação, nesses desejos não realizados, não compreendidos.

> Os arquétipos de *anima* e *animus* permanecem indiscriminados como função de ligação da consciência com o inconsciente. Se essa ligação não ocorre, os indivíduos ficam atados a conteúdos e imagens inconscientes do mundo infantil, buscando satisfação imediata por meio do parceiro, quando deveriam perceber que o casamento é uma construção permanente, por uma relação dialética e igualitária entre parceiros. (Benetido, *ibidem*, p. 28)

É necessário tentar entender onde cada um ficou preso e qual a dinâmica do casal, voltando à história de cada cônjuge.

Ado é o quinto filho de uma família de oito, tendo o anterior a ele falecido com 1 ano de idade. Ado nasceu um ano e dois meses após a morte desse irmão. Pode-se supor que seu nascimento em seguida à perda do irmão tenha-lhe tornado mais difícil ocupar seu próprio lugar no mundo; ele carregou o pedido inconsciente de sua mãe de substituição ao filho que partiu (Leloup, 1996). O tempo e o espaço para o luto é que nos permite ter um novo filho e amá-lo por ele mesmo.

É muito importante para a criança que a mãe a reflita, pois o reflexo é uma exteriorização da realidade psíquica interna. Se o reflexo não ocorrer, advirão problemas de identidade (Schwartz-Salant, 1995).

> A consciência do ego é um espelho no qual o Si-mesmo se olha e, como tal, a consciência que o Si-mesmo tem de si e do seu desenvolvimento depende da consciência do ego. Inversamente, o ego é um reflexo do Si-mesmo e de suas atitudes e estruturas – uma réplica especular do Si-mesmo. (Schwartz-Salant, *ibidem*, p. 60)[1]

A estabilidade do ego depende de um sentido interno de ser refletido pelo *self*. Essa reflexão é especialmente importante na primeira infância. A mãe e a criança compartilham nessa época de um campo de energia comum; os processos da mãe penetram no filho, e vice-versa.

> A mãe deve ser sensível à desordem que acompanha a consciência emergente do seu filho, do mesmo modo que deve ser capaz de servir de mediadora entre essa desordem e o filho. Pois a mãe é o primeiro portador da imagem arquetípica do Si-mesmo, a fonte central de ordem da personalidade. A contenção adequada da ansiedade da criança auxilia a constelar um sentido interno de segurança e do funcionamento interno real do arquétipo da ordem. Se essa reflexão não ocorrer, a criança não apresentará prontamente o terreno interno propício ao desenvolvimento. Toda mudança será prejudicada pela ansiedade e pelo medo, e o sentido de identidade da criança assumirá um caráter cronicamente difuso. (Schwartz-Salant, *ibidem*, p. 62)

---

1. Schwartz-Salant prefere "Si-mesmo" a "*self*". Neste texto, os dois termos são considerados com o mesmo sentido.

Podemos supor que Ado ficou prejudicado nesse reflexo, importante na primeira infância; provavelmente lhe foram refletidos a tristeza da perda da criança anterior e, inconscientemente, o desejo materno de resgate da criança perdida. Nessas circunstâncias, a mãe fica impedida de refletir o filho real.

É também das forças inconscientes subjacentes ao relacionamento com os pais que o bebê retira o alimento psíquico para construção da sua consciência (Benedito, 1996). Quando esse filho acaba preenchendo o vazio dos pais, ele assume inconscientemente uma identidade para preencher o vazio do faltante. Ao final desse processo é que essa criança, em lugar de sentir seu *self* aceito e amado, pode sentir o contrário. Contra esse sentimento forte, o caráter narcisista constrói defesas.

Quando foi mencionado por mim durante uma sessão que "parece que você ficou sem um lugar próprio, ficou no lugar do irmão", Ado não concordou, não aceitou como possível tal dinâmica nele.

Em outra sessão, Ado estava muito triste, não vendo como as coisas poderiam mudar. Perguntei se já havia sentido essa tristeza antes. Ele lembrou que, aos 14 anos, fora para uma escola militar em outro estado. Não queria seguir carreira, porém em sua cidade natal essa escola era um modelo de sucesso. Ele se via perseguido na escola por não querer seguir a carreira militar, recebia castigos, mediam forças com ele, achava-se em desvantagem, injustiçado. Sentia-se triste e só, castigado por não corresponder ao padrão. Ele ficou nessa escola durante o primeiro e o segundo colegial.

A ferida repete-se ao longo de sua vida: não foi aceito como ele mesmo ao nascer, com seus desejos próprios; e posteriormente, na escola, queriam que ele seguisse a carreira militar, sem respeitar suas particularidades. Teve a infância e a adolescência sacrificadas, não podendo manifestar sua individualidade.

Em uma das sessões cheguei a comentar sobre um olhar triste que percebia nele. Ele não o percebia. Ado carecia de reflexo e suas defesas estavam bem endurecidas, negando seus sentimentos com frequência, não aceitando algumas colocações feitas por mim ou por Raquel.

Naquele primeiro conflito do casal, Ado sentiu-se desesperado, angustiado, ansioso por notícias de Raquel, revivendo seus sentimentos primários de abandono, medo, rejeição, solidão, incompletude, impotência; ficou tão tomado por essas emoções que não conseguiu sequer olhar ou compreender o que acontecia com a parceira mesmo depois de ela o ter explicado. Esse episódio com Raquel reativou feridas primárias.

> Podemos encontrar casais perdidos nesse período, buscando se defender na relação de dependência conjugal contra o medo de se sentir vulneráveis ao abandono, à rejeição, à desvalorização etc. (Benedito, 1996, p. 31)

Fica difícil para o casal identificar onde se perderam e por que estão sofrendo tanto. Não entendem por que o outro não compreende e supre às suas necessidades. Eles muitas vezes não têm consciência de seus medos, vulnerabilidades e dependência. Na segunda metade da vida, o indivíduo desenvolve-se e cresce desde que reconheça e integre o significado da limitação e da perda, da inadequação e do medo, nele e no outro. O homem precisa revalorizar o feminino, expressando suas próprias necessidades e sentimentos de dependência (Eisendrath, 1995).

Raquel vem de uma família com pais separados; seu pai é um militar aposentado e a mãe sempre teve de trabalhar para ajudar financeiramente. Tem um irmão, bem mais jovem que ela. A mãe casara aos 19 anos, grávida de Raquel, e não era apaixonada pelo pai. Foi um casamento ruim, com inúmeros problemas. O pai era distante, com vários casos extraconjugais, tendo inclusive assediado uma parenta que morou na casa. A mãe não poupava Raquel desses conflitos. Comportava-se como se a filha fosse sua amiga. Desabafava, invertendo a função materna. Raquel via sua mãe se colocar como vítima, e sempre tentou ser o oposto. Na escola, não conversava com as amigas sobre seus problemas; vivia o conflito isoladamente. Saiu de casa com 17 anos, foi estudar fora e começou a se sustentar. Segundo ela, o que a manteve lúcida nessa história foi enxergar que poderia construir uma vida diferente para si própria. Fez a escolha de ter leveza, compromisso de ser feliz e crescer, ser uma pessoa melhor. Hoje tem um bom emprego e uma vida financeira confortável.

Ela agiu com Ado da mesma forma que agia fora de casa em sua infância, separando-se e isolando seus problemas e sua dor. Essa tinha sido sua forma de defesa, e isso não acarretara problemas em sua infância; ao contrário, ajudara-a. Mas na conjugalidade, em seu relacionamento afetivo, gerou um grande conflito. Ado sentiu sua postura como afastamento, rejeição, distanciamento.

Raquel veio ao mundo sem o amor de sua mãe por seu pai. Podemos supor que a mãe tenha vivido uma gravidez inesperada, não planejada, gerando angústia e culpa, e com poucas possibilidades de dar à filha as necessidades básicas de carinho, afeto, espelhamento. Em meio a sentimentos ambivalentes com seu nascimento, suscitados em seus pais, com suas próprias histórias, Raquel não teve o devido acolhimento. A vida exigiu que crescesse, invertendo os papéis, tornando-se "mãe" e "pai" de sua mãe.

O pai era uma figura negativa na casa, ausente como representação paterna protetora que estabelece limites; era tido como um violador de regras dentro do próprio lar, com a mãe se sentindo vítima dele.

> Quando o pai exclui a si mesmo, isso vem de sua própria formação e temperamento. Isso justifica a referência a uma falta de "empatia paterna" no lar. Seligman defende a ideia (1982, p.19) de que o pai ausente tende a ser também um marido ausente; ela vê tal casamento como "dilapidado" e exigindo que os filhos desempenhem o comportamento de pai substituto com relação à mãe. (Samuels, 1989, p. 196)

Aqui constatamos a figura paterna como uma referência negativa, cujo modelo era baseado em violência e poder sedutor.

O pai é a primeira pessoa importante além da mãe e o primeiro representante da masculinidade. Ele promove o funcionamento social, além de ser vital para a formação da identidade de geração e de gênero (*idem*). Raquel saiu da infância carente da figura paterna que a amasse e protegesse, que desse provimento a ela.

Raquel não queria se identificar com a mãe, que era um modelo frágil, vítima do homem, não lhe assegurando uma identidade positiva. Nesse sentido, negou o feminino em si, preferindo identificar-se com uma posição mais masculina diante da vida. Foi à luta para tentar vencer, como forma de confirmar sua existência, procurando um direito de ser, que lhe fora negado na infância. Percebemos um complexo materno e paterno negativo.

> De acordo com Haerlin, o eu que se considera ruim – e isso na minha terminologia é expressão para um complexo materno e paterno originalmente negativo – não sente nenhum direito à existência. "Quando ser não é bom, então bom deve ser o desempenho". (Kast, 1997, p. 206)

A mensagem que, inconscientemente, foi passada a Raquel em seu nascimento não deve ter sido boa, fazendo que se sentisse culpada por sua existência, que vivenciou como um acontecimento ruim. A salvação para ela foi dirigir-se para fora, na escola, e sair cedo de casa em busca da autoafirmação, de existência no mundo. Em sua casa não foi possível. Na escola era admirada por suas amigas, todos queriam pertencer a seu grupo. Tinha o sentimento vital de fazer parte de algo, de ter direito à existência e de ser ela mesma objeto de atenção. Conseguia sobressair no seu ambiente, o que era um contraponto de equilíbrio que ajudou sua vida a ser suportável naquela época. A confirmação vinha do mundo de fora.

> Esse sentimento primário de culpa tem raízes profundas [...] Quando uma criança tem a impressão de não possuir nenhum direito à existência e, em

> conexão com esse fato, o sentimento de ser, ela própria, a culpada por isso, então ela fará tudo – pressupondo uma certa vitalidade – para conquistar esse direito à existência. (Kast, *ibidem*, p. 159)

Ela desenvolveu cedo uma independência considerável, uma autonomia forçada, prática para a vida. Com seu complexo materno negativo, ela se afastou do feminino, de seu eu próprio. Colaborou para essa questão, ainda, o fato de ela ter um pai que desqualificava o feminino, em si mesmo e nas mulheres.

Para que a mulher desenvolva um relacionamento interno de parceria verdadeira com seu masculino (ou *animus*) reprimido, ela precisa valorizar sua própria feminilidade. "Revalorizar o feminino implica em integrar sua própria autoridade e valor, reivindicando sua capacidade e sua competência em cuidar e nas relações humanas" (Eisendrath, 1995, p. 43).

Isso implica responsabilizar-se por "quem eu sou", não pelo que faço, pelo que pareço ser, pelas conquistas. É perguntar-se sobre suas próprias necessidades, sentimentos, valores, ser fiel a si mesma. É assumir a responsabilidade por nossos corpos (Woodman, 2002).

ECO E NARCISO

> A atração funciona por meio da semelhança, de maneira que, quanto mais perto chegamos do semelhante, mais vivaz e quente é o fogo. Semelhante inflama, acende, incendeia semelhante. Portanto, essa é uma atração que se baseia não em opostos, mas em similares. Embora Narciso resista, há uma semelhança; Eco e Narciso (sujeito e objeto, amante e amado, perseguidor e perseguido) são de uma mesma natureza essencial.
>
> O que implica essa semelhança? No reino de Eco e Narciso, toda ocorrência é também uma recorrência, toda ação é uma re-ação. Falando mais pessoalmente, isso implica que aquilo que ecoamos é muito parecido com nós mesmos, e aquilo dentro de nosso ecoar *é* um tipo de si-mesmo. (Berry, 1982, tradução livre de Gustavo Barcellos)

No meu entender, esse casal encaixa-se na dinâmica do mito de Narciso e Eco. Uma das versões, a de Ovídio, encontra-se no livro de Schwartz-Salant (1995). O funcionamento dessa dinâmica foi muito bem descrito por Vanda Di Yorio Benedito no Capítulo 4 deste livro. O processo de individuação de Eco e Narciso e as funções estruturantes de dominância narcisista e egoísta que cada um representa são muito influenciados por vivências relacionadas com o casal parental (Montellano, 1996).

Ado e Raquel tiveram pais que os geraram em momentos difíceis de suas vidas, não estando preparados para recebê-los. Ambos permaneceram comprometidos, tentando corresponder aos pais, sem poder ser si mesmos. Segundo Schwartz-Salant (1995), os problemas no desenvolvimento da relação ego-*self* geram desordens psicológicas ligadas à autoestima e à identidade. Uma das características da personalidade narcisista é sofrer de uma profunda carência de empatia. A insegurança e a fragilidade constituem aspectos da sombra narcísica que costumam ser negados, dando lugar a uma *persona* representada por força e poder, não correspondendo à verdadeira individualidade. Uma das características de Narciso é a impenetrabilidade.

Narciso tem medo da ligação, medo de perder a si mesmo e o amado na relação. A união é objeto de temor. Ele acaba construindo defesas fortíssimas, como resistência a vincular-se, defendendo-se de sentimentos como a dependência, a vulnerabilidade, a ansiedade, o medo. Ao mesmo tempo, busca no parceiro a reflexão de seu si-mesmo (Schwartz-Salant, *ibidem*).

Uma das características de Eco é estar a serviço do outro, de maneira indiferenciada, negando sua própria identidade. Eco tem uma grande carência de reflexo positivo. Possui baixa autoestima e tendência a refletir o outro e não a si mesma, com capacidade empática muito desenvolvida. Tem um rebaixamento do juízo crítico em relação ao outro (Cavalcanti, 2003).

O indivíduo com uma dinâmica Eco é receptivo à onipotência narcísica do outro. "A tendência de Eco é complementar, reforçar a noção de onipotência e não permitir que o outro perceba suas faltas" (Cavalcanti, *ibidem*, p. 142).

A personalidade Eco tem a crença de que o outro vá lhe proporcionar o amor de que precisa. Esse sentimento faz que ela vá para o relacionamento de forma positiva, pois existe esperança de gratificação. Nesse sentido, Eco apresenta maior facilidade de vinculação ao outro e deposita um maior grau de confiança no relacionamento do que a personalidade narcisista (Cavalcanti, 2003). Ela apresenta um ego mais bem estruturado e coeso, por não estar sob o forte impacto dos impulsos destrutivos, geradores de angústia (*ibidem*).

A seguir exponho outra situação vivida pelo mesmo casal, que mostra com mais clareza a dinâmica Narciso e Eco.

Ado, em uma das viagens do casal, quis reafirmar um pacto com Raquel: não haver mentiras entre eles, para poder haver entrega. Para ele, isso significava marcar um novo começo, pois já havia feito esse pacto anteriormente, no início da relação, e não funcionara.

Raquel foi a um congresso em que um antigo amigo, com o qual ela havia se relacionado brevemente no passado, apresentaria uma palestra. Ela avisou a Ado que ele estaria presente. Ligou para Ado pela manhã e à tarde. Ele esperava a ligação na hora do almoço; estava inseguro. As atividades do congresso atrasaram e Raquel ligou um pouco mais tarde que o esperado. Ele ficou mal, ansioso, desnorteado. Segundo ela, ele "surtou", ficou sem querer ouvi-la, escutá-la. Alguns dias depois, o amigo enviou a Raquel os *slides* de sua palestra por e-mail. Ela respondeu apenas: "Recebi, obrigada por enviar". Ado perguntou-lhe se ela respondera ao amigo. Ela disse que não.

Dias depois, Ado pediu-lhe para ver o e-mail. Ela contou a ele que respondera à mensagem dizendo apenas que recebera os *slides*. Ado não se conformou, pois haviam feito um pacto de falar a verdade, de um não mentir ao outro, de transparência. Ele diz, então, que não quer ficar no casamento assim, sem a confiança, a verdade. Ela diz que ele não a deixa falar, é só a verdade dele que prevalece. Ado a chama de mentirosa, ela fica triste. Raquel sentira a ameaça dele, vira-o tão transtornado que não quis ligar o dispositivo do ciúme dele e tentara evitá-lo, dizendo que não respondera ao e-mail. A situação assim ficou pior.

Ado tentou fazer um pacto de transparência com uma mulher que não aprendeu a ser transparente. Se tivesse a transparência, ele teria mais controle e segurança, mas Raquel aprendeu em sua vida que a transparência traria mais dor. Ela procurou preservar a relação, respondeu algo que não correspondia à realidade por temor à perda, ao conflito, não se dando conta de que, dessa forma, traria maior sofrimento e confusão à relação, reforçando a desconfiança dele.

Raquel tem necessidade de ter espaço e ser escutada para, devagar, ir se revelando. Ado, por sua vez, não consegue dar-lhe tal espaço devido à sua própria ferida; não consegue ouvir algo diferente de sua coerência racional. Ele tenta fazer pactos para se proteger, busca exercer mais controle sobre ela, pois tem uma vulnerabilidade e medos inconscientes. Ela trai o pacto para se proteger e tentar proteger a relação. Ambos atuaram sombriamente nessa questão; eles têm defesas opostas. Ado, numa dinâmica pautada por Narciso, mostra a necessidade de controle em função de sua vulnerabilidade e insegurança; se isso não ocorre, se não é atendido, sofre uma dor emocional intensa, gerando explosões de raiva – a fúria narcísica. Pelo dinamismo arquetípico representado por Eco, Raquel, em vez de se mostrar e se revelar, esconde-se, retrai-se, fica sem voz própria – ela respondeu algo que não correspondia ao ocorrido. Raquel não queria que Ado percebesse suas faltas quando não atendia ao que ele esperava dela.

Como se pode perceber, Ado e Raquel estão imersos em seus complexos, atuantes em sua relação conjugal, necessitando de ajuda para reconhecê-los e integrá-los em suas psiques. Os complexos têm grande força sobre a psique; a consciência é fortemente influenciada por eles. Ela pode mesmo ser possuída por eles, e o indivíduo tomado por eles pode subitamente mudar um ponto de vista e, no lugar de um complexo, instalar uma convicção destoante de sua maneira habitual de abarcar a realidade. Pelo fato de o complexo estar investido de energia psíquica que não foi transformada pela elaboração simbólica, permanece autônomo, e sua influência é significativa a ponto de persuadir o ego com racionalizações que neutralizam sua capacidade crítica no momento da possessão (Fernandes, 2012).

Durante a evolução das sessões, Raquel foi percebendo como sua postura algumas vezes acionava o dispositivo do ciúme e da desconfiança de Ado, ou seja, ativava seu complexo, sua fúria. Ela dizia que sentia culpa e medo, que as perguntas e a forma de ele agir com ela tiravam-na do eixo, deixavam-na longe dela mesma, e acabava por responder algo que não era a realidade. Woodman (2002, p. 145) diz: "Se estou me sentindo 'fora de mim', 'três passos antes de mim', 'na minha frente', então um complexo foi ativado". Raquel achava que assumia uma culpa que não era dela, pois desejava que o relacionamento desse certo. Ela tivera poucos relacionamentos antes de Ado, nenhum tão significativo. Essa era uma maneira de seu masculino indiscriminado (*animus*) agir, escondendo sua fragilidade, negando sua existência própria, não a deixando ser ela mesma. Seu feminino estava reprimido, sua identidade genuína estava impedida de se revelar. Atuava no relacionamento de forma dependente, buscando validar-se, confirmar-se com reações tortas, o que acabava piorando sua autoestima. "O Animus negativo que a faz submeter-se mina toda e qualquer confiança" (Lima Filho, 2002, p. 487). Estava presa, tomada por seu *animus*, sendo submetida à tentativa de agradar a Ado e de buscar o reconhecimento fora dela. Acabava acontecendo o oposto, além de ficar desconectada de si mesma.

Percebemos, nessa situação, o "outro" dentro dela (*animus*) também correspondendo ao "outro" fora dela, Ado. Para se darem conta, conscientizarem-se de suas partes, ambos precisariam contatar primeiramente a verdade e realidade dentro de si mesmos, discriminando esse "outro" interior, reconhecendo os próprios medos, dependência e vulnerabilidade.

Ele ficava atento à realidade dos fatos, defensivamente fechado, questionando, apontando seus erros, suas incoerências. Para ele era muito difícil reconhecer o sentimento dela. Ado achava que havia uma incompatibilidade entre eles. Ela não concordava. Percebemos que ele, em sua atitude, também negava o feminino dentro e fora dele, pois o sentimento estava reprimido e ele não aceitava algo fora do argumento racional, não conseguia perceber outros valores que não fossem os seus próprios conhecidos. Sua *anima* estava indiferenciada, o "outro" dentro dele era incompatível com seu ego e o rejeitava. Ado não conseguia admitir sua dependência ou seus ciúmes de Raquel. Chegamos a discutir na sessão a questão dos ciúmes. Ele negou que fossem ciúmes; achava apenas que ela não colocava os limites adequados ao seu ex-pretendente.

> Meu erro, que nego, parece-me estar aderido em outra pessoa; eu projeto. Para me defender, preciso atacar. Quando sou insensível, é provável que eu cause dor sem sabê-lo e, assim, estarei impedido de reconhecer sua presença ou mitigá-la. Movido por um mecanismo inconsciente de compensação, posso sentir-me compelido a infligir a outrem a mágoa e a dor que nego em mim. (Whitmont, 1991, p. 216)

Ado acabava acuando Raquel, projetando nela sua fragilidade, negando sua própria dor, não podendo revelar o quanto estava vulnerável na situação. Raquel, com medo da perda e sentindo-se culpada, tentava remediar suas faltas cometidas. Seu alto grau de exigência e severidade, com a demanda de ser perfeita, atormentava-a numa expressão de sua dinâmica Eco. Podemos perceber aqui uma das expressões do *animus* de Raquel, como *animus* severo, exigente, representado por Ado em seu exterior, quando apontava seus erros, suas incoerências. Por outro lado, a *anima* indiferenciada de Ado, o vazio que sentia e evitava sentir, protegendo-se, correspondia ao lugar que Raquel ocupava quando não se colocava como si mesma, negando seu feminino e sua identidade própria, ficando em falta consigo mesma. Notamos aqui como cada um tinha de fato seu correspondente no outro, as semelhanças, os correspondentes internos.

A semelhança pode ser vivida por meio da sombra. Considera-se importante essa discriminação. É muito rico quando a terapia consegue chegar a esse ponto, quando os casais permitem que se alcance essa profundidade. Nem sempre isso é possível.

Raquel foi sentindo o fechamento de Ado, questionando se em algum momento ele esteve de fato aberto ao relacionamento, enxergando-a. Ela não se sentia aceita por ele; percebia que suas qualidades eram bem maiores que os defeitos, mas ele não as validava. Ela sentia que Ado a puxava para baixo, que a desqualificava bastante.

O mecanismo de desvalorização e invalidação do outro é que marca as relações de Narciso caçador com o objeto. Ele sente a existência do outro invalidar a sua própria existência e deseja que se evidenciem em si próprio toda a bondade e perfeição. É dessa forma que ele se alimenta; a gratificação vem apenas pela caça, e ele fica impedido de se gratificar pelo reconhecimento da bondade do outro (Cavalcanti, 2003).

Outra situação conflitiva do casal foi quando, algum tempo antes, Raquel, ao fazer uma limpeza no escritório da casa, jogou fora todos os prospectos de uns hotéis do Nordeste, onde supostamente ela teria ficado com o amigo com o qual estava saindo na época, alvo de ciúmes e questionamento de Ado. Ela nem chegou a ir ou ficar naqueles hotéis. Ado chegou e viu os papéis cortados no lixo, sentindo mais uma vez que ela não o incluíra. Sentiu que faltava transparência da parte dela, pois, no seu entender, ela deveria ter-lhe consultado ou eles deveriam ter feito a limpeza juntos. Essa situação foi bastante questionada na terapia. Era parte do passado dela que Raquel estava jogando no lixo. Ele disse que era preciso ter liberdade na relação, mas precisavam fazer algumas coisas juntos para haver transparência. Ado não conseguiu ter uma coerência nessa sessão.

Em outra sessão, o assunto do lixo voltou, e tentamos trabalhar outros olhares sobre essa situação, colocando o lixo e os papéis concretamente para que sentissem a situação acontecendo naquele momento, com o intuito de tirar novos significados no presente. Para Raquel, o lixo representava algo do passado que estava indo embora, algo que já se fora, e buscava abrir mais espaço para Ado. Ele teve muita dificuldade de entrar nessa situação proposta, falava coisas concretas, ocorridas no dia da situação real. Não conseguia simbolizar ou tirar dali novos significados, ficando ainda preso à situação, repetindo que seria diferente se ela tivesse falado e eles tivessem jogado juntos no lixo, se ela o tivesse incluído. Ele se repetia e não ia além com alguma percepção nova, não conseguindo fazer uma reflexão interna. Raquel, por sua vez, tirou novos recortes da situação, do que significava para ela o ato de jogar no lixo aquilo que representava o passado.

Nessa situação, percebemos a forte ferida narcísica de Ado se manifestando por meio da fusão com Raquel, seu *self*-objeto. Sua criança interna onipotente demonstrou a dependência da mãe-amante. Revelou-se regredido, fundido a seu *self*-objeto. Ele teve outro acesso de fúria narcísica por mais uma frustração, indicativo de quem tem um envolvimento amoroso fusional. Para ele não se sentir ameaçado, ela teria de incluí-lo em todos os projetos (Fernandes, 2012).

> [...] a paixão é de fato uma "con-fusão", lançando-nos em um estado angustiante de *fusão* com o outro, no qual perdemos a capacidade de discriminação de nossa identidade. (Gadotti, 2010, p. 46)

Já a personalidade Eco se relaciona com o mundo de forma simbólica. Nesse sentido, Raquel respondeu com facilidade à encenação proposta na sessão. A dinâmica de Eco, por sua maior maturidade, pode estabelecer relações mais livres de projeções de seus conteúdos idealizados.

> A personalidade Eco, pelo mecanismo de introjeção e reparação, faz a discriminação perceptiva da realidade externa e interna e, portanto, a distinção entre símbolo e objeto. Essa personalidade possui maior capacidade de abstração e de uso da linguagem simbólica, em contraste com a personalidade narcísica, que está fixada no pensamento concreto. A entrada de Narciso no mundo simbólico requer a vivência do luto e do uso da restauração do objeto, que o levará à criação do símbolo. (Cavalcanti, 2003, p. 153)

Ado retornava ao passado em inúmeras sessões, trazendo-o vivo ao presente; estava preso à sua dor, sem a possibilidade de se abrir para enxergar de outra forma, sentindo-se vítima do ocorrido. Viver no passado pode ser entendido simbolicamente como viver no tempo morto, no tempo da neurose, da repetição. "Tempo em que a pessoa fica repetindo determinadas realidades sem nada transformar, sem nada criar" (Alvarenga, 2006, p. 119). Ado precisaria "morrer" simbolicamente, entregar-se para poder renascer. O que significaria isso no processo analítico? Morrer o ego grandioso que aparenta ser, confrontar-se com a sombra, com os aspectos reprimidos que reluta em aceitar em si mesmo, que projeta no outro, para que o ego vá assimilando e discriminando, aos poucos, partes de sua totalidade.

Segundo Schwartz-Salant, o caráter narcisista é, em certo sentido, não nascido. A experiência do indivíduo com seu mundo interior é de vazio e de perigo. "Enquanto o mundo interior não se constelar de forma positiva, a reflexão e a imaginação serão superficiais; a profundidade é substituída pela ostentação" (Schwartz-Salant, 1995, p. 53). Ado precisaria aguentar o confrontamento com sua realidade não grandiosa para estabelecer um contato consigo mesmo mais verdadeiro e amoroso, articulando o feminino reprimido e indiferenciado, sua *anima,* toda projetada em Raquel, que em um primeiro momento a acolheu e correspondeu a ela.

Raquel estava desanimada; percebia que Ado não a ouvia, não a validava nem a compreendia. A impenetrabilidade dele ainda estava forte, sendo resistente à transformação.

Com o desenrolar das sessões, Ado percebeu que, ao omitir a verdade, Raquel não fizera nada por mal. Identificamos que a situação vivida por Raquel - negar ter respondido ao e-mail - era uma das armadilhas inconscientes, revelando o quanto a interação dos dois era destrutiva para o relacionamento. Sob pressão, acuada, Raquel diria qualquer coisa, sem coerência com o ocorrido de fato, num jogo inconsciente deles, a tal ponto que, na próxima ocorrência, ele poderia se perguntar: "O que me leva a querer checá-la, cercá-la? Preciso fazer isso para quê?" E ela: "Espere, estou me sentindo acuada, preciso ficar assim tão vulnerável?" Era importante começarem a perceber, se perguntarem e se colocarem de forma diferente, mesmo ainda não tendo todas as respostas. Essa seria uma tentativa de irem se descobrindo, se desenrolando, retirando mais significados e compreensão sobre si mesmos, tendo consciência de que se tratava de uma armadilha.

Em certa inversão de papéis, Raquel começou a reagir na sessão. Ficou dinâmica, ativa, ameaçando se separar dele. Ela fez tentativas de mandar poemas, mas o percebia fechado. Ado sentia-se na escuridão; segundo ele, para ver, a luz teria de ser muito clara.

Ele estava fusionado à *anima* sombria, imerso nas trevas, aprisionado a ela, precisando da luz da nova consciência, a luz de sua inteireza, da discriminação. Não estava conseguindo se entregar à morte simbólica para sair renascido e passar a se enxergar de outra maneira. Esclarecimentos vindos da minha parte também eram pouco acolhidos e aceitos por ele. Seu sofrimento era latente, solitário, com difícil acesso.

Raquel voltou a ameaçar se separar. Começou a se constelar nela a vivência da consciência narcísica que estava anteriormente na sombra. Numa dinâmica sistêmica, ela começou a "narcisar-se" criativamente, recuperando sua autovalorização. Desestabilizou-se a dinâmica Eco-Narciso. Ao vivenciar na sessão a outra polaridade, Raquel temporariamente experimentou o outro e fez um movimento de saída da relação para sair da paralisação.

Ado mostrou a ela fotos das viagens deles, e decidiram tentar ficar juntos. Ele viajou e passou uma semana fora; chegou pela manhã e preparou uma festa-surpresa para Raquel; separou os presentes que trouxe da viagem para ela e foi trabalhar. E ela passou a semana organizando um álbum com as fotos das viagens do casal, colocando tudo na ordem que queria; estava com saudades. Ambos vivenciavam esse clima. À noite, vieram à sessão e, ao final, houve uma colocação de Ado: uma comparação entre duas mulheres, Fernanda Montenegro e Xuxa, apontando a diferença entre uma mulher com consistência e inteligência, que ele admirava, e outra sem consistência, mais superficial. Raquel saiu muito triste da sessão e, no carro, já disse que sairia de casa naquele dia. Ela entendeu que ele a estava comparando com a mulher que não admirava, superficial e sem consistência. Não viu mais sentido em permanecer com ele. Ligou-me antes do encontro seguinte para me avisar da decisão que havia tomado. Vieram à última sessão e ele disse que não entendera o que tinha ocorrido. Para ele, a terapia era o espaço para colocarem as coisas difíceis, para discutirem as situações não resolvidas. E, às vezes, ele sentia que ela se preocupava com a imagem. Via-a como grandiosa e vitoriosa na história de vida dela, mas, quando se preocupava com a imagem, faltava-lhe transparência. Ele não entendia; dizia que era para discutirem na sessão, tratarem disso no espaço terapêutico e, então, ela terminou tudo.

Havia uma ambivalência quando Ado a rebaixava e desqualificava e, ao sair da sessão, durante a semana, compensava-a com carinhos e presentes, como se estivesse tudo bem. Raquel disse que duas coisas a entristeceram: a primeira é que ela estava se revelando ali, se mostrando, e ele não a aceitava. Era como se ela não pudesse ter espaço na relação para ser do jeito que era. Não podia ser outra pessoa, não podia trair a si mesma, tinha qualidades e defeitos, não era perfeita. Em segundo lugar, ele a colocava para baixo, machucava-a e não percebia.

Ado preparou a festa-surpresa para Raquel; tinha o desejo de reconciliação. Traíra a si mesmo e a Raquel. Com sua cisão, deixou sua *anima* sombria mais uma vez projetada em sua parceira. Raquel não queria mais esse jogo de refleti-lo em um Narciso-Eco. Queria mudar, libertar-se, poder ser ela mesma. Para sua individuação, seriam necessários o reconhecimento e a aceitação de sua inteireza e existência, que ele tentava anular. Nesse momento ela estava buscando espaço na relação para se transformar. Organizar as fotos das viagens talvez fosse uma tentativa de abrir espaço para o casal, de validar a existência conjunta, acreditando positivamente mais uma vez no relacionamento. Foram traídos em seus desejos.

CONSIDERAÇÕES FINAIS

A RELAÇÃO ESTAVA EXIGINDO sacrifícios. Raquel pareceu mais preparada, mais madura que Ado. O sacrifício exigido dele seria abrir mão de sua grandiosidade, conscientizar-se de sua vulnerabilidade e seus sentimentos de insegurança, e aceitar sua dependência, suas imperfeições, seu vazio interior, que projetava em Raquel. Articular seu feminino reprimido. Ele não parecia apto para isso naquele momento; estava regredido, fusionado, precisando de um tempo maior para o crescimento, a elaboração. Havia um descompasso entre eles. Dei-me conta disso durante o processo e senti Raquel reagindo impacientemente, em alguns momentos impulsiva, invertendo os papéis, ameaçando se separar, tentando se libertar. Cheguei a refletir se a pressa dela era defensiva ou uma forma de buscar a libertação, percebendo que ele não lhe abriria espaço.

Observei a importância do processo psicoterápico para ambos. Raquel revelava-se à frente de Ado. Com seus sentimentos, estava se fazendo existir, o que não havia ocorrido anteriormente com mais ninguém. Provavelmente as sessões ajudaram-na a se fortalecer, pois possibilitaram que suas vulnerabilidades aparecessem diante dele. Ela estava usufruindo do processo, com as idealizações indo abaixo, e enxergando um pouco melhor a realidade. Notei que Ado mudou alguns pressupostos acerca de Raquel durante o processo de terapia, mas precisaria de mais tempo para uma elaboração mais profunda a respeito de si mesmo e do outro.

Ambos faziam psicoterapia individual. O processo de terapia de casal foi de três meses e meio. O sacrifício exigido de Raquel era parar de refletir o outro para deparar consigo mesma, autorrevelar-se, o que de certa forma foi acontecendo durante as sessões, aceitando algumas de suas partes cindidas, integrando parte de seu feminino reprimido. Foi ficando mais autônoma na relação. Nas sessões, passou de submetida, acuada, para uma postura de autonomia e de decisão. O processo para ela foi acontecendo à medida que foi revendo sua postura no relacionamento, dentro da terapia. A mudança de Ado foi mais branda. A transformação narcísica é bastante lenta, quando se dá (Fernandes, 2012).

Acredito que eles tenham tirado proveito da terapia de casal; apesar de breve, saíram dela com mais consciência de si mesmos e do outro, seus funcionamentos e armadilhas tendo sido apontados. Como diz Junito Brandão (1986, p. 189) em seu livro sobre mitologia grega: "O amor é uma fonte de progresso, na medida em que ele é efetivamente união e não apropriação".

O mito é uma forma de explicar o mundo e o homem (Alvarenga, 2006). Por meio dele, entendemos determinados comportamentos humanos, suas dinâmicas de funcionamento. É importante atentarmos ao que ele diz sobre o que pode ocorrer para escolhermos permanecer dentro da história do mito ou outro caminho. É possível alterar nossa realidade se nos transformarmos.

> "*Quando eu conheço o mito*", dizia mestre Junito Brandão em suas inesquecíveis aulas, "*conheço o segredo das coisas.*" Se conhecermos profundamente o mito, passaremos a conhecer a forma de funcionamento dos homens,

> suas reações, seus desejos e seus sentimentos vários, próprios da humanidade: inveja, ciúmes, cobiça, avareza, amores, tristezas, e mais, podemos compreender a dinâmica da própria transformação da psique. (Alvarenga, *ibidem*, p. 115)

O mito de Narciso ilustra o problema da *coniunctio*. O conhecimento do mito e de seu funcionamento pode ser uma possibilidade de fazer outro caminho, de transformação, diferente do final de Narciso e Eco.

Ter coragem para se despir na frente do outro não é uma tarefa fácil. A terapia de casal, de certa forma, propõe que ambos entrem em contato com os sentimentos genuínos, se revelem a si mesmos e ao outro e, mais, sejam aceitos por si e pelo outro amorosamente. Isso, por si só, já provoca profundas mudanças.

REFERÊNCIAS

ALVARENGA, M. Z. "Concepção mítico-simbólica. Vida e morte – morte e vida". In: MONTEIRO, D. M. R. *Espiritualidade e finitude: aspectos psicológicos*. São Paulo: Paulus, 2006, p. 109-42.

BENEDITO, V. L. Di Y. *Amor conjugal e terapia de casal*. São Paulo: Summus, 1996.

BERRY, P. *Echo's subtle body: contributions to an archetypal psychology*. Dallas: Spring Publications, 1982.

BRANDÃO, J. S. *Mitologia grega*, v. 1. Petrópolis: Vozes, 1986.

CAROTENUTO, A. *Eros e pathos: amor e sofrimento*. São Paulo: Paulus, 1994.

CAVALCANTI, R. *O mito de Narciso: o herói da consciência*. São Paulo: Rosari, 2003.

EISENDRATH, P. Y. *Bruxas e heróis*. São Paulo: Summus, 1995.

FERNANDES, R. R. *Narcisismo e espiritualidade: o desenvolvimento da consciência pela elaboração simbólica*. São Paulo: Escuta, 2012.

GADOTTI, C. M. "Paixão: esse nosso pecado de cada dia". *Junguiana*, v. 28/1, São Paulo, 2010, p. 42-48.

JUNG, C. G. *O desenvolvimento da personalidade*, v. XVII. Petrópolis: Vozes, 1999.

______. *Os arquétipos e o inconsciente coletivo*, v. IX/1. Petrópolis: Vozes, 2000.

KAST, V. *Pais e filhas. Mães e filhos*. São Paulo: Loyola, 1997.

LELOUP, J. Y. *Caminhos da realização*. Petrópolis: Vozes, 1996.

LIMA FILHO, A. P. *O pai e a psique*. São Paulo: Paulus, 2002.

MONTELLANO, R. P. "Narcisismo: considerações atuais". *Junguiana*, v. 14. São Paulo, 1996, p. 86-91.

SAMUELS, A. *Jung e os pós-junguianos*. Rio de Janeiro: Imago, 1989.

SCHWARTZ-SALANT, N. *Narcisismo e transformação do caráter*. São Paulo: Cultrix, 1995.

SILVEIRA, N. *Jung: vida e obra*. Rio de Janeiro: Paz e Terra, 2000.

SIQUEIRA, J. E. S. *Calatonia e individuação*. Monografia (Curso de Formação de Analistas Junguianos do Instituto de Formação C. G. Jung), SBPA, São Paulo, 2009.

WHITMONT, E. C. *Retorno da deusa*. São Paulo: Summus, 1991.

WOODMAN, M. *O vício da perfeição*. São Paulo: Summus, 2002.

6. Te perdoo por te trair(es)

Deusa Rita Tardelli Robles
Maria Silvia C. Pessoa
Olga Maria Fontana

> Se o homem fosse livre, não teria
> necessidade de trair; entretanto, é verdade
> também que se o homem não fosse livre,
> não poderia trair.
> (Carotenuto, 1997, p. 9)

NESTE CAPÍTULO TRATAMOS o tema da traição na conjugalidade, focando as questões que o envolvem e buscando ampliar a visão desse fenômeno.

O tema é um dos mais importantes e frequentes na terapia de casal, quer seja uma traição concreta ou não. Nossa proposta é olhar a traição a partir das suas polaridades, traído e traidor, que estão em relação dialética, como opostos complementares e símbolos presentes na conjugalidade.

Ao longo do relacionamento, esse tema ressurge. Porém, o que muito nos interessa como terapeutas de casais, nesta discussão, é conceber a traição como uma transgressão que pode abrir possibilidades de transformação pessoal e conjugal por meio da sua elaboração, apesar de toda a dor envolvida.

Quando, no casamento, um dos parceiros tem uma relação extraconjugal, a traição pode ser olhada pelo menos sob três pontos de vista: do traído, do traidor e do casamento. Aqui, trabalhamos no sentido de ampliar a capacidade do casal de elaborar a traição (concreta ou simbólica), que está associada à capacidade de compreender seus aspectos na relação e de poder seguir adiante com essa vivência e/ou apesar dela.

Como primeira aproximação ao tema, Carotenuto (1997, p. 20) leva-nos a refletir com base na etimologia do verbo "trair". Ele escreve:

> Na forma reflexiva, *tradere*, o verbo significa "abandonar-se a alguém, dedicar-se a uma atividade". O substantivo correspondente, *traditio*, significa "entrega", "ensinamento", "narração", "transmissão de narrações", "tradição". Note-se que o "*nomem agentis*" (nome do agente) *traditor* significa tanto "traidor" como "quem ensina".

É interessante considerar esse duplo sentido da traição, conceito tão permeado de valores culturais, religiosos e de históricos familiares. Quando conseguimos ir além da polaridade traído-traidor, podemos crescer com essa experiência, considerando que existe um ensinamento àquele que traiu, ao traído e ao relacionamento.

Como escreve Hollis (2002, p. 11): "Todos os relacionamentos começam e terminam em separações". Assim, um mesmo casal, até mesmo em nome da individuação, pode viver vários tipos de separações e *re-uniões*. O problema não está em nos entregarmos numa relação íntima com o outro – pois nos construímos por meio de relacionamentos –, e sim em nos conscientizarmos de que, na convivência conjugal, cada parceiro pode despertar no "outro" aspectos que ele necessitaria desenvolver e encontrar em si mesmo com seus próprios recursos.

Inevitavelmente, somos traídos e traímos quando vivemos situações de relacionamento profundo em que a confiança primordial é desejada. Só podemos ser realmente traídos quando realmente confiamos e, paradoxalmente, só podemos desenvolver relações próximas quando confiamos. A traição está presente em todo tipo de relação: entre mãe e bebê, pais e filhos, irmãos, amigos e também entre cônjuges.

Hillman (1981) menciona que, quanto maiores o amor e a lealdade esperados num relacionamento, mais forte o sentimento de ter sido traído. Portanto, é impossível amar e se entregar somente em situações em que se possa confiar.

Como cita Jung (1981), em nosso processo de individuação buscamos a completude e não a perfeição. Assim sendo, a confiança primordial, originalmente idealizada, precisa ser desconstruída para a continuidade do processo de individuação dos parceiros e da relação.

Talvez os casais que nos procuram por causa de uma traição concreta sofram a dor de uma traição simbólica, da traição de si mesmos, da traição dos desejos, da traição dos objetivos individuais e até mesmo da traição dos projetos iniciais do casal.

A PSICOLOGIA ANALÍTICA E A TRAIÇÃO

JUNG NÃO ABORDOU DIRETAMENTE esse tema, mas em seus textos discorreu bastante sobre o encontro de pessoas, o "apaixonamento" e a projeção que acontece entre elas. Quanto mais inconsciente de si mesmo, mais o indivíduo pressupõe no outro uma estrutura psíquica semelhante. Ele afirma:

> O amor consciente para com o pai e a mãe favorece a escolha de um consorte semelhante ao pai ou à mãe. Ao contrário, a ligação inconsciente (a qual não precisa de maneira alguma manifestar-se como amor) dificulta a escolha deste consorte e força modificações curiosas. (Jung, 1981, § 328)

Assim, os aspectos inconscientes da ligação afetiva com os pais influenciam a escolha dos parceiros, seja perpetuando as dinâmicas familiares estabelecidas, seja escolhendo parceiros diametralmente opostos a seus pais, numa tentativa compensatória.

A sensação de "apaixonamento" envolve os parceiros num clima quase perfeito, em que dois formam um só. Esse é o perigo, pois essa vivência quase divina apaga e absorve tudo que é individual, levando a um destino coletivo. Segundo Jung (*ibi-*

dem, § 330): "É a própria comunhão com a vida e com o destino impessoal".

A partir daí, a vida encarrega-se de mudar a ambos e quase sempre transforma a paixão em dever, o querer em obrigação, e a rotina instala-se na relação. Pode ocorrer que um dos cônjuges se desenvolva mais rápido que o outro, abrindo espaço para que um deles lance olhares para "fora da relação". Na verdade, a procura é por si mesmo, porém pode-se, inconscientemente, caminhar para a construção de um triangulo amoroso (Jung, *ibidem*).

Diz um conto do folclore popular brasileiro que uma velhinha havia perdido sua agulha de costura e pôs-se a procurá-la incessantemente no seu pequeno jardim defronte à sua casa. Por ali passava um homem, que, vendo-a envolvida em tal tarefa, se propôs a ajudá-la. Passado algum tempo, ele lhe perguntou: "Foi exatamente neste lugar que a senhora perdeu sua agulha?" Ela então lhe respondeu: "Não, meu filho, eu a perdi lá dentro de casa, mas é que lá está muito escuro, logo preferi procurá-la aqui fora".

A difícil busca por si mesmo pode ser ilustrada com esse simples conto, pois muitas vezes tendemos a procurar fora o que precisamos primeiro encontrar e compreender dentro de cada um de nós. Contudo, isso exige esforço e sacrifício deliberados, e nem sempre estamos dispostos a tal empreitada.

O casamento como caminho possível para a individuação, em que duas pessoas diferentes convivem com a meta de ser "felizes para sempre", reforçada em muitas cerimônias religiosas, na verdade exige concessões e inexoravelmente acaba se confrontando com o tema da traição, quando saímos da inocência e da ideia imatura de perfeição. Nessa caminhada, traímos e somos traídos em algum aspecto.

Hillman (1981) trata o tema da traição com base na "confiança primordial" ou "certeza fundamental", que se repete desde o mito do Jardim do Éden como imagem arquetípica. Adão, Eva e a serpente estavam no Paraíso desde o começo, o que sugere que a confiança e a possibilidade de trair vieram juntas ao mundo. Ao comerem o fruto proibido, ambos estavam optando por um destino individual, repleto de incertezas e de novas conquistas. A traição no Jardim do Éden traz à tona a criação da consciência e de como nosso percurso como seres humanos está repleto de pequenas e grandes traições.

O que parece difícil para os casais entenderem é que a traição, muito antes de ser concreta e possibilitar o triângulo amoroso, já aconteceu como traição de si mesmo. Quando permitimos que o outro faça escolhas importantes por nós e optamos por permanecer na zona de conforto, permitimos também que, com o passar do tempo, surjam conflitos pessoais e interpessoais e angústias que poderão se transformar em sintomas psíquicos e até físicos. Em algum momento, a alma pedirá uma prestação de contas, no qual ou traímos o "pacto" inconsciente que foi estabelecido ou traímos nossa própria alma.

Assim, a traição pode ser vista como uma tentativa do casal de reconhecimento das partes de cada um que tenham sido sufocadas na relação: uma vivência inevitável da vida a dois, como um momento de ampliação da consciência, uma tentativa de reconquista da própria identidade, pois somente traindo o homem sai da inconsciência e "indiferenciação" e se torna sujeito de sua própria história (Carotenuto, 1997).

Por meio de um caso fictício, construído com base nas muitas situações apresentadas em diversos casos clínicos, pretendemos discutir não apenas a traição concreta, mas, muito mais, as autotraições e traições simbólicas que vão se repetindo ao longo dos relacionamentos.

Norma e Haroldo estão juntos há oito anos. Ele com a idade de 42 anos e ela, com 38 anos. O casal tem duas filhas, de 3 e 5 anos de idade.

Procuram por terapia com a queixa de que, numa viagem de negócios, Haroldo conheceu uma mulher com a qual manteve um relacionamento extraconjugal durante seis meses; foi quando

Norma descobriu, por meio de mensagens de celular. Com a descoberta, Haroldo rompeu com a relação extraconjugal.

O casal chega à terapia bastante mobilizado pela traição ocorrida e, num primeiro momento, torna-se difícil trabalhar com qualquer outra situação. A primeira sessão foi bastante tensa, com as acusações da esposa, muito ferida, e a culpa exposta do marido, que se mantinha numa atitude passiva e resignada.

Haroldo, um homem de negócios bem-sucedido, mostra-se dócil e cordato no trato com a esposa, parecendo ter autoestima rebaixada e humor depressivo. A esposa, dona de casa, apresenta-se com humor explosivo. Conta que, ao se conhecerem, ela trabalhava e se autossustentava, enquanto o marido ainda morava com a mãe e era *trainee* na empresa onde hoje ocupa um alto cargo.

No período de quatro anos entre namoro e início de casamento, ela o incentivou a estudar e a crescer profissionalmente, enquanto ela trabalhava. Por muitos anos, a força financeira maior veio de seu trabalho, enquanto o marido investia em sua profissão e se desenvolvia. Com o decorrer dos anos, ele passou a ganhar mais que a esposa, até que veio a segunda filha e o casal decidiu que seria bom que ela deixasse seu trabalho a fim de administrar casa e filhas. Atualmente, Haroldo tem uma estabilidade financeira e profissional que permite à Norma continuar em casa cuidando das filhas.

A grande questão da esposa girava em torno do esforço que ela havia feito para ajudá-lo a crescer profissionalmente e despertá-lo como homem, para depois, então, ele traí-la com outra.

A terapeuta, ao longo das sessões, trabalhou com o casal o resgate da história anterior de cada um e de suas famílias de origem, para que juntos pudessem observar sobre quais crenças, projeções e padrões eles haviam construído seu casamento.

Levamos para o casamento, juntamente com o enxoval, os primeiros padrões de vínculos, construídos na relação com nossos pais. Como discorre Carotenuto (1997), a criança, antes ainda de nascer, é coberta de projeções por parte de sua família. Nela são projetadas fantasias e expectativas que não poderão ser completamente correspondidas. Se uma criança anseia atender às expectativas das pessoas que lhe são próximas, pode sentir-se culpada por não conseguir ser aquilo que os outros esperam que ela seja. Logo, instala-se um conflito intrapsíquico e interpessoal, desviando-a de sua essência como um ser único e indivisível, ao tentar corresponder aos desejos e às fantasias dos pais. A própria imagem fantasiada pelo outro pode tornar-se cada vez mais forte. Como escreve Carotenuto (*ibidem*, p. 36) referindo-se ao desafio de encararmos o nosso processo de individuação: "Somos cúmplices e vítimas dessa expropriação de identidade, porque encarnar a projeção, a fantasia de outro, é muito tranquilizador". Tal experiência pode dificultar à pessoa o viver sua própria vida, assim como levá-la a repetir essa mesma dinâmica no âmbito relacional com seus (suas) parceiros(as).

Para interromper o estado de indiferenciação entre a criança e seus progenitores, é necessário haver traidor e traído. É necessário desvincular-se das expectativas dos outros e nascer como pessoa. Desse modo, ela pode encontrar seu caminho e libertar-se dessa "relação de força".

Em nosso exemplo, a esposa abriu mão de sua carreira em função do desenvolvimento profissional do marido, sem ter estabelecido um prazo para o término dessa etapa. Com o caráter permanente de tal decisão, traiu a si mesma e às suas ambições pessoais. Ao se desvencilhar de sua autonomia e de seu lado profissional, estabeleceu com o marido uma dinâmica no padrão mãe-filho, fortalecendo sua função de cuidadora e tornando-se aquilo que sua família de origem esperava: "uma boa esposa e mãe".

O casamento "nasce" sobre os mesmos pilares já construídos nas famílias de origem dos cônjuges. Conforme dito por uma paciente que vivia essa problemática: "Constrói-se a casa utilizando alguns tijolos da casa dos pais".

A projeção da *anima* ou do *animus* no parceiro é um passo, na maioria das vezes, utilizado para a saída de sua família de origem (pai/mãe) em direção à sua própria individualidade (Jung, 1981).

Segundo Jung (*ibidem*), *anima* e *animus* são figuras arquetípicas inatas que habitam o interior de homens e mulheres e trazem impressas em si as inúmeras experiências que a série de antepassados teve com o ser feminino e masculino, respectivamente. Esses arquétipos, responsáveis pela busca do desenvolvimento espiritual no ser humano, podem ser fortemente vivenciados por meio de figuras femininas e masculinas projetadas em pessoas que façam parte de seu campo de referência. Esses são chamados de arquétipos da alteridade e da relação com o outro. No entanto, quanto mais inconsciente, maior a projeção e maior o "apaixonamento", o que nos faz pensar que homens e mulheres ficam fascinados quando encontram na vida real alguém que os conecte com tal figura interior.

Nas mulheres, o princípio que rege o *animus* é *logos*, princípio organizador e discriminador. Fascinar-se pelas belas palavras de um homem sedutor é muito tentador, e aí também a paixão pode se instalar e "nublar" o olhar da mulher mais atenta.

Acontece então o encontro, e o casal pode viver grandes momentos de felicidade. Mas, ao longo do processo de individuação de cada cônjuge e do relacionamento em si, poderá haver transformações inesperadas, e cada parceiro já não corresponderá à figura projetada anteriormente. Não haveria problema se pudéssemos facilmente perceber o estado de fascínio que nos arrebata da vida consciente e racional. Aí está o perigo, pois vários enganos são passíveis de ocorrer e ambos os parceiros podem passar a vivenciar o outro como *anima* (ou *animus* na mulher). Instalam-se, assim, conflitos que sinalizam a necessidade de mudanças na dinâmica relacional.

Anima e *animus* são figuras internas e, como tais, devem ser vividas inspirando cada um de nós em novos caminhos e novas atitudes ao longo de nossas vidas. A *anima*, regida por Eros, princípio de relacionamento, sensibiliza no homem a capacidade de amar e de relacionar-se nos diversos segmentos de sua existência. No entanto, muitas vezes, o caráter erótico e sensual, que também é do âmbito de Eros, "desvia" o olhar do indivíduo e o induz a apaixonar-se.

Fernando Pessoa (1981, p. 32) fala sobre essa dinâmica de forma poética:

Eros e Psique
Conta a lenda que dormia
Uma Princesa encantada
A quem só despertaria
Um Infante, que viria
De além do muro da estrada.

Ele tinha que, tentado,
Vencer o mal e o bem,
Antes que, já libertado,
Deixasse o caminho errado
Por o que à Princesa vem.

A Princesa Adormecida,
Se espera, dormindo espera.
Sonha em morte a sua vida,
E orna-lhe a fronte esquecida,
Verde, uma grinalda de hera.

Longe o Infante, esforçado,
Sem saber que intuito tem,
Rompe o caminho fadado.
Ele dela é ignorado.
Ela para ele é ninguém.

Mas cada um cumpre o Destino –
Ela dormindo encantada,
Ele buscando-a sem tino
Pelo processo divino
Que faz existir a estrada.

E, se bem que seja obscuro
Tudo pela estrada fora,
E falso, ele vem seguro,
E, vencendo estrada e muro,
Chega onde em sono ela mora.

E, inda tonto do que houvera,
À cabeça, em maresia,
Ergue a mão, e encontra a hera,
E vê que ele mesmo era
"A Princesa que dormia".

No estudo de caso, Haroldo, ao perceber inconscientemente que sua esposa já não correspondia à sua *anima*, mulher forte e assertiva, encontra fora da conjugalidade alguém em quem projetá-la. Embora ele mesmo tenha sugerido que Norma deixasse sua profissão a fim de criar os filhos, trai suas necessidades inconscientes de ter numa parceira aquilo que ele não consegue desenvolver em si mesmo.

Resgatando a história desse casal, Haroldo via em Norma a determinação que lhe faltava. Norma, por sua vez, via em Haroldo a possibilidade de construir uma família de que ela pudesse cuidar, correspondendo assim às expectativas de sua família de origem.

Esse "arranjo" mostrou-se muito atrativo e funcional, até que, com o nascimento das filhas do casal, aquela mulher "forte e assertiva" desviasse sua energia para o cuidado destas. Haroldo, então, sentiu-se vazio, "abandonado" pela mulher com quem se casou. Essa foi a traição do casal.

A dinâmica desse casal construiu-se tendo como base o arquétipo materno, gerando complexos, os quais precisariam ter sido transformados a fim de que pudessem caminhar para uma vivência de alteridade. A traição concreta teria sido um caminho para denunciar essa fixação?

Norma, mais dedicada às filhas, e Haroldo, envolvido com seu desenvolvimento profissional e com sua responsabilidade de provedor, vão aos poucos se distanciando, e o "casal-nós" vai se desvanecendo. Cria-se aí o espaço para a triangulação, ou seja, a entrada de um terceiro. Em vez de o casal voltar-se para si, buscando uma elaboração do conflito, o "equilíbrio" foi alcançado com a entrada de outra pessoa.

Hans Jellouschek (1999), ao abordar o relacionamento conjugal, discorre sobre os triângulos amorosos por meio da história mitológica de Zeus, Hera e Sêmele. Ele aborda o papel da(o) amante como cúmplice e denunciante de uma disfunção no relacionamento entre os cônjuges.

O triângulo amoroso, como fenômeno arquetípico, está presente nos mais variados modos de expressão artística. Na literatura, tem inspirado inúmeros romances em que a traição é o tema central: a figura do(a) amante que se instala entre os parceiros e provoca mudanças e transformações.

Jellouschek adota a compreensão da triangulação como uma forma de aparente solução para os conflitos enfrentados pelos casais que deparam com o desafio do processo de individuação de cada parceiro e também do casamento. Ele observa nos arquétipos representados por Zeus, sua esposa Hera e a amante Sêmele uma composição arquetípica presente nas histórias que versam sobre a natureza humana e sua estruturação individual e social. Lembremo-nos de Adão, de Eva e da serpente no Jardim do Éden.

O autor vê em Zeus o homem poderoso, o pai de família que, entediado com sua rotina e sua vida "equilibrada", depara com algo diferente e prazeroso: uma aventura que lhe proporcione prazer e o faça "sair da rotina". A súbita aparição de um terceiro elemento na interação diádica provoca uma ruptura no arranjo estabelecido. Instala-se a traição, um relacionamento clandestino que aponta uma ambiguidade: prazer e violação. Assim, surge o conflito. Um vértice do triângulo é desprezado (a esposa) e uma nova formatação se impõe.

Seja qual for o arranjo que o casal escolha para sua vida real, uma coisa é certa: no casal simbólico, a amante precisa ser sacrificada para que seu papel seja integrado na dinâmica relacional do casal. Somente assim uma solução mais criativa poderá surgir.

Ulanov (1996) afirma que, no processo de individuação no casamento, a natureza das motivações inconscientes que envolvem a escolha do parceiro precisa ser reconhecida e discriminada. Só então tal união poderá tornar-se um espaço no qual cada um enxergue a si mesmo e ao outro como um indivíduo único e separado. Caso contrário, o casamento poderá tornar-se um espaço que irá gerar uma estagnação no processo de crescimento de ambos. Ulanov associa o casamento com a imagem de um vaso psicológico ou um vaso alquímico, no qual os elementos básicos são adicionados um ao outro, misturados e trabalhados para que sejam transformados, proporcionando o crescimento dos dois cônjuges.

Para Schwartz-Salant (1999), na medida em que o conflito passa a ser visto pelo casal como um fragmento de algo muito maior e significativo, que é o relacionamento, o casal poderá se engajar no mistério do encontro íntimo entre duas pessoas, no mistério das descobertas.

Se, em nosso caso fictício, o casal tivesse procurado por terapia, talvez a esposa percebesse, ao longo do processo, o quanto se perdeu de si mesma e de seus objetivos pessoais e o quanto isso refletiu negativamente na vida do casal. Já o marido poderia ter visto, por meio da dor que causou, o quanto necessitava de uma figura forte que o reconectasse com sua *anima*, buscando na parceira a satisfação de suas necessidades sombrias.

Sob o prisma do casal, este precisaria conscientizar-se do papel da amante em sua dinâmica e, assim, passar a exercê-lo da forma mais consciente possível, trazendo novamente Eros para a relação e buscando fortalecê-la, garantindo, desse modo, um espaço para a individuação de cada um. O caminho envolve a discriminação das emoções, a confrontação com os desejos e as necessidades do casal e de cada parceiro e, por fim, a administração desses aspectos.

Tarefa árdua para longos anos de compromisso no relacionamento.

CONSIDERAÇÕES FINAIS

O TRABALHO ANALÍTICO POSSIBILITA observarmos as muitas traições. A partir da traição concreta extraconjugal, podemos olhar e compreender as traições de cada cônjuge a si mesmo, ao outro e ao casamento projetado. É importante que o casal, de acordo com sua estrutura emocional, possa lidar com a dor e a destruição causadas pelo adultério, indo além da causa e do efeito do sintoma, ou seja, a crise conjugal desencadeada (os porquês), em direção à finalidade do sintoma (o para quê).

Conforme discorre Carotenuto (1997), podemos inferir que, se a vida é traição desde o nascimento, cabe-nos enfrentar da maneira mais consciente possível o nosso próprio processo de individuação e buscar crescer por meio das traições com que temos de lidar ao longo do caminho. Somente assim poderemos nos recuperar, assumir o escândalo da traição e seguir em frente, apesar de sua possibilidade de continuar sempre presente.

Sem querer justificar a traição, mas na tentativa de transcender esse símbolo, podemos vê-la em sua forma ambígua: a possibilidade de faltar a um pacto em nome de uma fidelidade mais digna. É desse modo que o confronto com a traição pode revelar o autêntico, o verdadeiro. De acordo com Carotenuto (*ibidem*, p. 203):

> [...] se pode "trair" sem trair, faltar a um pacto, mas em nome de uma fidelidade mais alta ou mais profunda; que a traição pode ser, sim, uma culpa, mas à semelhança das de Adão e de Prometeu. Uma culpa bendita e decisiva para o homem, uma *felix culpa* ("feliz culpa"), uma transgressão inevitável para emancipar-se do Éden e entrar na história. O conceito de traição se baseia em um pacto, em uma promessa.

No caso relatado, Norma poderia ter traído as expectativas de seus pais, ou seja, o "mito familiar", a fim de não trair a si mesma. Lidamos com a traição ao longo de toda a trajetória de nossa existência, a fim de nos diferenciarmos do mundo e darmos origem à nossa individualidade, sendo esta, segundo a teoria junguiana, nossa maior obra de arte. Porém, essa arte de tornar-se diferenciado não é encorajada pela lógica coletiva, por esta ser voltada à uniformidade, considerando a diversidade uma ameaça.

Segundo Jung (1981), o sacrifício da própria vida por parte dos parceiros, em favor da família de origem, seja fixando-se nas tradições dos antepassados, seja apoiando-se na vida dos filhos, esperando uma felicidade futura, ou ainda buscando-a na vida daqueles que os cercam, pode resultar numa dívida emocional imputada aos filhos. Estes, por exemplo, poderão sentir-se no dever de retribuir tal sacrifício e/ou repetir a dinâmica de seus pais, postergando a necessidade de transgredir em algum momento da vida.

Portanto, melhor seria que cada um deixasse como herança a dinâmica mais saudável de amar-se aqui e agora, comprometendo-se com a tarefa, muitas vezes heroica, de ser leal a si mesmo.

O enorme desafio é suportar a ambiguidade no casamento, ou seja, vivenciar as traições em suas polaridades traído × traidor, lealdade × deslealdade, como forma possível de assumir suas escolhas e tornar-se cada vez mais sujeitos da própria história.

No nosso exemplo, a psicoterapeuta poderia ter lidado com a dinâmica algoz × vítima (traidor × traído) e com os sentimentos de culpa e rejeição presentes na relação, aspectos muito comuns após uma traição extraconjugal. As questões ligadas à individualidade também deveriam ser trabalhadas, ou seja, investigar o quanto cada um deles estava inconsciente de si mesmo e de seus desejos mais profundos. A culpa, usualmente, está ligada à transgressão, e esta, por sua vez, está ligada às transformações necessárias ao desenvolvimento psíquico.

Assim, não há modo de nos desenvolvermos no mundo senão pecando, e, quando estamos diante de nossos pecados ou traições, estamos a sós, diante de nós mesmos (Carotenuto, 1997).

Todo trabalho terapêutico pode favorecer o aparecimento do perdão, que, segundo Hillman (1981, p. 94), é o mais elevado dos sentimentos:

> Se o *ego* errou, o *ego* não pode perdoar, só porque "deveria", sem consideração pelo contexto mais amplo de amor e destino. O *ego* consegue manter-se vital devido a seu amor-próprio, seu orgulho e sua honra. Mesmo quando se quer perdoar, vê-se que simplesmente não se pode, porque o perdão não provém do *ego*. Não posso perdoar diretamente, posso apenas pedir, ou rezar, para que esses pecados sejam perdoados. Desejar que o perdão venha e esperar por ele talvez seja tudo o que se pode fazer.

O processo de perdão é tarefa complexa, que não deve ser cumprida apenas para alívio da culpa ou por medo, a fim de não perder o outro que se acredita amar ou a fim de manter a instituição do casamento.

O casal precisará de tempo para passar pelo processo, pois perdoar não é somente deixar de lado ou esquecer. É preciso transformar o erro, nunca esquecido, com cada um assumindo sua responsabilidade e reconhecendo as próprias culpas. É na lembrança do erro, passando por toda uma elaboração, que se consegue o que Jung cita como "o sal da amargura transformado no sal da sabedoria" (Hillman, *ibidem*, p. 95).

Apenas permanecendo no conflito e suportando as tensões dos opostos, abre-se a possibilidade para um terceiro caminho.

Anima e *animus*, em sua função natural, possibilitam a ponte entre ego e *self* e evocam a transcendência que, abraçada à individuação, poderá percorrer o caminho proposto pela psique.

Pela discriminação "eu-outro", o casal começa a partilhar o amor na relação. Esse percurso só pode ser alcançado se ambos trilham, cada um a seu tempo, o caminho da individuação.

Talvez o maior dos perdões tenha de vir primeiramente daquele que traiu a si mesmo, sendo essa a maior de todas as traições e a mais comum, uma vez que lutamos tanto para não trair o outro que acabamos por trair desejos que nem imaginávamos ter.

MIL PERDÕES

SEGUNDO O LIVRO *HISTÓRIAS de canções* (2009), de Wagner Homem, um tema tão difícil como "traição" foi colocado em poesia numa composição de Chico Buarque de Holanda para a adaptação cinematográfica da peça de Nelson Rodrigues Filho *Perdoa-me por me traíres*, em 1984.

Ao ver o filme, com Vera Fischer no papel principal, Chico decidiu inverter a frase e nasceu a canção "Mil perdões", que diz: "Te perdoo por te trair".

REFERÊNCIAS

CAROTENUTO, A. *Amar trair – Quase uma apologia da traição.* São Paulo: Paulus, 1997.

HILLMAN, J. *Estudos de psicologia arquetípica.* Rio de Janeiro: Achiamé, 1981.

HOLLIS, J. O. *O projeto Éden: a busca do outro mágico.* São Paulo: Paulus, 2002.

HOMEM, W. *Histórias de canções.* São Paulo: Leya-Brasil, 2009.

JELLOUSCHEK, H. *Zeus, Sêmele e Hera.* São Paulo: Cultrix, 1999.

JUNG, C. G. *O desenvolvimento da personalidade.* Petrópolis: Vozes, 1981.

PESSOA, Fernando. *Mensagem - À memória do presidente-rei Sidónio Pais/ Quinto Império/Cancioneiro.* Rio de Janeiro: Nova Fronteira, 1981.

SCHWARTZ-SALANT, N. *The mystery of human relationship.* Nova York: Routledge. 1999.

ULANOV, A. B. *Conjunction and marriage. Psyche and family: Junguian application to family.* Illinois: Chiron Publications, 1996.

PARTE II –
A prática clínica da terapia de casal e de família na abordagem junguiana

7. Articulação teórica e prática entre a psicologia analítica e a psicoterapia de casal: um caso clínico

Adriana Lopes Garcia
Irany de Barros Agostinho
Isabel Cristina Ramos de Araujo
Maria Beatriz Vidigal B. de Almeida
Maria da Glória Gonçalves de Miranda
Marli Tagliari

INTRODUÇÃO

ESTE TEXTO PRETENDE ILUSTRAR, utilizando-se de um caso clínico, como os conceitos desenvolvidos na psicologia junguiana servem de base para a compreensão de questões relativas aos padrões interacionais do casal.

Jung, apesar de não ter sido terapeuta de casal, pode ser considerado vanguarda na construção da visão sistêmica, tão em voga nos dias atuais, que destaca a importância de olhar para a psique à luz da constelação familiar. Com isso, contribuiu para a elucidação dos dinamismos psíquicos que participam tanto da escolha amorosa dos parceiros quanto da definição do padrão relacional do casal, levando-se em conta queixas, conflitos, jogos e armadilhas que podem se manifestar num período de crise.

Partimos da ideia de que as primeiras vivências de gratificação e frustração afetivas, influenciadas pelo padrão relacional desenvolvido nas vivências parentais, interferem de maneira decisiva nos anseios e nas buscas que estarão presentes ao longo da vida. Com base nessa abordagem, a terapia de casal visa possibilitar, pela ampliação de consciência das feridas e dos complexos individuais, assim como das complementaridades presentes na relação conjugal, a saída do círculo vicioso em que o casal muitas vezes se encontra aprisionado.

O presente trabalho é fruto de um entrelaçamento entre prática e teoria desenvolvido por uma equipe de terapeutas no Núcleo de Terapia de Família e Casal, vinculado à Clínica da Sociedade Brasileira de Psicologia Analítica em São Paulo, entre 2008 e 2010. Tal núcleo, que existe desde 2000 sob a coordenação da analista Vanda Lúcia Di Yorio Benedito, tem por finalidade promover o aprofundamento das bases teórico-práticas da abordagem junguiana na perspectiva conjugal.

Ao longo do processo de formação, todos os profissionais atendem a um ou mais casos encaminhados pela Clínica Social da SBPA. Os atendimentos são supervisionados em equipe, proporcionando aos participantes o desenvolvimento do raciocínio clínico e de seu papel de terapeuta, sob a supervisão da coordenadora. O caso apresentado a seguir foi atendido por uma das autoras e supervisionado pelo grupo todo. O processo constituiu-se de sessões semanais de uma hora e meia e teve a duração de um ano aproximadamente.

APRESENTAÇÃO DO CASO

Vamos chamá-los de João e Maria – os nomes e alguns outros dados estão alterados para preservar a identidade do casal. Maria procura terapia após uma briga causada pelo ciúme excessivo de João, ocasião em que ela se descontrolou e o agrediu fisicamente. Assustada com sua reação inédita, na qual não se reconhecia, e não suportando mais o ciúme do marido, que considerava descabido, decidiu procurar ajuda e estabeleceu para o marido a terapia de casal como condição para permanecerem juntos.

Casados há 36 anos, eles são oriundos do Nordeste, de onde migraram logo após o nascimento da primeira filha. O casamento foi motivado pela gravidez que ocorreu quando ele tinha 17 anos e ela, 20.

Nos primeiros encontros, Maria diz: "Eu engravidei, e casaram a gente". E João completa: "Mandaram a gente casar, e eu casei".

Após o nascimento da filha, João resolveu "tentar a vida" em São Paulo, deixando Maria com a família dele. Alguns meses depois, com saudades, voltou para vê-las, e então se decidiram pela mudança de toda a família para São Paulo.

João voltou-se completamente para o trabalho, responsabilizando-se pelo sustento familiar e deixando para a esposa todas as outras responsabilidades domésticas. Maria colaborava como podia; trabalhava em casa com costuras e artesanatos e cuidava da filha. Sentia-se só e sobrecarregada.

Seis anos depois, nasceu a segunda filha. Ambos sentiam-se muito pressionados: João aumentava a carga de trabalho para que "não faltasse nada em casa", e Maria, consequentemente, não podia contar com sua ajuda nas questões domésticas, arcando sozinha com todas as responsabilidades da casa.

Maria, nas primeiras sessões, descreve João como alguém sem iniciativa no campo profissional: "um acomodado". Sente-se responsável por "empurrá-lo para a vida", instigando-o a crescer profissionalmente e pedir aumento de salário. João concorda com a esposa, percebe-se mais calado e menos guerreiro que ela, acreditando ser incapaz de dizer o que sente. Assume que essa habilidade é dela, mas reafirma-se como uma pessoa correta, obediente e responsável, como convém ao principal provedor da família. À medida que as filhas foram avançando na escolaridade, Maria voltou a estudar, chegando a cursar o ensino superior, mas não o concluiu. As duas filhas têm formação superior, estão casadas, e uma delas reside no exterior.

Destacamos a seguir um trecho da primeira sessão:

Maria – Ele desconfia de tudo e fica tentando me controlar. Isso vem piorando muito, a gente não tem uma conversa de casal normal, nunca teve. Ele é muito calado, nunca foi muito companheiro e agora isso está piorando.

João – Eu sempre fui ciumento, mas nunca foi uma coisa sem controle, só quero saber o que acontece. É só uma curiosidade normal.

Maria – Não é normal nada, ele fica "me dando homens", e isso eu não admito! Eu não sei do que ele desconfia, afinal estamos juntos há tanto tempo que, se eu tivesse de fazer alguma coisa, já tinha feito.

João – Eu confio nela. Não confio nas pessoas, principalmente em quem eu não conheço. Basta ela me contar as coisas que eu não fico cismando.

Maria – Ele sempre foi ciumento, mas piorou de uns cinco anos pra cá, desde que eu cansei de ser uma pessoa desanimada, pra baixo, e resolvi me cuidar, sair do buraco, fazer algo pra mim e viver. Ele não pode me ver bem! Essa situação chegou ao ponto de eu perder o controle! Outro dia eu estava muito feliz porque minha filha e minha neta viriam para o Brasil nos visitar. Era dia de aula de hidroginástica, e resolvi não ir.

João – Ela me disse que não iria porque a aula seria com uma professora, e ela gosta mais da aula do professor. O que você queria que eu pensasse? Minha mulher prefere a aula de um homem!

Maria – Isso não tem nada a ver. A aula dela é mais fraca, a dele é melhor. Ele que vê maldade em tudo! Sabe o que ele fez? Pegou o meu celular e ficou procurando mensagens! Eu me descontrolei, fiquei nervosa e empurrei ele da escada. Graças a Deus não aconteceu nada, mas eu me assustei com isso, nunca esperava essa reação. Achei que a gente tinha de dar um jeito nessa situação e resolvi procurar ajuda!

Esse diálogo ilustra o clima tenso em que se encontram quando chegam pela primeira vez na terapia: um relacionamento marcado pela desconfiança e confrontação, sem disposição por parte de nenhum deles para a busca de um acordo. A irritabilidade e indignação presentes revelam a existência de conflitos que tocam em pontos vitais, carregados emocionalmente, empurrando-os para a intransigência.

O casal vê-se bastante assustado com a impulsividade emergente e o tom agressivo que o relacionamento adquiriu. Porém, apesar do clima de hostilidade e da impaciência presentes, outras manifestações paralelas indicam a existência também de um vínculo que ainda abriga algum valor significativo e, ao que parece, nenhum quer perder.

A partir dos primeiros encontros, a terapeuta passa a explorar com mais detalhes a origem de suas famílias, suas histórias de vida, o cenário cultural em que viviam e o início do relacionamento. Esse conjunto de elementos constitutivos da história do casal vai, aos poucos, propiciando o resgate e aparecimento das manifestações afetivas indicativas de um vínculo consistente.

BREVE HISTÓRICO: ANTECEDENTES

MARIA E JOÃO NASCERAM e cresceram em vilarejos muito próximos um do outro, e as famílias se conheciam. A situação econômica não era nada confortável. A precariedade e mentalidade local conjugadas determinavam, por hábito, que as crianças começassem a trabalhar precocemente.

João é o quarto filho de nove irmãos que se viam divididos em dois grupos: os três maiores e o grupo dos menores, do qual ele é o mais velho. Como de costume, os mais velhos cuidavam dos mais novos para que os pais pudessem trabalhar; assim, João, desde cedo, desenvolveu o papel de cuidador. Quando tinha 14 anos, sua mãe faleceu, e ele, assim como seus irmãos menores, ficou sob os cuidados do pai e do avô paterno. Nessa nova configuração, sua função de cuidador dos pequenos ficou ainda mais acentuada, e ele se orgulhava de obedecer aos adultos. As condições já eram precárias, e a morte precoce da mãe desestabilizou ainda mais a família, que chegou a enfrentar muitas necessidades, inclusive fome. João jurou que "nunca mais passaria pela mesma situação".

Maria, por sua vez, é a quinta filha de dez irmãos. Sua mãe teve câncer de útero, e o tratamento a afastava da casa e do marido por períodos longos. Seu pai desenvolveu um ciúme patológico e agredia frequentemente a esposa. Maria presenciava essas cenas de agressão e sentia-se responsável por proteger a mãe. Queixava-se muito da falta de informação e da ignorância dos adultos e sonhava em sair daquela situação. No dia em que sua mãe morreu, não voltou mais para casa, indo morar com seu irmão mais velho (casado com a irmã mais velha de João). Tinha na época 11 anos. Queria sair dali, dizia "não caber naquele lugar tão pequeno e atrasado", sonhava em conhecer o mundo.

Na adolescência, João foi trabalhar com o pai de Maria, mas o relacionamento desigual entre eles a incomodava, provocando nela um sentimento de injustiça por João receber apenas mantimentos e nenhum salário. Maria percebia que esse padrão de relacionamento inviabilizava qualquer forma de crescimento e autonomia. A gravidez funcionou como uma alavanca, dando corpo ao anseio de independência de Maria, por meio da migração.

Em São Paulo, essa ambição de Maria tomou novas formas: ela conciliava as funções domésticas com atividades profissionais, como produção e venda de produtos artesanais. Buscou também crescer pelos estudos. Tomando-se como referência e valorizando sua atitude combativa, passou a desqualificar João, acusando-o de ser acomodado.

João, por sua vez, não se sentia valorizado, mesmo sendo capaz de sustentar a família. Essa falta de reconhecimento e o olhar depreciativo de Maria geravam nele insegurança e fantasias de abandono. Se somarmos a isso a falta de segurança vivida por João na infância, provavelmente chegaremos à base do seu ciúme excessivo.

O PROCESSO TERAPÊUTICO: REVELANDO DINÂMICAS DA RELAÇÃO E CONSTRUINDO UM CAMINHO

No início da psicoterapia, podemos perceber que os cônjuges se expressam nas sessões de formas bem distintas: João coloca-se de um jeito franco, demonstrando sentimentos mesmo sem saber nomeá-los. Tal espontaneidade deixa-o mais exposto. Maria, com maior repertório verbal e pensamento mais elaborado, apresenta mais facilidade para discernir e apontar sentimentos - especialmente os dele -, mas esses mesmos recursos também estruturam melhor suas defesas, protegendo-a da consciência dos próprios sentimentos.

Transcrevemos abaixo alguns fragmentos de diálogos extraídos de sessões ocorridas ao longo do processo terapêutico que demonstram o clima e a dinâmica que se instalaram na relação do casal, com papéis cristalizados, gerando conflitos, projeções e estagnação.

Maria - Ele sempre foi muito parado, acomodado, não sabe brigar pelo que quer. Fui sempre eu que coloquei objetivos e briguei por eles até a gente conseguir... Se a gente conquistou o que tem hoje, foi porque eu sempre empurrei ele na vida.

João - Pra mim tá sempre tudo bem... Não sou de briga, não guardo mágoa... Acho que sou mesmo acomodado. Minha preocupação foi nunca deixar faltar nada em casa. Trabalhava muito e, quando chegava em casa, estava cansado. Ela dava conta de tudo. Tava tudo bom.

Maria - Tá vendo só? Eu fui acostumando com esse jeito dele e aprendendo a me virar sozinha com as meninas. Ele saía à noite, ia beber com os amigos e chegava de madrugada. Até quando nasceu nossa filha, ele não foi me visitar na maternidade porque era o dia do futebol.

João - Na hora eu não pensei. Eu sabia que estava tudo bem... Pra mim estava tudo bem e ainda está! Do jeito que ela fala, dá impressão que só tem coisas ruins!

Maria – A gente tem muitas coisas boas. Tem nossa família. Consegui criar minhas filhas para serem independentes. Viemos de uma situação muito ruim, você nem imagina... Mas ele é um homem bom, senão não estaria com ele até hoje. Viemos pra São Paulo com uma mão na frente e outra atrás e construímos a vida.

João – É isso mesmo, foi muito difícil. Tem a família, que pra mim é muito importante, mas tem ela, eu gosto muito dela. Eu era apaixonado por ela. Hoje o sentimento mudou, não é mais aquela paixão, mas eu continuo gostando muito dela.

Maria – Engraçado dizer que gosta. Por que então precisou sempre me diminuir, me pôr pra baixo? Por que nunca fala que gosta?

João – Você sabe que não sou de falar, eu não sei o que dizer, nem como dizer, mas eu sempre demonstrei com atenção, nunca deixei faltar nada. Eu falei que gosto dela e acho pouco "ser só um homem bom" na vida dela. Eu queria ser mais. Fico imaginando por que ela está comigo... Ela não fala nada, parece que não liga...

Nesse momento do processo, já é possível identificar, além das queixas iniciais, outras insatisfações mais duradouras que haviam se instalado de maneira estável no relacionamento do casal. Diferenças de comportamento ou, mais profundamente, de temperamento tendiam a ser identificadas no parceiro como "defeitos", como se dizendo: "Ele não tem iniciativa (como eu tenho), é um acomodado".

A história da convivência vinha propiciando aos dois colecionar incômodos que se repetiam, produzindo em ambos sentimentos de insegurança emocional que, de maneira indiferenciada, expressavam-se mais como reivindicação, ansiedade de controle e agressão do que como um pedido de afeto ou demonstração amorosa.

Nossa tarefa, nesse momento, é procurar identificar, com a colaboração do casal, os *conflitos inconscientes* – dela e dele – que dão suporte àquela forma desgastante de relacionamento, aprisionando-os em determinados *scripts*.

DISCRIMINANDO AS PROJEÇÕES

O CONCEITO DE *PROJEÇÃO* desenvolvido por Jung mostra-se extremamente útil, por indicar o processo psicológico de estranhamento inconsciente no qual uma pessoa, em relação com outra, transfere e inclui na outra pessoa conteúdos que são fundamentalmente seus, mas não consegue identificá-los como próprios. Nós não criamos as projeções, apenas nos defrontamos com elas. Nas palavras de Jung (2011d, § 352): "A razão psicológica geral da projeção é sempre um inconsciente ativado que procura expressão".

Jung diz também: "Assim como temos a tendência de supor que o mundo é como nós o vemos, somos também ingenuamente levados a supor que as pessoas são aquilo que imaginamos que sejam" (Jung *apud* Sharp, 1993, p. 126).

Tal dinâmica pode conter tanto aspectos defensivos quanto criativos. A projeção pode surgir como um recurso para a pessoa se livrar inconscientemente de conteúdos que seriam fonte de conflito e pressão interna para ela, incorrendo numa dissociação. No entanto, esses aspectos, uma vez projetados no outro, são externamente apresentados a eles e passam a ser confrontados no relacionamento, oferecendo assim uma oportunidade, geralmente desagradável, para a pessoa lidar com eles. O conflito interno passa a ser vivenciado externamente, preparando a possibilidade de um resgate consciente do material projetado inconscientemente.

Vejamos, por meio de exemplos, como a compreensão desse conceito se torna um instrumento na mão do terapeuta, possibilitando, no processo terapêutico, nomear e apontar para o casal os seus sentimentos desconhecidos, que se abrigavam por trás dos identificados por eles.

Maria, ao não integrar à sua consciência sentimentos de fragilidade, vulnerabilidade e insegurança, negava-os, projetando-os no marido. A raiva que sentia por depender de alguém tão fraco ainda era mais suportável do que reconhecer a própria fragilidade. No início do processo, relata que está assustada com sua agressividade contra ele, mas não pode, naquele momento, suspeitar do medo inconsciente de sua própria fragilidade.

João, por sua vez, oferecia-se como um campo favorável para receber essa projeção, já que ele, ao contrário dela, tinha medo de descobrir sua própria força e capacidade para ser agressivo. Vivendo sua agressividade de forma dissociada (ou inconsciente), precisava projetá-la. E encontrou, no perfil guerreiro da esposa, essa possibilidade. Desenvolveu-se como um "bom menino" e assim encontrou seu lugar na família de origem, sendo bem-aceito. Aprendeu com a vida a ser obediente e pragmático para sobreviver. Só gradativamente começa a prestar atenção nos próprios sentimentos e a nomeá-los. No decorrer do processo, admite a si mesmo não se sentir amado e consegue dizer à esposa que "ser apenas um homem bom para ela" lhe parece pouco.

Podemos observar como isso desencadeia nele a ansiedade de abandono experimentada na infância, a projeção disso na relação com a esposa e a busca de controle - manifestada pelo ciúme -, que é ativada por esse temor e surge como uma forma de apego ansioso, como se por meio dele pudesse evitar o abandono.

O casal recorre ao *mecanismo de projeção* para defender-se de seus *aspectos sombrios*. Fixados em seus perfis identificados, Maria e João desempenham papéis cristalizados na relação. Os conceitos de *persona* e sombra esclarecem essas dinâmicas.

COMPANHEIRAS CONSTANTES: *PERSONA* E SOMBRA

As características pessoais que não geram conflitos internos são assumidas por cada um como traços da personalidade. Essa dimensão da psique que exibimos ao mundo é o que Jung chama de *persona*. Corresponde à imagem daquilo que pensamos ser e queremos que os outros pensem que somos. Nas palavras de Jung (*apud* Sharp, *ibidem*, p. 118): "A persona é [...] um complexo funcional que passa a existir por razões de adaptação ou conveniência pessoal".

Numa perspectiva dinâmica, *persona* é a estrutura que possibilita o relacionamento e a interação com os outros. É também a imagem (ou um conjunto de imagens) por meio da qual a pessoa se reconhece (autoimagem) e se comunica com os outros. Por exemplo, Maria se vê como uma mulher batalhadora, corajosa. Essa é a imagem que tem de si e deseja que os outros tenham a seu respeito. A ideia de perceber-se frágil ou sem iniciativas é ameaçadora para ela.

A identidade psicológica de um indivíduo está sujeita a transformações ao longo da vida, de acordo com o processo de elaboração das emoções e vivências que promovem o amadurecimento pessoal. Sendo assim, a *persona* saudável tende a acompanhar com flexibilidade essas mudanças, incorporando-as como aspectos da sua identidade. Uma transformação na identidade não costuma ser um processo fácil de vivenciar. Vejamos um exemplo: João percebia-se e gostava de ser reconhecido como um homem responsável, provedor, "um homem bom"; no entanto, demonstra-se incomodado quando sua parceira assim o define: "Eu acho pouco 'ser só um homem bom' na vida dela. Eu queria ser mais". A *persona* de "homem bom e obediente", na qual João se reconheceu por tantos anos, a partir de certo momento se mostra insuficiente.

Para Jung, todos necessitam de uma *persona* para se comunicar. Porém, quando esta se cristaliza numa imagem, presa a traços repetitivos, atua como uma máscara ocultadora de conteúdos do mundo interno e já não promove encontros autênticos – nem consigo nem com os outros. Embora isso possa ocorrer, Freitas (1995, p. 201) esclarece que a *persona* é também "expressiva e reveladora da individualidade, acompanhando sempre seu desenvolvimento". Em sua pesquisa com máscaras, esse autor (*ibidem*, p. 201) explora as múltiplas facetas da *persona* e a apresenta:

> [...] sobretudo em seu potencial criativo, encarando-a como uma estrutura da personalidade que tem como função principal, a partir de sua expressividade, pôr-nos em relacionamento, propiciar-nos uma maneira de ser e estar com os outros, sem precisarmos para isso abandonar nossa individualidade ou os símbolos que estejam operantes a cada momento.

Já a *sombra* é a instância da personalidade em que se encontram os aspectos negados, dissociados ou não desenvolvidos. Na *sombra* estão, portanto, os conteúdos passíveis de ser projetados em outras pessoas. É a parte da psique inconsciente que contém todos os tipos de potencialidades não desenvolvidas ou reprimidas, e não expressas.

Persona e sombra não têm apenas uma relação de oposição, pois, paradoxalmente, a *persona* também deixa transparecer aspectos da sombra. Ao veicularem conteúdos inconscientes e sombrios por meio de comportamentos e atitudes até certo ponto conscientes, *persona* e sombra revelam-se entranhadas numa relação dinâmica. E, assim, a *persona* nos permite trabalhar a sombra. De acordo com Jung (1982, § 14):

> A sombra constitui um problema de ordem moral que desafia a personalidade do eu como um todo, pois ninguém é capaz de tomar consciência desta realidade sem dispender [sic] energias morais. Mas nesta tomada de consciência da sombra trata-se de reconhecer os aspectos obscuros da personalidade, tais como existem na realidade.

Nem sempre os aspectos aceitos na consciência são considerados positivos, tampouco os conteúdos da sombra devem ser avaliados pela consciência ou vistos pela sociedade como negativos, uma vez que há, potencialmente, tanto *personas* criminosas ou inconvenientes quanto sombras valiosas em estado primitivo, em que estão retidos desde dons artísticos até a coragem para transgredir e ir além de imperfeições de dada cultura. Segundo Jung (2011, § 134):

> [...] sombra é simplesmente vulgar, primitiva, inadequada e incômoda, e não de uma malignidade absoluta. Ela contém qualidades infantis e primitivas que, de algum modo, poderiam vivificar e embelezar a existência humana; mas o homem se choca contra as regras tradicionais.

Quanto às dinâmicas que se processam na relação consciente que o ego estabelece com a *persona* e a sombra, Freitas (1995, p. 202) acrescenta, em consonância com o pensamento de Byington (1988), que tanto a *persona* quanto a sombra, quando confrontadas pelo ego, tornam-se mais maleáveis. Podemos observar, principalmente no final do diálogo a seguir, como certa disponibilidade para essa flexibilização vai se dando: ambos vão gradativamente trocando o jogo repetitivo de ataque e defesa pela possibilidade inicial de introduzir alguns comentários críticos autorreferidos.

João – Sabe, eu sempre tive ciúme, mas uma coisa normal, de casal. O que mais me incomoda hoje é não conseguir participar das coisas dela. Por exemplo, domingo ela passou a tarde inteira na internet e eu fiquei sozinho vendo televisão.

Maria – Eu me interesso pelas coisas, e na internet eu acabo aprendendo muito. Eu já quis que ele aprendesse, mas ele não se interessa. Então ele fica lá, vendo Faustão, que eu vou conhecer o mundo!

João – Tá vendo? Ela já disse várias vezes que não sente nada por mim. É só uma questão de tempo pra ela se interessar por outra pessoa e ir embora. Eu já estou me preparando pra isso! Não vou me matar se isso acontecer!

Maria – Não adianta mesmo! Mesmo depois de todos esses anos juntos, ele não consegue confiar em mim! Eu estou chegando no limite! Se essa desconfiança não terminar, eu me separo dele! Posso até passar fome e ir morar debaixo da ponte, mas eu me separo do João.

João – Eu não sou mesmo importante! Não tem nada em mim de que ela goste, e, por mais que me esforce, não consigo mudar isso!

Maria – Você está sempre falando de amor, mas não acredito nisso! O que ele precisa é da estrutura, da base que eu criei, e não de mim. Por isso ele não aguenta quando eu resolvo cuidar de minha vida, sair de casa, ir atrás das minhas coisas. Ele me quer lá dentro, presa, como era antes!

João – Não é nada disso! Eu sempre dei força pra você fazer o que quer, mas quero só saber o que acontece, acho natural isso! Basta eu perguntar que você já fica furiosa!

Maria – Impressionante como você não consegue falar sem se defender. Parece que estou sempre atacando!

João – Eu também acho, tento mostrar as coisas, e ela acha que estou querendo controlar. Se eu não aceitasse sua saída, não dava a força que sempre dei!

Maria – É muito complicado a gente conversar de outro jeito, são muitos anos assim. Eu já fui muito criticada, não só por ele, mas por muita gente por causa desse meu jeito mais explosivo. Eu falo demais, falo tudo o que vem na minha cabeça e, às vezes, falo besteira...

João – Eu sou ao contrário, falo de menos, e todo mundo também reclama.

Maria – No fundo nós temos um bom coração. Já passamos por tantas coisas que fomos ficando desconfiados de tudo. Ninguém quer se machucar mais.

Essa sessão mostra como queixas cotidianas têm a capacidade de mobilizar intensa carga emocional. Começam falando daquilo que acontece todo dia, mas rapidamente se veem conduzidos para um campo de batalha. No momento mais acirrado do diálogo, reações impulsivas manifestam impaciência num tom agressivo, e ambos se protegem, cada um a seu modo, de certa forma minimizando a importância afetiva do outro – o que configura uma agressão e uma defesa. Tudo indica que, internamente, prevalece o medo do abandono, comum a ambos, que mobiliza recursos defensivos também distintos. Por trás da irritabilidade, vê-se a mágoa, e esta revela, mesmo que de maneira endurecida, dois carentes afetivos. Finalmente, aproximam-se pela coragem para admitir as próprias fragilidades, fazer autocrítica e, principalmente, para manifestar os mais simples sentimentos.

Do ponto de vista dinâmico, essa sessão expõe uma vivência bastante característica dos relacionamentos amorosos, preservadas as peculiaridades de cada casal. É possível, nesse caso, visualizar etapas do processo terapêutico que configuram conquistas até certo ponto típicas: por não se sentirem reconhecidos e confirmados, a impaciência empurra-os para um sentimento de descrença, que, entretanto, não se sustenta na relação como um todo. Blefam com ameaças que não contemplam nem mesmo as próprias intenções e, por isso, logo se diluem, dando lugar, de forma surpreendente, a um encontro em novas bases.

Cabe salientar que aquilo que, no diálogo acima, pode parecer uma rápida dissolução do conflito entre os cônjuges é, na realidade, fruto de um trabalho de resgate da confiança (antes em si do que no outro) que se processa gradualmente durante a terapia de casal e caminha com a disponibilidade entre os envolvidos para arriscar uma mudança de atitude, mais condizente e afinada com os verdadeiros sentimentos do que com a necessidade de se defender.

O fogo que queima também os aproxima. Eles começam a se dar conta do quanto estavam cristalizados nos mesmos papéis. Com exemplos diferentes, ambos se queixam do mesmo aprisionamento e reconhecem que é recíproca a vontade de mudar.

Até então, o padrão de comunicação entre eles induzia-os a interpretar um ao outro, de modo que a fala dela era ouvida por ele como ataque, e a dele, sentida por ela como controle. Na medida em que mudam o tom do discurso e saem desse eixo viciado, abre-se um espaço para reconhecimento, em si e no outro, de sentimentos que estavam inconscientes ou projetados. A mudança de atitude de um tem efeito contagiante sobre o outro, e ambos passam a admitir as próprias limitações. Então, instala-se um clima de confiança e cumplicidade, identificando-se ambos por meio de histórias distintas, mas igualmente sofridas. Isso abre espaço para uma confrontação com as próprias sombras, que é facilitada pela reciprocidade e empatia conquistadas. É possível identificar conteúdos comuns nas sombras de João e Maria, o que pode ser chamado de *sombra conjugal.*

OS COMPLEXOS NA RELAÇÃO CONJUGAL

A HISTÓRIA PESSOAL DE cada um revela que o tema do abandono remonta à infância de ambos. Os dois trazem histórias doloridas e de grande complexidade emocional numa idade precoce. Enfrentaram precariedades que culminaram na perda da figura materna. As desatenções de João, como não ir à maternidade, e as atividades externas de Maria, como os estudos e as aulas de ginástica, que para ele significam um investimento só nela, atualizam esses dramas, evocando o sentimento de desamparo de outrora. Assim, mágoas recentes reatualizam sofrimentos antigos, acentuando o que queriam ver apagado.

Por meio da dinâmica das relações amorosas, podemos acessar núcleos importantes do psiquismo. Jung, no texto *O casamento como relacionamento psíquico,* escrito em 1925, reconhece que os jovens em idade de casar estão sujeitos a atualizar conflitos inconscientes não resolvidos nas famílias de origem:

> O jovem tem um conhecimento incompleto tanto de si mesmo como do outro; por isso também conhece de modo insuficiente os motivos do outro como também os próprios. Na maioria das vezes o jovem costuma agir levado apenas por motivos inconscientes. (Jung, 2011c, § 327)

Ele reafirma sua ideia de que os filhos sofrem influência da vida psicológica não vivida por seus pais, mesmo quando já estão na condição de casados. Também observa que o casamento estimula vínculos regressivos inconscientes, numa busca de harmonia. Assim, ele identifica a existência de elementos infantis e, portanto, regressivos em todos os casamentos, que podem ser nomeados como *núcleos ou complexos infantis na conjugalidade*:

> Em regra, a vida que os pais podiam ter vivido, mas foi impedida por motivos artificiais, é herdada pelos filhos, sob uma forma oposta. Isso significa que os filhos são forçados inconscientemente a tomar um rumo na vida que compense o que os pais não realizaram na própria vida. (Jung, *ibidem*, § 328)

A analista junguiana Vanda Di Yorio (1995, p. 29) escreve sobre esse tema:

> [...] em nosso trabalho clínico nós nos deparamos [...] com casos em que o sofrimento dos casais e as defesas por eles empregadas para lidar com esse sofrimento têm suas raízes em situações psíquicas tão arcaicas que remetem o indivíduo àquelas ansiedades ligadas ao período de dependência total, quando eram bebês na relação primal com seu primeiro objeto de amor.

A autora acrescenta ainda: "O casamento, através da vivência de dependência mútua inerente à sua condição, pode reinstalar, em graus variados, ansiedades que se originaram naquele período do desenvolvimento" (*ibidem*, p. 29).

Numa terapia de casal, percebemos que dolorosos e importantes *núcleos infantis* foram tocados quando observamos um excesso de emoção, uma desproporcionalidade na reação emocional de um dos parceiros ou dos dois diante de um estímulo que pode vir do outro ou do analista. No repertório analítico, quando isso acontece, dizemos que um *complexo foi constelado*. Entendemos por *complexo* um conjunto de elementos carregado de energia, com forte conotação afetiva. Os *complexos* são formados por associações, imagens, percepções, ideias e fantasias encadeadas e agrupadas ao redor de um *núcleo arquetípico*. Dito de outra maneira:

> Para tentar compreender a relação de cada ser humano com a humanidade como um todo, Jung desenvolveu o conceito de **"arquétipo"**, que aponta para o coletivo e o universal que está presente em cada um de nós, e o conceito de **"complexo"**, que remete à estrutura psíquica através da qual o indivíduo, em sua subjetividade, se conecta com o referencial universal. (Almeida, 2007, p. 81)

Jung (2011, *apud* Sharp, 1993, p. 37) escreve, sobre o complexo afetivo: "É a imagem de uma determinada situação psíquica, de forte carga emocional e, além disso, incompatível com as disposições ou atitude habitual da consciência".

Referindo-se à etiologia dos complexos, mais adiante diz Jung (*apud* Sharp, *ibidem*, p. 38):

> Na verdade, os complexos são "fragmentos de psique". A etiologia de sua origem é frequentemente um assim chamado trauma, um choque emocional ou coisa desse tipo que cinde um pedaço da psique. Certamente, uma das causas mais comuns é um conflito moral que, em última análise, deriva da aparente impossibilidade de afirmação da natureza total de si mesmo.

A emoção que surge da ativação de um *complexo* pode provocar diversas reações, desde a paixão que originou o relacionamento (considerada normal) até uma paralisia ou explosões de raiva (características de situações de crise). No entanto, essas vivências intensas - que chamamos de *atuação do complexo* - por si sós não garantem transformações. O processo de ampliação da consciência decorre da *confrontação com a sombra* e integração dos seus conteúdos, o que implica suportar um contato consciente com a *ferida original*. Mas, para que isso ocorra, é favorável que se possa *experienciar o complexo* em uma situação de confiança e afeto suficientes para acolher a dor vivenciada no contato com as imperfeições individuais.

Confiança e empatia são elementos que estruturam uma situação segura e propícia para a reflexão e autoconfrontação, feitas à luz dos valores conscientes da personalidade. Desse modo, o processo da terapia de casal pode promover o gradual degelo de posturas cristalizadas que funcionam como defesas, tornando possível uma relação mais desarmada, com maior entrega e acolhimento. Essa é uma etapa essencial no processo terapêutico.

DINÂMICA DA CONJUGALIDADE EM TRANSFORMAÇÃO

Para observarmos como se dá a transformação no relacionamento de modo que favoreça a *conjugalidade*, é interessante retomarmos alguns exemplos.

Numa primeira etapa, a mulher reclama a presença do marido, mas não percebe que sua atitude de autossuficiência o afasta. Fica difícil para João (e mesmo para ela própria) perceber a vulnerabilidade de Maria escondida por trás da arrogância que sustenta seu papel de guerreira. Ela sente falta, mas não pode pedir; tem de cobrar e exigir, pois assim revela força e não fraqueza. Se, por um lado, Maria deseja receber algo a mais de João, por outro, paradoxalmente, não pode se sentir recebendo algo muito valioso a ponto de invejá-lo. Por isso, tende a desqualificar o que recebe dele. E assim, sem o saber, priva si mesma e o marido de experimentarem o prazer da gratidão.

Também João, com sua passividade, protege-se de conhecer a própria força no formato de agressividade. Aprendeu a conquistar os outros sendo bonzinho e carente. Parece que não pode arriscar-se em seu ponto mais vulnerável: precisa ser aceito, valorizado, amado. Só que seu modo pacato de ser não provoca admiração em Maria e talvez não atenda também, honestamente, às suas necessidades mais profundas.

Essa trama, aparentemente paradoxal, pode ser compreendida pelo conceito de *complementaridade*, que está na base da concepção dinâmica da psique formulada por Jung. A complementaridade pode ser observada tanto no encontro entre as duas *personas* e os correspondentes papéis desempenhados na dimensão prática da vida que compartilham quanto no campo da comunicação inconsciente que ocorre nessa via de mão dupla que é a projeção: projetar e receber a projeção.

Percebemos que, devido à complementaridade dos inconscientes, é comum que os parceiros que convivem com intimidade aprendam a "apertar o botão" que desencadeia o complexo do outro: provocam-se reciprocamente, afetam-se emocionalmente, sem ter controle disso. Muitas vezes, na relação conjugal, as "discussões" ocorrem entre os complexos.

A *ferida original* que participa da estruturação dos *complexos parentais* pode permanecer inconsciente, mas vai se manifestar ao longo da vida sob a forma de demandas e defesas. Enquanto as fragilidades permanecerem na sombra, tenderão a ser transferidas sob a forma de demandas para o parceiro. No entanto, dependendo do modo como se articulam com a consciência, esses conteúdos podem gerar transformações individuais e conjugais.

O processo da terapia de casal visa criar condições de acolhimento e simetria, constituindo um ambiente seguro para a confrontação com a sombra, tal como vimos se anunciando no final do terceiro diálogo: num clima de maior confiança, ambos se veem expostos às próprias fragilidades e encorajam-se a compartilhá-las entre si. É uma experiência singular de cumplicidade: reconhecendo-se ambos marcados por complexos parentais (por exemplo: "Já passamos por tantas coisas que fomos ficando desconfiados de tudo"), descobrem a maneira polarizada com que vinham se complementando, procurando suprir-se um ao outro em suas necessidades.

Assim, percebemos que o encontro amoroso mobiliza inconscientemente a esperança de resolução dos conflitos originais, visando suprir as carências mais arcaicas. Esse desejo fomenta a projeção do "salvador" no companheiro, que se torna a promessa de fim dos conflitos e carências, alimentando expectativas de que o parceiro preencha o vazio deixado pelas experiências insatisfatórias da infância: ele ser um pai para ela; e ela, uma mãe para ele.

Ao nomear melhor suas feridas, o casal adquire consciência da complementaridade que sustenta essa conjugalidade, ainda aprisionada nos padrões emocionais infantis. João e Maria, ao mesmo tempo que sentem medo de reviver o antigo abandono na atual relação amorosa, esperam que o outro seja capaz de curar as dores que eles trazem da infância.

A ampliação da consciência de fato opera uma transformação no modo como a complementaridade se dá, propiciando uma nova qualidade de vivência conjugal, mais madura, na qual os cônjuges percebem-se cúmplices e capazes de estabelecer uma parceria que substitua os papéis cristalizados de ataque e defesa, já tão conhecidos e insatisfatórios.

Apresentamos a seguir um diálogo bastante representativo da etapa final do processo terapêutico, no qual se observa a possibilidade de superarem, no plano individual, os impedimentos emocionais.

Maria – Estava pensando em como a gente se engana com as pessoas... Eu achava que conhecia bem o João, e ele, com certeza, achava que me conhecia, mas eu tenho ouvido histórias sobre ele que não sabia... Outro dia fomos pescar com o irmão dele, e, quando o João não estava, o irmão falou que gosta de todos os irmãos, mas o João é especial, é como um pai. Eu estou bem arranjada com mais um filho (rindo)...

João – Sabe, eu sempre tive muita preocupação com esse meu irmão, ele é o caçula, e quando era mais novo andou escorregando, chegou até a fumar maconha, o que pra gente é um absurdo. Eu tinha muito medo que ele fosse para o mau caminho e acabei deixando ele sempre sob as minhas vistas. Agora ele está bem, mas eu já o tirei de muita confusão por causa das falsas amizades. Eu ajudo, mas dou cada bronca!

Maria – Como um pai, né?

João – Sabe o que é? Minha mãe, antes de morrer, disse uma coisa que ficou muito forte pra mim: "Cuidem dos pequenos, não deixem ninguém judiar deles", e isso ficou muito forte. Deve ter sido assim com todos os outros, sei lá, mas eu não me esqueço disso até hoje. Acho que é por isso que ele me vê como pai.

Maria – Mas é só pai dos outros, porque das filhas dele não queria saber, não aguentava ouvir os problemas delas. Nem o choro, quando elas eram pequenas, ele aguentava ouvir.

João – Lembrei de outra coisa, quando eu era bem pequeno, acho que devia ter uns 4 anos. Lembro de minha mãe sair e deixar um irmão pra eu tomar conta. Ele chorava, e eu não sabia o que fazer. Aí eu pensava que ele ia crescer e eu não teria mais de tomar conta. Mas, logo em seguida, eu via a barriga dela grande, e dava uma raiva porque sabia que logo vinha outro chorando pra eu tomar conta.

Maria – Ele ficava com as meninas quando eram pequenas, mas, quando elas choravam, ele logo me dava e pedia pra eu fazer elas pararem de chorar.

João – Eu até hoje não aguento criança chorando. Não aguento ninguém chorando, nem adulto.

Maria – Essa parte sempre ficou pra mim, eu sempre cuidei de tudo. Até a hora que eu deixei de cuidar, aí começou toda a confusão.

João – Mas eu nunca deixei faltar nada, também cuidei da minha parte. E agora estou tentando aprender o outro lado, mas é bem difícil...

ILUMINANDO O MATERIAL INCONSCIENTE PROJETADO

ESSE DIÁLOGO TRANSCORRE NUM clima acolhedor e surpreendente para ambos. Sentem-se mais confiantes para se expor e se rever, e o tom desarmado proporciona a eles um raro prazer na convivência. Nota-se uma mudança na qualidade do relacionamento, com significativo aprofundamento dos conteúdos compartilhados.

Com uma atitude de abertura para o novo, descobrem-se dispostos a olhar para si mesmos e para o outro, passando a nomear melhor as próprias feridas. "Como a gente se engana" é dito num tom de cumplicidade e estranhamento, admitindo certa prepotência em ambos, o que sustentava algumas certezas limitadoras: cada um julgava conhecer o outro!

Nesse momento, João e Maria, num *insight* bastante libertador, reconhecem a intensa carga de conteúdos emocionais da história pregressa de ambos que reverbera até os dias atuais. Vão tecendo, juntos, uma nova compreensão de alguns comportamentos que, muitas vezes, foram motivo de discórdia: "Eu até hoje não aguento criança chorando". Como peças de um quebra-cabeça que se juntam, passam a entender como essas cicatrizes antigas podem estar na base de seus complexos individuais e conjugais.

Ao compartilharem novas maneiras de compreender a si mesmo e o parceiro, adquirem maior consciência da *complementaridade dinâmica que sustenta a conjugalidade.*

Vale ressaltar, por meio de exemplos, a qualidade e o valor dessa descoberta: Maria percebe a sensibilidade de João, sua dor e também suas dificuldades, que anteriormente interpretava como resistência e má vontade por parte dele no cuidado com a família. João, por sua vez, compreende a legitimidade do pedido de Maria para que se comprometa mais com os cuidados práticos na relação com os filhos, bem como sua dificuldade para fazê-lo, em virtude de sentimentos infantis cristalizados a partir da precocidade com que foi exigido.

Mais do que resgatar a memória, dão-se conta do caráter duradouro e mesmo atemporal das emoções: na tentativa de atender ao pedido de Maria, reeditavam-se em João os sentimentos de dívida e impotência infantil, experimentados nas exigências excessivas da relação com os irmãos menores.

Instalara-se entre os cônjuges uma dinâmica de solidariedade na inconsciência: João, com seu afastamento, sem o saber, estimulava a expansão de Maria, que, por si mesma, já se sentia instigada a transcender a condição feminina de sua família de origem, ou seja, a sair do papel de submissa, lugar ocupado por sua mãe na relação com o marido. Assim, a passividade de João, característica indesejável segundo ela, também encorajava a sua busca de autonomia e seu desenvolvimento pessoal – desejo que desde cedo a acompanhava, mas significava, de alguma forma, uma ameaça para ela, já que seu pai não admitia a independência da mãe.

Maria também se conscientiza de que, com suas cobranças, mantinha João sob o impacto do pedido da mãe dele. Ao perceber a limitação de João em cuidar dos outros (por memórias de infância), deixa de cobrá-lo com o tom crítico habitual. Humanizados, sentem-se ambos reconhecidos, o que gera proximidade e ganhos qualitativos na intimidade. Passam a elaborar o que chamamos de *persona defensiva*, reconhecendo, cada um em si mesmo, os ataques sombrios (agressividade, insegurança, fragilidade, dor e medos ligados ao abandono) a que estavam sujeitos, recolhendo assim as projeções colocadas no parceiro. É o que Jung entende por *integrar os conteúdos da sombra*. Gary Toub (2004, p. 275) escreve:

> Um dos principais caminhos para integrar nossos opostos interiores é o confronto consciente com a sombra – a parte "escura" da personalidade que contém as qualidades e atributos indesejáveis que nos recusamos a "assumir". Enfrentar e assumir esses atributos é um processo difícil e doloroso; isso porque a sombra, embora possa conter elementos positivos da personalidade, consiste fundamentalmente das nossas inferioridades – os aspectos primitivos, inadaptados e inconvenientes da nossa natureza que reprimimos devido a considerações morais, estéticas e socioculturais.

Abre-se, a partir desse momento, uma possibilidade de transformação, já que aspectos difíceis de aceitar, ao serem iluminados, podem ser ressignificados, permitindo novo entendimento na relação.

Pode-se perceber como o processo da terapia de casal favoreceu o contato dos parceiros com o oposto dentro de si mesmos por meio dos aspectos que vinham sendo projetados no outro até então. O casamento, que simboliza a união dos opostos homem-mulher, pode de fato promover a individuação pessoal, bem como a individuação da própria relação, na medida em que cria oportunidades para a confrontação dos complexos, rumo à realização do potencial arquetípico.

O processo de individuação é o conceito central na abordagem analítica. Pode ser considerado o eixo do referencial teórico de Jung, em torno do qual os outros conceitos gravitam, dando-lhe forma e estrutura (Almeida, 2007, p. 72). Desse modo, individuar-se ou realizar o *si-mesmo* é a meta do desenvolvimento psicológico, que só se viabiliza pela interação do sujeito com seu mundo (*ibidem*, p. 92).

Por outro lado, é um caminho que se constrói pela diferenciação em relação ao outro e pela coletividade como um todo. Segundo Jung, é um processo, não um estado; um movimento em direção à totalidade por meio da integração de partes conscientes e inconscientes da personalidade, e pelo qual a pessoa se torna verdadeiramente o ser único que é. Nas palavras do próprio Jung (1984, § 269): "A meta da individuação não é outra senão a de despojar o si-mesmo dos invólucros falsos da persona, assim como do poder sugestivo das imagens primordiais".

Tudo indica que o casal está a caminho, agora consciente, desse processo que exige a assimilação de novas estruturas: diferentes percepções de si e do cônjuge, novas imagens da relação e posturas distintas daquelas congeladas pela história pessoal de cada um deles, que foram posteriormente reforçadas pela complementaridade que esse vínculo conjugal inicialmente consolidou.

INDIVIDUAÇÃO: UM JOGO DE POLARIDADES

NA TENTATIVA DE ACESSAR e compreender elementos psíquicos que representam o oposto dentro de si mesmo, Jung desenvolveu os conceitos de *anima* e *animus*. Estes são, certamente, os conceitos que geraram mais controvérsias entre os seguidores da psicologia analítica. O ponto crítico recai sobre uma leitura datada por parte de Jung que sugere a cristalização de atributos e comportamentos como caracteristicamente masculinos e femininos, naturalizando diferenças psicológicas de gênero.

Tendo em conta o caráter universal do conceito de arquétipo, muitos analistas argumentam que *anima* e *animus* devem existir para ambos os sexos, podendo homens e mulheres ser regidos tanto por Logos quanto por Eros. De fato, a história recente das últimas décadas tem contribuído para flexibilizar a nossa compreensão a respeito de gêneros, ampliando o entendimento da construção das identidades masculina e feminina como processos subjetivos.

Entretanto, apesar dessa objeção, entendemos que a maior contribuição que as concepções de *anima* e *animus* como arquétipos podem oferecer à compreensão do psiquismo humano reside na explicitação da necessidade de polarização, presente tanto no psiquismo de cada indivíduo em seu processo de desenvolvimento quanto nas dinâmicas que regem o encontro e o desenvolvimento do relacionamento.

Tendo em vista a trajetória de inúmeros relacionamentos amorosos, vejamos como o jogo das polaridades, que numa fase inicial atua possivelmente como o motivo da atração, tende a se transformar, produzindo outros efeitos. Num estágio posterior, quando os parceiros já se acostumaram um com o outro, tornando-se até certo ponto previsíveis, a mesma polarização apresenta-se acirrada e é vivenciada num clima de tensão, sendo as diferenças experimentadas como incômodos. A irritabilidade substitui a admiração inicial, a impaciência denuncia uma decepção que perigosamente pode se instalar. Tal polarização é a mesma que promove, num estágio mais avançado do relacionamento, a integração dos opostos desejável na evolução do processo de individuação - tanto pessoal quanto do casal.

Essa busca pelo parceiro, que, em última instância, deve propiciar uma experiência íntima de conjugalidade, passa inicialmente pela etapa da busca de completude - na esperança de que o outro possa oferecer o que a ele falta. No parceiro são projetados os elementos que - em falta - marcaram ou configuraram as feridas originárias, responsáveis, no entendimento do sujeito, pela perda da tal plenitude, a qual segue sendo perseguida como representante da felicidade num vago horizonte. Reacende-se a esperança de resgatar esse prazer original, concebido como plenitude, na encantada experiência do apaixonamento.

É desejável que, pela convivência com o cônjuge, construam-se as oportunidades de desenvolvimento pessoal e gradual integração, no interior da psique, daquilo que, à primeira vista, surgia como uma promessa de algo que viria de fora - oferecida apenas como uma possibilidade na bandeja dos admiráveis (ou invejáveis) atributos do parceiro. É o que se anuncia na perspectiva de *coniunctio* apontada por Jung, que tem como meta o *casamento interior* ou *união dos opostos*.

No caso de João e Maria, podemos perceber como a polarização acirrou a divisão de papéis e congelou por muito tempo traços de personalidade, o que dificultou o desenvolvimento pessoal de cada um de maneira mais diversificada e integral, para além das suas áreas de especialidade. Presenciamos assim, no início, um estágio do relacionamento no qual o conteúdo projetado no parceiro já não é a característica que gera apaixonamento. Pelo contrário, no estado viciado em que se encontrava o relacionamento quando o casal buscou terapia, essa polarização aprisionava-os, gerando irritabilidade entre eles, desgaste na convivência, e abafando o potencial criativo de cada um. Vale ressaltar que, por meio de todo o sofrimento exposto no processo terapêutico, esse casal representa um casal comum, entre tantos outros que procuram, ou não, terapia de casal, cuja dinâmica de relacionamento se encontra submetida aos determinantes inconscientes.

No momento em que se tornam capazes de iniciar um confronto consigo mesmo, cada um reconhecendo os próprios limites, paralelamente passam também a poder descobrir valores nas diferenças encontradas nas atitudes e no temperamento do parceiro. Saem assim do círculo vicioso, inaugurando uma nova fase, marcada por aprendizagem e solidariedade de um para com o outro. Essa atitude promove o desenvolvimento pessoal de aspectos até então adormecidos, abrindo caminhos para cada um aprimorar e integrar em si as próprias potencialidades que, antes polarizadas, permaneciam na sombra, enrijecidas. Inconscientemente rejeitadas, tais riquezas potenciais haviam se tornado – e poderiam se tornar para sempre – inacessíveis e desconhecidas.

FINALIZANDO: UMA VISÃO GERAL DO PROCESSO TERAPÊUTICO

SE LEVARMOS EM CONTA a maneira como o casal narra sua história, observamos já na origem do vínculo um aspecto complicado quando falam: "Eles casaram a gente". Se os pais mandaram, e eles, como bons filhos, obedeceram, ambos não se responsabilizaram pelo casamento. Diferentemente do que se espera nessa etapa da vida, o casamento não foi uma opção feita por dois adultos, tampouco foi fruto de um processo de diferenciação dos cônjuges. Pelo contrário, como um casamento passivo, essa nova família nasceu sob influência direta das famílias de origem, o que aumenta a chance de seu desenvolvimento seguir na esteira dos padrões já conhecidos.

O relacionamento teve início com o encontro entre dois órfãos de mãe que assumiram responsabilidades precocemente. Sobreviventes de um ambiente marcado por precariedade (material e cultural) e abandono (sentimentos de desamparo), partiram para a nova vida como carentes que eram e com expectativa de uma vida melhor ou de uma cidade que os acolhesse bem. Mas nem tudo era renovação, pois cada cônjuge, à sua maneira, não se diferenciou da família de origem. Maria vinha mediando conflitos em casa por conta do ciúme desproporcional do pai em relação à mãe doente e depois se viu casada com um homem ciumento. João herdou da mãe doente o compromisso de "não deixar faltar nada aos irmãos pequenos" e tornou-se, para o resto da vida, o "pai de seus irmãos". Acompanhando em casa uma barriga crescer após a outra, viu sua energia exaurir-se, não restando disposição para, anos depois, cuidar das próprias filhas. Em relação a elas, focou seu compromisso na tarefa de sustentá-las – e disso se orgulhava. Mas Maria desvalorizava o papel do estrito provedor, sem perceber o significado essencial que o prover adquirira para o marido: a sobrevivência. O que para ele era um cuidado concreto e o suporte a ela soava como descuido ou como insuficiente.

João veio para São Paulo por decisão do casal, mas principalmente de Maria, que não queria ficar a vida toda no lugar tão atrasado onde nasceu. Seguindo a família, ele teria ficado no mesmo local, repetindo a história de seu pai e avô. Maria, no entanto, sentiu-se abandonada e, na primeira oportunidade, quis vir também para a cidade para "fazer a vida diferente e ter oportunidade de crescer também". A partir de então, João passou a contar com o suporte de Maria para ter um lar e, juntos, construíram uma estrutura familiar com papéis bem diferenciados entre si. Maria passou a senti-lo como "um filho a mais em casa", já que ela "cuidava de tudo". Em sua fala, ela o acusa e, ao mesmo tempo, se autovaloriza: "Ele precisa da minha estrutura, que eu dou pra ele". Movida pelo anseio feminino de uma parceria mais estimulante, retruca às justificativas do marido de que "trabalha muito": para ela, "não basta prover!".

Embora ambos vivessem dedicados à família, não conseguiam colher dessa convivência uma confiança, um sentimento de parceria e, menos ainda, uma evidência de ser amados e alimentados um pelo outro. Reproduzindo papéis e dinâmicas próprios das famílias de origem, encontravam-se marcados por insatisfações, insegurança emocional e desconfiança em relação ao outro.

Difícil falar em diferenciação num campo no qual tudo soa tão endogâmico. A ligação entre as duas famílias antecedia ao relacionamento do casal. Mas, a partir de vivências semelhantes, cada um projetou uma superação para o seu futuro, com nuanças distintas: para ele, a meta fundamental era "fome nunca mais!", enquanto, para ela, "ignorância nunca mais!" era fundamental.

Perceber as feridas individuais e comuns, como também as defesas que desenvolveram, certamente distintas - Maria sendo mais agressiva, guerreira e impulsiva; e João, preferencialmente passivo, cordato e persistente –, é a tarefa enfrentada no processo terapêutico.

Na terapia de casal, é fundamental construir essa leitura sistêmica que permite a compreensão de como as relações foram se constituindo na história e a percepção de como as dinâmicas instaladas por meio dos papéis complementares desenvolvidos pelos parceiros providenciam e mantêm as insatisfações atuais num diálogo estreito com as feridas originais que cada um carrega desde sua história pessoal e familiar.

Como diz Di Yorio (1995, p. 20-21):

> A escolha do parceiro, geralmente, envolve um complexo arsenal de motivações. Ligadas a vivências emocionais muito íntimas e profundas, [...] de difícil representação no nível da consciência. Misturam-se desejos de várias ordens, e quanto mais inconsciente o indivíduo estiver desses desejos, maior a possibilidade de tais conteúdos serem "fisgados" numa relação. Isso ocorre porque certas características observadas em alguém podem levar um outro indivíduo a estabelecer com ele uma relação inconsciente, que o leva a crer, de maneira errônea, que esse alguém é idêntico àquilo que nele é visto. [...] O indivíduo que não consegue tomar para si aquilo que constitui parte de seu mundo interno, fica perdido de si mesmo, buscando achar-se no outro.

Um diagnóstico construído sobre essas bases permite ao casal compreender, com o terapeuta, as insatisfações atuais apresentadas na forma de queixas, entrelaçadas às dores e faltas vivenciadas na história pessoal de cada um. Ao elucidar a presença de *núcleos infantis atuantes na construção da conjugalidade*, o espaço da terapia de casal cria a oportunidade - de maneira vivencial, e não apenas intelectualizada - para compartilhar os *complexos do casal* e confrontá-los. Mas isso só se viabiliza, como se vê nesse caso, quando é possível criar um clima de confiança e cumplicidade entre os parceiros e com o terapeuta. Só sobre essa base, autorizam-se a experimentar uma maior intimidade que não venha a significar para nenhum dos dois o risco de estar "entregando o ouro ao bandido".

Quando as manifestações de insatisfação evoluem do formato queixa para a demonstração de sentimentos de mágoa, ocorre um ganho na qualidade do relacionamento, que se torna então continente para os sentimentos, embora a vivência não seja ainda agradável.

A insegurança afetiva de ambos, inicialmente fonte de irritação, termina por aproximá-los. Ao admitir fragilidades e fazer autocrítica diante do outro, humanizam-se, flexibilizando os papéis cristalizados que vinham distanciando um do outro, na medida em que engessavam suas expressões, e que os distanciavam também do *si-mesmo*, obstruindo canais de acesso ao modo pessoalizado de ser e sentir-se.

Nesse novo cenário, que configura a experiência de uma nova visão de mundo, o outro passa a ser visto não mais como um rival, mas como um companheiro. A entrega e o despojamento fazem-se presentes na relação e passam a significar um marco de transformação, por estarem efetivamente substituindo um padrão viciado de relacionamento competitivo por outra modalidade, que torna possível uma real qualidade de encontro pessoal. Essa conquista, além de propiciar maior intimidade e acolhimento ao casal, traz para ambos o gosto da superação: ao contrário do sentimento de desamparo a que haviam de certa forma se acostumado, mesmo sem nunca se conformar, reconhecem agora o caráter amoroso e a base de confiança sobre a qual construíram esse relacionamento. A consciência dos próprios sentimentos e das diferenças entre eles consolida um avanço no amadurecimento de cada um e do relacionamento do casal, pela conquista da alteridade – ou pela capacidade para ver o outro –, elemento fundamental na construção de uma conjugalidade saudável e gratificante.

O trabalho de reflexão sobre esse caso particular permite ilustrar etapas do processo terapêutico, bem como dinâmicas e conquistas representativas do processo de individuação acessível, em tese, a todas as pessoas. A individuação, entendida sempre como um processo que não se completa, caracteriza tanto o desenvolvimento individual quanto o amadurecimento do relacionamento na construção da conjugalidade.

REFERÊNCIAS

ALMEIDA, M. B. V. B. *Paternidade e subjetividade masculina em transformação: crise, crescimento e individuação. Uma abordagem junguiana.* Dissertação (Mestrado em Psicologia Escolar e do Desenvolvimento Humano), Instituto de Psicologia da Universidade de São Paulo, São Paulo, 2007.

BENEDITO, V. L. Di Y. *Amor conjugal e terapia de casal: uma abordagem arquetípica.* São Paulo: Summus, 1995.

BENEDITO, V. L. Di Y. *et al.* "Articulação teórica e prática entre a psicologia analítica e a psicoterapia de casal". In: *Anales del V Congreso Latinoamericano de Psicologia Junguiana. Eros y poder en la práctica clínica, la educación y la cultura.* Santiago de Chile: Marta Bachinok y Irma Montt F., 2009.

BYINGTON, C. A. B. *Estrutura da personalidade – Persona e sombra.* São Paulo: Ática, 1988.

FREITAS, L. V. de. *A máscara e a palavra. Exploração da persona em grupos vivenciais.* Tese (Doutorado em Psicologia Clínica), Instituto de Psicologia da Universidade de São Paulo, São Paulo, 1995.

JUNG, C. G. *AION: Estudos sobre o simbolismo do si-mesmo.* Obra Completa, IX/2. Petrópolis: Vozes, 1982.

_____. *O eu e o inconsciente.* Obra Completa, VII/2. 4. ed. Petrópolis: Vozes, 1984.

_____. *Psicologia e religião*. Obra Completa, XI/1. Petrópolis: Vozes, 2001.

_____. *A natureza da psique*. Obra Completa, VIII/2. 8. ed. Petrópolis: Vozes, 2011a.

_____. *Os arquétipos e o inconsciente coletivo*. Obra Completa, IX/1. Petrópolis: Vozes, 2011b.

_____. *O desenvolvimento da personalidade*. Obra Completa, XVII. 11. ed. Petrópolis: Vozes. 2011c.

_____. *A vida simbólica*. Obra Completa, XVIII/1. 5. ed. Petrópolis: Vozes, 2011d.

SHARP, D. *Léxico junguiano: dicionário de termos e conceitos*. Trad. Raul Milanez. São Paulo: Cultrix, 1993.

TOUB, G. "A utilidade do inútil". In: ZWEIG, C.; ABRAMS, J. (orgs.). *Ao encontro da sombra: o potencial oculto do lado escuro da natureza humana*. 4. ed. São Paulo: Cultrix. 2004.

8. Quando se entrelaçam dois processos de individuação

Marli Tagliari

O PROCESSO DE INDIVIDUAÇÃO

Este é um ensaio que revela minha maneira de trabalhar, fruto de um longo caminho como terapeuta de família com base teórica junguiana e sistêmica. Para sua composição, recortarei de um caso clínico de atendimento de casal a temática da individuação de uma adolescente de 15 anos. Apresentarei elementos de minha leitura pessoal que dão respostas à minha prática clínica.

Como terapeuta, acredito ser importante apontar a intersecção entre a realidade dessa família e a realidade vivida por mim na minha adolescência, já que, para atendê-la, foi preciso lidar com as interfaces de minha família de origem e as implicações de minha singularidade, meu desenvolvimento pessoal e meu papel de terapeuta, em busca de recursos para oferecer como agente mobilizador de construções de novos caminhos alternativos de vida. Apresento-me como filha de uma família composta por pai, mãe e um irmão mais velho, estruturada no modelo patriarcal. Percebia, desde pequena, o quanto esse padrão familiar dificultava e impedia minha expressão individual e a de minha mãe. Não nos sentíamos confirmadas ou legitimadas por meu pai em nossas escolhas. Talvez por isso eu compusesse com ela uma parceria solidária. Sentia-me, também desde pequena, responsável por acatar suas necessidades emocionais de ser confirmada por meu pai. O relacionamento deles era conturbado, com sérios desentendimentos. Além disso, minha mãe buscava em mim o apoio que não encontrava em sua família de origem, e eu me oferecia para minimizar suas carências.

Meu pai, ao perder seus próprios pais aos 10 anos de idade, perdeu também a oportunidade de vivenciar uma vida familiar organizada e segura. Foi separado de seus irmãos para ser criado por uma tia. Essas memórias de perda e sofrimento contribuíram certamente para torná-lo controlador, dominador e distante. Manter-nos dependentes dele significava cuidar de sua ferida infantil. Ficávamos presos ao paradoxo "não os abandono, mas também não os liberto".

Portanto, o desafio com o qual deparei como ser humano e como profissional diante da minha realidade familiar abriu imensas possibilidades para trabalhar com os membros da família atendida e aqui apresentada e, assim, ajudá-los na construção de novos significados de autonomia e diferenciação nesse processo terapêutico.

Segundo o analista junguiano Carlos Byington (1999, p. 72):

> A elaboração simbólica na primeira infância apresenta a dominância do arquétipo matriarcal expressa na posição insular que lhe é característica. Aí se formam com a polaridade ego-outro da criança na atitude passiva, as identidades primárias com as pessoas mais íntimas. Simultaneamente os pais desempenham os papéis de pai e mãe na posição ativa e elaboram mais as identificações primárias que eles próprios formaram com as relações íntimas que tiveram em sua própria infância.

É nesse clima que inicio o relato.

Para o atendimento desse caso clínico, recorreu-se ao histórico das famílias de origem dos pais e a recortes de falas deles e da filha em situação terapêutica, com o intento de elucidar a dinâmica conjugal e sua repercussão no desenvolvimento da paciente em foco. Portanto, todo o conteúdo desse relato estará a serviço do entendimento do processo terapêutico da filha.

Com base na citação acima e no transcurso do atendimento da família, foi possível observar que, assim como a filha, os pais não puderam transformar suas histórias de vida, não conseguiram perceber suas necessidades e seus desejos e, assim, sem possibilidade de inovar, não promoveram mudanças. Esse é o complexo dos pais – sem o exercício de uma dinâmica de alteridade, a relação com a filha ficava prejudicada.

Nos atendimentos, ecoava em mim a dificuldade da construção da identidade e de seu desenvolvimento individual, vivida pela filha do casal, talvez por temer a desaprovação dos seus pais.

Assim como ela, na adolescência, compartilhei excessivamente do relacionamento dos meus pais, o que impediu por certo tempo que eu obtivesse o reconhecimento de minhas próprias necessidades, conforme relatei. Naquela época, fui delineando meu caminho de terapeuta familiar mesmo sem sabê-lo, quando cuidava de meus pais e meu irmão. Meu inconsciente ajudou-me a forjá-lo. Pelo trabalho de elaboração de minhas vivências, em padrões repetitivos, de conflitos entre mundo interior e exterior, fui trilhando o caminho da minha individuação.

Meus processos terapêuticos ao longo da vida ajudaram-me a legitimar minha individualidade, evoluindo de uma grande identificação com o ambiente à minha volta para outra situação de sintonia comigo mesma. Passei a reconhecer a necessidade de libertar-me do jogo de repetições familiares e comecei a fornecer à minha família informações acerca dos meus sentimentos. Senti-me mais respeitada por ela. De posse de minhas referências, coloquei-as a serviço de minha individuação. Com isso, a comunicação com meus pais tornou-se mais funcional.

Com base no modelo teórico de Carl Jung, fui aprofundando a compreensão de minhas experiências pessoais e, de posse delas, meu ego foi se fortalecendo, o que contribuiu para que os passos necessários em direção ao atendimento das demandas do *self* fossem dados.

No meu encontro com a família de que trata este texto, lembro-me de que, em certo atendimento, a filha do casal apresentou-se com uma roupa de moça e com bolsinha bem infantil, em forma de bichinho. Compreendi nessa imagem a contradição – era como ela se via, desejosa de crescer, mas presa a um estágio de dependência infantil em função de necessidades precoces mal atendidas.

Assim como seus pais, a filha vivia um paradoxo. Era-lhe exigido um comportamento adulto que intermediasse seus diálogos, nos quais o pedido inconsciente era: "Filha, não cresça, não nos deixe", ao mesmo tempo que esperavam dela a maturidade de um adulto. A dependência parecia explicar a construção dessa família.

Dessa forma, com gratidão e respeito a essa família que muito me sensibilizou e ensinou, relatarei aspectos de um processo de individuação em construção, de maneira a demonstrar que a natureza humana busca sua autonomia e seu desenvolvimento pessoal. O caso clínico será o foco deste capítulo. Os depoimentos da família aqui transcritos revelam grande sofrimento, decorrentes de conflitos intergeracionais, ou seja, conflitos presentes não só no relacionamento do casal, mas oriundos do inconsciente de seus pais que foram atualizados nas relações conjugais, como: abandono, negligência, dependência, alcoolismo e solidão.

Mony Elkaim (2008, p. 139), autoridade em terapia de família na Europa, afirma: "O que acontece comigo vem da intersecção do que me constitui e do que me cerca: em torno do meu sofrimento existe um mal-estar familiar, do qual eu tomo consciência pela minha própria dificuldade de continuar a jogar o jogo". E continua: "Na corrida de revezamento que ocorre entre as gerações, tenho que pegar outro bastão que não aquele que meus pais me passaram" (*ibidem*, p. 140).

Acredito que o desafio para avançarmos em direção à nossa individualidade seja ressignificar nossa aprendizagem, a ponto de transformar nossas ideias a cada nova experiência ao longo da vida, o que colaborará para a libertação de legados familiares.

Assim, a trajetória em busca do entendimento de minha história abriu espaço e deu significado ao meu processo de individuação: Jung explicou a minha alma e a abordagem sistêmica explicou a minha história (Tagliari, 2009).

RECEBENDO O CASAL[1]

CERTA TARDE, ESSA FAMÍLIA – cujos membros serão chamados de Marcelo, Lourdes e Fabíola, de 50, 39 e 15 anos, respectivamente –, com olhar angustiado, entrou no meu consultório. Eles estavam decididos a fazer terapia de casal e haviam marcado a sessão uma semana após o primeiro telefonema.

Surpreendi-me por se apresentarem com a filha. Imaginei o quanto sua presença era indispensável na relação do casal.

Convidei-os a se sentar e a família acomodou-se no sofá. Ao observar Lourdes, pude sentir sua inquietação. Pensamentos planavam em minha mente: o que será que vivenciam, gerando tanta inquietação?

Fabíola sentou-se entre o pai e a mãe. A escolha desse lugar chamou-me a atenção, e comecei a investigar qual era o tamanho da sua responsabilidade com esses pais. Perguntei-lhe se não gostaria de sentar-se em outro lugar.

Ela respondeu: "Não, aqui está bom".

Nesse momento, pensei: "Por que será que ela não pode sair desse lugar?" Registrei minha percepção e perguntei o motivo pelo qual vieram à consulta.

Marcelo tomou a palavra e, em seu relato, demonstrou grande ansiedade em razão de um mal súbito da esposa. Contou ele que, em certo dia, indo para o trabalho, Lourdes sentiu taquicardia, sudorese e uma sensação de desmaio e, apavorada, chamou-o. Ele foi encontrá-la e viu-a muito frágil. Também se apavorou, desorganizou-se. Marcelo sentia-se inseguro com a fragilidade da esposa, uma vez que esta sempre aparentara ser a mais forte de todos na casa.

---

1. Esse atendimento fez parte da minha formação de terapeuta de família na Clínica Social do Instituto Sistemas Humanos, Núcleo de Estudos e Prática Sistêmica, sob a coordenação de Adriana Mattos Fraguás e Suzana Amarante Levy, com a participação de um coterapeuta. Alguns dados pessoais foram alterados, como nomes e idades, para ocultar a identificação dos protagonistas. A família autorizou que eu expusesse aspectos de seu atendimento.

Lourdes recebeu cuidados médicos e o diagnóstico de síndrome do pânico. Começou a ser medicada e, segundo relatou Marcelo, ficou mais lenta e mais dependente. A partir daí, Marcelo e Fabíola ficaram mais próximos dela.

Ao ouvir o relato do marido, senti que a sensação de angústia dele não havia passado, e indaguei-me: o que está por trás desse sentimento?

Prosseguindo, Marcelo contou que aquele acontecimento fez que todos se sentissem impotentes, como se Lourdes pudesse perder o controle a qualquer momento.

Uma forte emoção invadiu-me: como ajudá-los? O que será que a síndrome do pânico significa para esse casal?

Um clima de desconforto permaneceu na sessão. Naquele momento, era perceptível o quanto Lourdes estava sobrecarregada. Enquanto Marcelo trazia sua aflição, Lourdes olhava em direção oposta a ele, demonstrando irritação, indiferença, impaciência.

Conectada com os sentimentos de Lourdes, perguntei: "Lourdes, que ajuda você espera receber?"

Lourdes respondeu: "Ainda não sei direito, mas sinto que preciso de ajuda. Será que isso vai passar?"

O casal contou que estava junto há 17 anos e atualmente tinha uma comunicação difícil e insegura, a ponto de ambos se distanciarem. Pedi que explicassem com detalhes essa situação.

Marcelo respondeu: "Não nos entendemos mais, nos magoamos quando falamos um com o outro, por isso nossa comunicação foi ficando cada vez mais difícil e, com isso, fomos nos afastando. Existe bastante ressentimento entre nós".

Perguntei a Lourdes se concordava com o que tinha ouvido.

Fabíola antecipou-se à resposta da mãe e disse: "É assim mesmo. Eles não se entendem. Em casa, eu sou a intérprete deles. Quando minha mãe quer falar com meu pai, ela diz: 'Filha, pergunta pra seu pai se vamos ao *shopping* hoje'".

Ficou evidente naquele momento que Fabíola tinha a tarefa de ser a porta-voz, traduzindo necessidades, desejos, sentimentos e expectativas dos pais. Esse primeiro encontro por pouco não foi interrompido pela pesada atmosfera de desinteresse de Lourdes para com a queixa de Marcelo.

Indaguei: "O que você sente com o que acaba de trazer?"

Fabíola confirmou perceber o ambiente de casa tenso, como se a qualquer momento uma catástrofe pudesse acontecer.

Questionei-a sobre o papel de ser a intérprete de seus pais, se era a melhor forma encontrada para impedir a catástrofe, e ela respondeu que sim. Dirigi-me a Marcelo e perguntei se ele confirmava o que a filha trazia.

Marcelo falou: "Eu sinto isso: falo uma coisa para a Lourdes, tenho certeza de que ela não entendeu o que eu disse e a recíproca é verdadeira. Nós não conseguimos falar a mesma língua. Eu tenho uma, ela outra, por isso recorremos à nossa filha, ela é a balança; se ela sair desse lugar, desmoronamos".

O relato do casal e a revelação de como estava a comunicação entre eles suscitavam a busca do entendimento das causas das suas dificuldades e das forças que entravam em ação quando se expressavam.

Pensei ser o afastamento a forma que o casal encontrou para lidar com a dificuldade de comunicação e o ressentimento. Defendiam-se por meio dele do sentimento negativo que alimentava a relação. Ao estabelecerem uma comunicação entrecortada, surgiam embates, bloqueios e entraves para mensagens mais claras.

Perguntei-me qual dinâmica inconsciente permitia que duas pessoas vivessem juntas, mas tão afastadas!

A comunicação do casal era ineficiente e disfuncional assim como em suas famílias de origem, conforme veremos a seguir. Perguntei a Lourdes sobre sua infância, na intenção de que ela se conectasse de forma mais consciente com a raiz de seus complexos, e ela revelou ter sido adotada com 1 mês e 15 dias, por uma senhora de 61 anos, que a criou como neta. Contou que essa senhora era uma pessoa maravilhosa, sempre presente em sua vida. Seus irmãos e irmãs adotivos tinham idade para ser seus pais.

Lourdes contou que os laços de apego e de dependência entre ela e sua mãe adotiva criavam grande mal-estar entre seus irmãos. A vivência com a figura materna foi caracterizada por uma forte necessidade de confirmação, que foi reeditada em outros vínculos e transferida para o marido e a filha.

Dirigi-me a Marcelo e perguntei-lhe sobre sua infância. Marcelo contou que sua vivência foi marcada por profundas dores psíquicas, numa história de abandono e insegurança por parte de sua família de origem: "Meu pai era alcoólatra e muito violento. Minha mãe trabalhava muito e eu fui criado mais pela vizinhança do que pelos meus pais. Algum tempo depois, minha mãe também começou a beber e aí as coisas pioraram. Eu fui criado pelos vizinhos, ficando a maior parte do tempo na rua".

Marcelo, por ter vivido sem apoio e proteção em sua própria casa, aprendeu na rua a blindar seus sentimentos. Já Lourdes, conforme relatou, viveu uma forte relação de dependência afetiva com sua mãe adotiva.

De forma antagônica, Marcelo não conseguia compor uma díade com Lourdes, que esperava dele apoio constante e incondicional. O casal foi se complementando pelos opostos: ele mantendo distanciamento e intolerância, ela buscando apoio, proximidade e companhia.

Lourdes demonstrava não suportar a solidão que o afastamento de Marcelo lhe proporcionava, e este parecia não suportar responsabilizar-se por alguém. Dessa forma, o casal não conseguia viver suas individualidades e sentia-se invadido pelo distanciamento e abandono.

A cada atendimento, ficava mais claro como ambos traziam para o casamento o padrão das relações com suas famílias de origem, ainda não suficientemente discriminadas na condição de adultos.

Jung (2006, § 328) afirma que a vida que os pais podiam ter vivido, mas que havia sido impedida por motivos artificiais, é herdada pelos filhos, sob uma forma oposta. Já o analista junguiano Robert Johnson e o psicólogo clínico Jerry Ruhl (2007, p. 34), em suas próprias palavras, completam o pensamento de Jung:

> [...] o local em que nossos cuidadores se detiveram em seu desenvolvimento, bem como a maneira como o fizeram, tornam-se paradigmas internos também à estagnação de nosso desenvolvimento.

E ainda:

> É interessante notar que o antagonismo à influência de nossos pais nos liga a eles com exatamente a mesma força que a obediência. De qualquer maneira os antepassados nos confinam e limitam. (*Ibidem*)

Penso que os paradigmas interiorizados nas relações familiares podem comprometer a relação do casal e, portanto, devem ser ressignificados. Em minhas vivências familiares, tentei, como Fabíola, regular os acontecimentos entre meus pais, estagnando meu desenvolvimento por um tempo. Sempre que revisitava minhas memórias com minha família, tinha a impressão de que, se eu fosse compreensiva e obediente, mesmo num sistema fechado em que a influência externa não era bem-vinda, a família se manteria estável. Era minha pretensa maneira de salvar o casamento dos meus pais.

Parecia que Fabíola também tinha a fantasia de salvar o casamento dos pais. Com a doença de Lourdes, ela permaneceu fiel ao papel de guardiã da relação conjugal.

Avançando um pouco mais na história do casal, Lourdes contou que inicialmente viviam felizes, unidos e motivados. A crise entre eles se iniciou no período do nascimento de Fabíola, quando Marcelo começou a beber e ficar com os amigos todos os dias, deixando-a só com o bebê.

No decorrer do tempo, os conflitos aumentaram e, passados alguns anos, Lourdes foi embora com Fabíola para o interior. Marcelo procurou-a várias vezes, pedindo-lhe para voltar. Um dia, Fabíola, com 4 anos, disse-lhe que, se ele parasse de beber, a mãe voltaria a viver com ele. Ele se sensibilizou e prometeu parar. Então, reataram o casamento, mas, segundo Marcelo, não conseguiram se reaproximar.

A INFLUÊNCIA DA FAMÍLIA DE ORIGEM NA RELAÇÃO DO CASAL

É PROVÁVEL QUE FABÍOLA se sentisse responsável pelo afastamento e também pela união dos dois, uma vez que, no discurso de seus pais, os problemas começaram com seu nascimento. Diante disso, o casal estava absorvido pelos conflitos conjugais e, assim, impedido de oferecer a Fabíola um ambiente acolhedor e seguro.

Segundo a psicanalista polonesa Alice Miller (1997, p. 19):

> Numa atmosfera de atenção e tolerância aos sentimentos da criança, esta pode romper a simbiose com a mãe na fase de separação e caminhar rumo à autonomia [...] para que essas precondições ao desenvolvimento saudável sejam possíveis, os pais precisariam também ter sido criados numa atmosfera parecida. Esses pais transmitiriam ao filho o sentimento de segurança e aconchego, propiciando o desenvolvimento da autoconfiança da criança. Portanto, pais que não tiveram essa atmosfera são carentes, isto é, durante toda a sua vida procuram o que seus próprios pais não lhes puderam dar.

A família que estava diante de mim buscava acolhimento para suas necessidades emocionais mais intensas. Sombriamente articulavam alternativas para supri-las. Se buscassem ter mais clareza a respeito da história de suas vidas, tornariam mais iluminados os caminhos a ser percorridos, esvaziando a atuação desses complexos e obtendo, assim, mais autonomia.

Lourdes e Marcelo, ao serem privados de proteção parental na primeira infância, vivenciaram sofrimento, insegurança, dor e perdas, gerando um funcionamento ambíguo de aproximação-

-afastamento. Essa dinâmica facilitou a construção de uma barreira defensiva à intimidade e ao aconchego. Essa era a realidade desejada, mas desconhecida por ambos. Daí a projeção, na filha, das funções de mãe e pai.

Parecia que o funcionamento da família com papéis trocados tornava disfuncional a vida em comum, uma vez que, por não terem sido espelhados na sua singularidade, pai e mãe não desenvolveram sentimentos saudáveis sobre si mesmos, gerando insegurança e baixa autoestima. Assim, a filha torna-se mãe/amiga dos pais, não podendo viver sua condição de filha.

Passei a acreditar que a necessidade deles era de formar um espaço de pertencimento e enraizamento. Talvez tivessem esperança de que, por meio do casamento, esse espaço se concretizasse. A procura da terapia de casal/família simbolizava a renovação dessa esperança. Percebi que minha ajuda àquela família passaria por oferecer a eles um ambiente acolhedor, que proporcionasse ao mesmo tempo segurança e discriminação.

Kerr e Bowen (1988), psiquiatras e estudiosos da terapia familiar, ao apresentar seu conceito de diferenciação, falam de duas forças vitais que se contrabalançam: aquela que leva a pessoa à união com sua família e aquela que a impulsiona para se libertar rumo à individualidade. O ideal é que essas duas forças estejam em equilíbrio. O desequilíbrio na direção da união é chamado variavelmente de "fusão", "aglutinação" e "indiferenciação". Foley (1990) refere-se a três maneiras utilizadas para controlar a intensidade da fusão do ego com o que ele denomina massa do ego da família: a primeira expressa-se pelo conflito conjugal; a segunda é marcada pelo aparecimento de uma disfunção em um dos cônjuges – assim, um deles cederá ao outro, tornando-se dependente. A terceira maneira usada pela díade conjugal para aliviar a situação estressante é a transmissão da tensão para um ou mais dos filhos, que apresentarão algum sintoma.

Nessa família, todos esses aspectos estavam presentes. A crise de pânico de Lourdes abriu um espaço à aproximação necessária para que ela pudesse expressar sua fragilidade e sua necessidade de ser cuidada e, assim, abrir mão de "ser a forte da família". Foi também uma oportunidade para trazer sua família à terapia familiar.

Ao abordar os sistemas de apego, o psicanalista inglês John Bowlby (2004, p. 3) reconhece que

> a saúde mental da criança depende de que ela tenha: [...] a vivência de uma relação calorosa, íntima e contínua com sua mãe ou uma mãe substituta permanente, uma pessoa que desempenha, regular e constantemente, o papel de mãe para ela na qual ambos encontrem satisfação e prazer.

Lourdes teve um referencial confuso quanto aos papéis na sua família adotiva. Como eles não eram bem definidos, ela desenvolveu um vínculo de apego ansioso, construído pelo medo de perder sua figura de vinculação. Por sua vez, Marcelo desenvolveu uma vinculação de apego evitador, por ter se sentido ameaçado na convivência com as figuras parentais, passando a desconsiderar suas necessidades naturais de proximidade e evitando-as.

Jung (2004, § 267) afirma que a individuação significa, precisamente, "a realização melhor e mais completa das qualidades coletivas do ser humano, é a consideração adequada, e não o esquecimento das peculiaridades individuais, o fator determinante de um melhor rendimento social".

Convidados que somos pelo *self* a interagir com forças opostas dentro de nós, surge a oportunidade de nos apropriarmos de aspectos significativos à nossa autenticidade. É nesse movimento entre o coletivo e o individual que a vida toma forma e se renova em um movimento contínuo.

Lourdes e Marcelo, apegados a um ideal de casal e a um desejo de deixar o passado familiar para trás, evitaram trabalhar as feridas individuais, acreditando que dessa forma se curariam. Os complexos paterno e materno negativos, ao permanecerem inconscientes para o casal, são reproduzidos de maneira autônoma na relação.

Jung (2011, § 314), em seu conceito de projeção, expressa que ela "se dá onde quer que conteúdos subjetivos sejam transportados para o objeto, surgindo como se a ele pertencesse - nunca é um ato voluntário". E mais: "A projeção é sempre um mecanismo inconsciente, e por isso a consciência ou a realização da consciência a destroem" (*ibidem*, § 316).

A *projeção* é a expulsão de um conteúdo subjetivo para um objeto, e não é um processo consciente. Nós nos defrontamos com as projeções, não as criamos, como Jung comenta nas conferências de Tavistock: "A razão geral e psicológica das projeções é sempre um inconsciente ativado que busca expressão" (*ibidem*, § 352).

O inconsciente projeta-se para ser visto. É um movimento natural para o funcionamento da psique, que, ao ser vista, pode viver a individuação. Porém, há a necessidade da sua retirada. Isso acontece pelo confronto com a sombra, que são os conteúdos psíquicos não reconhecidos como próprios e, portanto, só percebidos fora de nós. Assim, ao mesmo tempo que somos constituídos pelo ambiente que nos cerca, nós também o constituímos, em uma troca permanente ao longo da vida.

Dessa forma, os cônjuges, por não se reconhecerem como indivíduos e não se validarem, quer por meio do desempenho da autoridade ou do lugar de cada um dentro da família, demonstravam falta de espelhamento oriundo de suas famílias de origem. Para ambos, a busca mútua do reconhecimento individual era intensa, e carregaram para a vida conjugal essa necessidade. Assim, um esperava que o outro suprisse a rejeição vivida.

Marcelo, comovido, contou em uma sessão uma passagem de sua história que exemplifica o ambiente hostil e paralisante em que viveu. Certa vez, foi convidado por um cliente para trabalhar nos Estados Unidos e ficou empolgado com essa perspectiva. No dia em que decidiu compartilhar esse convite com seus pais, chegou em casa e deparou com sua mãe muito machucada por ter sido agredida por seu pai, que estava bêbado. Marcelo desistiu então da oportunidade de trabalhar no exterior.

O PAPEL DA FILHA NA DINÂMICA DO CASAL

A FILHA, AO NASCER, constelou na família a grande dificuldade do casal, que, com poucos recursos internos, não sabia agir como pai e mãe. Fabíola queria vê-los unidos e agia como quem pudesse integrá-los, mas a condição deles de estarem separados independia dos esforços dela.

A esposa deu à filha a continência que nunca teve. Porém, o excesso de cuidados e atenção perpetuou a relação simbiótica, e dar o que não teve não reverteu as carências de Lourdes. A filha passou a representar para os pais a dificuldade de viver uma dinâmica familiar diferenciada. Sua chegada atualizou os complexos vividos nas famílias de origem dos pais. Marcelo e Lourdes, que não tinham tido na infância pais continentes, numa tentativa desesperada de acolher a filha e dar-lhe um espaço no mundo, ofereceram-lhe algo "herdado" e todos sofreram pela falta de continência. Ficaram todos diante do grande complexo: o sentimento de não pertencimento, a sensação de estarem sendo negligenciados e de não serem importantes para ninguém.

Lourdes, ao sair de casa com a filha e deixar seu marido para trás, mostrou sua insatisfação, sua tentativa de evitar reviver o abandono, a convivência com o alcoolismo, a desvalorização. A separação poderia ser uma forma de demonstrar o quanto se sentiu traída com a quebra da aliança firmada com ele no início do relacionamento.

Aqui se configura, segundo a analista junguiana Vanda Di Yorio (1996), *um jogo e armadilha conjugal*, pois ambos estimularam a fantasia de resgate do sonho perdido que consistia na validação mútua. Porém, o que de fato ocorreu foi a confirmação da ferida causada pelo complexo inconsciente de cada um.

Ainda segundo essa autora (*ibidem*, p. 24):

> A idealização do parceiro escolhido está sempre presente, com maior ou menor intensidade, sendo a decepção com o outro diretamente proporcional

ao nível de idealização. O desenvolvimento do vínculo conjugal dependerá da capacidade dos indivíduos em lidar com a frustração com que se deparam quando a realidade se impõe, de tal forma que a imagem idealizada não corresponde mais ao comportamento do outro; e também da condição psicológica dos parceiros reestruturarem o vínculo em bases mais reais.

Jung (2006, § 331b) comenta:

> A consciência impele para a frente, de acordo com a inércia que lhe é própria. O inconsciente retém o avanço, porque se esgotaram a força e a vontade internas para uma ulterior expansão. Essa desunião consigo mesmo gera descontentamento e, como a pessoa não está consciente desse seu estado, procura geralmente projetar no outro cônjuge os motivos de tudo isso.

No caso em foco, parecia que Fabíola crescia num contexto em que a ambivalência familiar não ajudava na percepção de si mesma. Ela foi colocada no lugar de mediadora do casal. Desenvolveu, portanto, uma sensibilidade para suprir as necessidades inconscientes dos pais. Não podia, no entanto, viver sua individualidade. Fabíola conseguiu suprir relativamente suas carências, embora com grandes perdas para o próprio desenvolvimento. A intermediação impediu-a de usufruir adequadamente de suas vivências pessoais, posicionando-a como um prolongamento da vida do casal.

Seu compromisso com as carências da família visava garantir a homeostase do sistema. Fabíola era frequentemente convidada a ir a favor da mãe e contra o pai. Em compensação, sua lealdade com o pai também respondia aos apelos inconscientes deste, numa tentativa de fazer uma aliança contra a mãe.

O sintoma de Lourdes parece ter contribuído para a individuação de cada um dos membros da família. Lourdes desorganizou-se na crise de pânico. A dor sentida nessa vivência simbolizou a quebra da ordem estabelecida: todos precisaram ajudá-la para que uma nova ordem fosse criada.

O processo terapêutico rompeu, gradativamente, com o ritmo simbiótico presente naquela família, propiciando a oportunidade de vivenciarem uma relação diferenciada entre mãe e filha, papel que caberia a Marcelo, mas que ele, como pai, não conseguira desempenhar.

A DISCRIMINAÇÃO QUE PROPICIA A INDIVIDUAÇÃO

Em um dos encontros, Fabíola espontaneamente disse ter gostado de vir à terapia. Perguntei-lhe então o que a fez gostar de vir. "Eu gosto de vir aqui porque posso conversar."

Pensei o quanto sua percepção captava daquele encontro a abertura para ouvi-la, e perguntei: "É bom ser ouvida?"

"É", respondeu. "Na primeira vez que eu vim aqui, falei que nós não conversamos em casa. Há conversa só se eles precisam deixar algum recado para mim, tipo coisas que eles me pedem para fazer e nem sempre quero. Falam para eu arrumar a casa, essas coisas... Eu não gosto de fazer, mas eu faço. Aí penso: 'Por que eu tenho de fazer isso? Eu não quero fazer isso agora, depois eu faço'".

Interroguei: "Como é fazer o que não quer?"

"É chato, mas eu faço."

E continuou: "Ontem à noite, minha mãe falou para eu acordar às sete e meia e não às oito horas como eu queria, para dar tempo de virmos aqui. Decidi levantar às sete e meia porque minha mãe pediu. Pus o relógio para despertar às sete e quinze, só levantei às sete e meia, limpei o quintal, coloquei água para o meu cachorro, arrumei a caminha dele, fui para dentro, fiz café para meu pai, aí eu vi que já eram oito e meia. Lembrei do que minha mãe falou: acordar às sete e meia, sair de casa às nove horas, chegar no meu trabalho às dez horas para chegarmos à terapia às dez e meia. Aí, eu fui para o meu pai e falei: 'Ô, pai, minha mãe falou para sair daqui às nove horas e pegá-la no trabalho até às dez horas'".

Percebi no relato que essa organização familiar apontava para a força do comando da mãe e a obediência da filha em atendê-la, atitude que não lhe permitia ter espaço para si mesma, não desenvolvendo assim funções mais apropriadas para sua idade. Na psicodinâmica da família, mantinha-se uma inversão, um deslocamento dos papéis: a combinação que deveria ser feita entre o pai e a mãe era feita entre a mãe e a filha. Dessa forma, cabia a Fabíola a função que Lourdes desejava que Marcelo realizasse: a organização das tarefas. Lourdes investia muito para que a filha executasse e o pai obedecesse.

Perguntei: "Você sente que esse lugar é seu mesmo? Que você ocupa o lugar de mediadora?"

Fabíola: "Sinto, sim. Aqui, às vezes meu pai conversa comigo e diz: 'Fabíola, você viu que, falando com sua mãe ontem, eu falando uma coisa ela entendeu totalmente diferente?' Às vezes acontece isso mesmo. Meu pai fala uma coisa brincando, e minha mãe fica nervosa com ele".

Fabíola colocou que sua mãe muitas vezes diz: "Você viu o que teu pai fez?", e ela tenta explicar: "Mas, mãe, não foi bem assim..."

Continuando, disse: "Eu sou a intérprete. Ela fala, eu passo, ele fala, eu passo".

Indaguei: "Você gostaria de sair desse lugar?"

Fabíola: "Não, porque certas horas até acho bom ficar assim no meio, entre os dois. Acho que eles não se entendem mesmo. Tem horas que meu pai fala uma coisa, minha mãe entende outra e eu entendo outra, e não era nada disso que meu pai falou".

Perguntei: "Você diz que há certas horas em que é confortável estar ali. Confortável para quem?"

Fabíola: "Acho que é para os dois".

Eu: "Se você pudesse experimentar mudar, onde você se colocaria? Você pode se locomover se quiser".

Nesse momento, Fabíola levantou-se e saiu do meio dos dois e respondeu: "Eu colocaria um ao lado do outro e eu mesma em frente aos dois".

Fabíola apontou para os pais, indicando que deveriam sentar perto um do outro: "Vocês aí e eu aqui".

Prosseguiu: "Acho que se fosse assim os dois se entenderiam. Assim eu não fico sendo a intérprete, não fico passando recados, posso ocupar o lugar de filha".

Marcelo, alterado, disse: "Se a Fabíola sair de nosso meio, nós vamos voltar a ter problemas graves de comunicação".

A partir desse relato, percebemos que Marcelo não conseguia abrir mão da filha na posição intermediária.

Eu disse a Fabíola: "Você pode ajudá-los a ter uma filha?"

Ela respondeu: "Acho que filha e amiga, não intérprete".

Eu: "Intérprete é muito ruim, é isso?"

Fabíola: "Não, às vezes até é bom, porque eu faço eles se entenderem, mas também ficar lá o tempo todo é chato".

Esse foi um momento muito importante para o processo de individuação de Fabíola. Ela conseguiu se autorizar a questionar seu lugar, reconhecendo que o ocupa, e, por meio desse reconhecimento, abriu espaço para outras possibilidades. A partir daí, novas perspectivas passaram a ser possíveis para ela.

Perguntei então a Marcelo: "Como você recebe Fabíola como filha?"

Marcelo: "Muito bem".

Eu: "E você, Lourdes?"

Ela: "Ótimo".

Marcelo emocionou-se, voltou-se para a filha com lágrimas nos olhos e disse: "Eu quero lhe pedir desculpas. Tenho de pedir desculpas a você, porque não percebi que esse local em que nós a colocamos, ou eu a coloquei, incomoda, é um peso. Quando eu a coloquei nessa situação, desejava que, por você estar fora da situação, fora do meu desentendimento com sua mãe, pudesse me dizer se eu errei, por isso que te coloquei aí. Desculpa".

Esse foi um momento intenso e de muita emoção. Tocou-nos muito. Fabíola pôde receber do pai o que havia de melhor: o sentimento que esteve embotado por tanto tempo.

Fabíola então disse a ele: "Você não tem de pedir desculpas, eu não tenho o que desculpar, porque não foi nada de errado que você fez. Você não fez porque quis, eu meio que me coloquei aí no meio".

Lourdes decidiu falar: "Bom, eu sinto muito por ter feito você de intermediária, eu te usei, fiz você de intérprete. Fiz você mais de válvula de escape para o meu desabafo sempre que me queixava de seu pai e lhe pedia cumplicidade, quando dizia: 'Você vê, Fabíola, seu pai falou isso, falou aquilo, eu discuti com seu pai por isso, por aquilo...' Eu fiz você de amiga, ainda mais agora que ficamos muito mais próximas nesses sete meses em que fiquei em casa de licença médica. Você me ajudou muito, muito mesmo, foi meu braço direito e esquerdo".

Acrescentei: "Vocês podem fazer diferente agora, porque estão vendo essa comunicação muito mais ampliada. Agora cada um está assumindo suas posições. Se cada um pudesse falar uma palavra de como está saindo daqui hoje, como seria?"

Lourdes: "Mais leve".

Marcelo: "Tranquilo".

Fabíola: "Aliviada".

VOLTAR-SE PARA SI

Para que ocorresse uma mudança nesse sistema familiar, foram necessárias uma reabertura dos laços familiares e uma quebra da triangulação que propiciassem mais autonomia aos indivíduos. Fabíola passou a ter mais clareza de seu lugar na família. A terapia colaborou para que o casal pudesse transformar seu padrão de comunicação. Como resposta terapêutica, houve a possibilidade de diferenciação de cada um, flexibilizando a rigidez do casal que até então os mantinha aprisionados e queixosos, num desentendimento mútuo angustiante. Marcelo, sem estrutura emocional e sem um sentimento de pertencimento seguro, esforçava-se para alcançar seus sonhos a todo custo, confirmando sua representação de mundo. Nessa representação, sentia-se sozinho no mundo e não podia vencer na vida. Lourdes, por sua vez, permanecia fusionada, pedia cuidados constantes, aumentando a indefinição de papéis. Sua representação de mundo também era confirmada pela dinâmica familiar estabelecida: ela não poderia ser amada, ou poderia ser abandonada muito facilmente. Para eles, individualidade não era uma palavra com significado. O processo terapêutico contribuiu para que cada um tivesse uma visão mais clara de si mesmo e do outro.

Como resultado prático, Marcelo, no final do atendimento, reconheceu sua transformação e começou a perceber o lado positivo da vida. Passou a buscar novos caminhos. Apontou que as coisas andavam bem: família, casamento e trabalho. O desenvolvimento do sistema familiar também se refletiu na filha, que passou a buscar seu próprio caminho, estudando para o vestibulinho. Lourdes pensava em cursar uma faculdade de pedagogia, e Marcelo, um curso de informática. Abriram-se novas perspectivas, novas condições de exposição a estímulos e caminhos.

Ao atendê-los, revivi durante esse período meu próprio processo de conscientização e transformação do papel que desempenhei na minha família de origem. Já havia desenrolado boa parte dos fios que me guiaram por tanto tempo em minhas análises e que hoje usufruo como recurso terapêutico para encontros futuros. Como consequência desse processo de crescimento, as necessidades e as demandas provenientes do material trazido por minha família levaram-me a desenvolver-me fora do contexto familiar. Indiscutivelmente, nesse caso, minhas escolhas pessoais, como a formação em psicologia, foram especialmente importantes para gerar um acolhimento a essa família, fundamental para eles.

Partindo do pressuposto de que as escolhas pessoais passam pela busca do indivíduo em se transformar, o sistema terapêutico caminhou para a ampliação da consciência e do reconhecimento das fragilidades e diferenças individuais, possibilitando a transformação. Então, a ampliação das perspectivas de mudança alcançada pelo casal gerou nova demanda dentro do espaço familiar, propiciando uma comunicação mais direta das necessidades, dos desejos, dos medos e das expectativas de cada um. A partir dessas expressões, as mudanças puderam ocorrer tanto no casal quanto na família.

Nesse caso, o valor do processo terapêutico foi constituir-se como uma intervenção que procurou, com a família atendida, estimular seus membros a ganhar espaços e, portanto, recursos que os ajudariam a ser menos rígidos, designando melhor as funções de cada um dentro da família, clareando os aspectos sombrios e flexibilizando as lealdades.

O entrelaçamento dessas duas histórias e vivências compartilhadas entre o que aconteceu comigo e com eles remeteu-me ao arquétipo do Curador Ferido. Guggenbühl-Craig (2004) fala-nos da existência de um arquétipo "médico/paciente" que pode ser ativado todas as vezes em que uma pessoa fica doente. Nesse momento, o doente busca um curador externo, mas intrapsiquicamente o curador interno dele é mobilizado. Ainda que o curador externo seja muito competente, é a ação do curador interno que curará a ferida. Guggenbühl-Craig (*ibidem*, p. 91) explica: "Isso significa psicologicamente que não somente o paciente tem um médico dentro de si mesmo, mas também que existe um paciente no interior do médico".

REFERÊNCIAS

BENEDITO, V. L. Di Y. *Amor conjugal e terapia de casal.* São Paulo: Summus, 1996.

BOWLBY, J. *Cuidados maternos e saúde mental.* São Paulo: Martins Fontes, 2004.

BYINGTON, C. A. B. "A família como dimensão simbólica do *self.* Um estudo da dinâmica do *self* familiar pela psicologia simbólica". *Junguiana*, v. 17, São Paulo, 1999.

ELKAIM, M. *Como sobreviver à própria família.* São Paulo: Integrare, 2008.

FOLEY, V. D. *Introdução à terapia familiar*. Porto Alegre: Artes Médicas, 1990.

GUGGENBÜHL-CRAIG, A. *Abuso do poder na psicoterapia e na medicina, serviço social, sacerdócio e magistério*. São Paulo: Paulus, 2004.

JOHNSON, A. R.; RUHL, J. M. *Viver a vida não vivida*. São Paulo: Vozes, 2007.

JUNG, C. G. *O eu e o inconsciente*, v. VII/ 2. 18. ed. Petrópolis: Vozes, 2004.

_____. *O desenvolvimento da personalidade*, v. XVII. 9. ed. Petrópolis: Vozes, 2006.

_____. *Vida simbólica*, v. XVIII/1. 5. ed. Petrópolis: Vozes, 2011.

KERR, M. E.; BOWEN, M. *Family evolution: an approach based on Bowen theory*. Nova York: W. W. Norton & Company, 1988.

MILLER, A. *O drama da criança bem-dotada*. São Paulo: Summus, 1997.

TAGLIARI, F. M. *Infidelidade à lealdade - Um caminho para a diferenciação - Uma relação de preservação e mudança*. Monografia (Conclusão de Curso de Terapia Familiar e de Casal), Núcleo de Estudos e Prática Sistêmica, São Paulo, 2009.

9. A vivência da morte e o resgate da vida na terapia de casal: reflexões sobre um caso clínico

Jane Eyre Sader de Siqueira

> A curva da vida é como a parábola de um projétil que retorna ao estado de repouso, depois de ter sido perturbado no seu estado de repouso inicial.
> (Jung, 1984, § 798)

A INDIVIDUAÇÃO[1], SEGUNDO JUNG, além de um processo que se dá ao longo da vida, quando bem compreendido é também uma preparação para a morte (Jaffé, 1995).

Todavia, as pessoas, em geral, não parecem estar preparadas para lidar com a morte, com a perda. Se é atribuído um sentido ao nascimento e à ascensão da vida, por que não também ao declínio, à morte? A morte é um mistério; não sabemos o que se alcança com ela. Podemos dizer que há uma transição, intuir que há uma continuidade ou transcendência, mas é difícil falar sobre algo que não vivenciamos ainda. Há inúmeras ideias a esse respeito.

A morte é considerada uma passagem na tradição judaico-cristã. É esse o significado da palavra "páscoa". Ela é vista como uma passagem a um estado de consciência diferente: "Portanto a morte é a ocasião de um despertar" (Leloup, 1999, p. 36). Já no budismo, a vida e a morte são vistas como um todo, e esta é o início

1. Processo de individuação: definido por Jung como "tornar-se si mesmo". "Processo de **diferenciação** psicológica que tem como finalidade o desenvolvimento da personalidade **individual**" (Sharp, 1997, p. 90).

de um novo capítulo da vida. "A morte é um espelho no qual o inteiro significado da vida é refletido" (Rinpoche, 2011, p. 29).

A morte é uma realidade da vida, faz parte dela; é um acontecimento que se tem de viver, mas que provoca intensa dor em quem fica enlutado.

Sentimos muito a morte de um ente querido; não estamos preparados para viver a ausência de alguém amado. No entanto, passamos a vida nos preparando para chegar à nossa morte. Deveríamos lidar com naturalidade, mas não é o que ocorre. O sofrimento nos abate, o luto nos consome. A separação, o corte, o luto podem nos deixar "fora do ar", ausentes da vida por um tempo, principalmente quando se trata de mortes abruptas, precoces, que ocorrem antes de se realizarem as fases do ciclo vital.

É importante haver um processo de elaboração do luto, um período de crise pela qual a família passa, de grande estresse emocional. Muitos procuram psicoterapia para serem ajudados nesse processo de elaboração e transformação.

> O trabalho psíquico empreendido pelo enlutado é um paulatino desligamento da libido em relação ao objeto de prazer e satisfação narcísica que o ego perdeu, por morte ou abandono (Freud, 2013, p. 18).

Apesar de a libido ter enorme resistência a abandonar posições prazerosas já vivenciadas, gradativamente a ausência do objeto impõe o doloroso desligamento, até que o ego se veja livre, desinibido, pronto para voltar a viver (Freud, *ibidem*). Assim, um dos objetivos da psicoterapia em situações de luto é facilitar a aceitação da perda e o estabelecimento de outras relações objetais. "Estas podem ser relações renovadas, quanto ao significado, com objetos anteriormente conotados como relacionais" (Bromberg, 1997, p. 22).

Nesse processo psíquico do enlutado, é como se lhe fossem arrancadas várias coisas; não só o ser amado, o objeto, mas também o lugar que o sobrevivente ocupava com o morto. É a perda do lugar de amado, de mãe, de pai, de filho etc. O enlutado é arrancado brutalmente desse lugar.

Segundo Aberastury, um dos caminhos comuns da pessoa que está de luto é seguir o destino do objeto: morrer para não precisar se separar. É nesse sentido que a terapia do luto é importante, para que a pessoa enlutada retome sua identidade, agora sem o objeto perdido, e possa refazê-la com outros objetos (Bromberg, 1997). Esse processo compreende uma absorção e elaboração da consciência da perda e, consequentemente, uma reestruturação da vida do enlutado, sem a pessoa amada perdida (Rangel, 2005).

Uma das mortes mais dolorosas é a de um filho. Ela é considerada antinatural, pois o filho é mais jovem que os pais. Existem diversos fatores envolvidos no luto parental, como o papel que o filho desempenhava antes da morte e o papel dos pais. Sanders (*apud* Rangel, *ibidem*, p. 73) afirma: "Um filho significa para os pais uma fonte de poder e autonomia, uma fonte de energia psíquica, uma fonte de inserção social, uma fonte de identificação e uma fonte de imortalidade".

Os pais costumam sentir essa perda como a perda de um futuro, de um potencial, de sonhos e expectativas colocados com o nascimento do filho. Tal perda priva-os de uma conexão entre o passado e o futuro, de um sentido de continuidade do *self* (Rangel, *ibidem*).

O impacto da morte desestabiliza o sistema familiar; há uma ruptura no jeito de funcionar dos seus membros. É necessário haver uma reorganização, uma nova adaptação e, como consequência, a construção de uma nova identidade familiar, num novo nível de equilíbrio.

No luto dos pais, são comuns sentimentos misturados de culpa, raiva, autorreprovação por não terem impedido a morte, sensação de serem vítimas de uma injustiça, com possíveis consequências para a saúde do casamento (Franco *et al.*, 2011).

No caso de pais que tenham filhos com doença fatal, o enlutamento costuma ter início quando recebem a notícia do diagnóstico da doença, com o doente ainda vivo. O luto da futura perda concreta é denominado "luto antecipatório". Esse luto pode propiciar um desenvolvimento normal do luto na medida em que a família compreende e assume que um de seus membros está doente e em fase terminal. Quando isso ocorre, ela consegue reorganizar seus recursos para enfrentar a perda desse membro (Fonseca, 2012). É uma fase bastante difícil, pois, por um lado, é preciso se preparar para a morte que chegará em algum momento e, por outro, é importante dedicar todo o amor e atenção ao paciente. Entretanto, são frequentes as reações de negação do diagnóstico, do prognóstico, ou de ambos.

> A morte de um filho com deficiência, ou seja, uma criança que teve dificuldades para seguir o ritmo esperado de desenvolvimento e envolveu toda a família em sentimentos ambivalentes, provoca o mesmo sentimento. Pelas necessidades especiais que essa criança tinha, provavelmente desenvolveu relações de dependência e proximidade com algum dos membros da família. Na tradição da família ocidental, o papel de cuidador é geralmente exercido por uma figura feminina, em especial a mãe, sendo, portanto, sobre ela que recairá muito do peso da perda. Mesmo com o apoio da família estendida e da rede social, para a família, e em especial para os pais, causa muito sofrimento a ideia de que é possível ter um funcionamento com menos encargos após a morte desse filho. (Franco *et al.*, 2011, p. 116)

A terapia para os enlutados pode ser de valiosa ajuda, na medida em que visa favorecer a assimilação da perda, a adaptação à nova realidade, a transformação e reconstrução das novas identidades dos membros, tanto no âmbito individual como no familiar. Ela busca a identificação dos recursos da família para superar sua crise.

A seguir narrarei um caso clínico: um atendimento, em meu consultório particular, de um casal cuja filha única havia falecido três anos antes, com 17 anos, de uma doença degenerativa, descoberta quando ela tinha 1 ano e 8 meses. Os nomes e alguns dados foram modificados para preservar a identidade do casal.

A CHEGADA DO CASAL

> O tabu da morte é um tabu da intimidade. Com efeito, se começamos a observar a realidade da morte é para as profundezas de si que o olhar se dirige.
> (Hennezel, 1999b, p. 45)

LUCAS E BEATRIZ CHEGARAM à primeira sessão com a queixa de que precisavam encontrar a felicidade e a paz interior, da forma como era anteriormente à perda da filha, ou seja, ela feliz, ele feliz, os dois juntos felizes, "com tesão pela vida". Ela disse que precisariam "encontrar novos caminhos, novas soluções para os desejos". Quando indagada sobre seus desejos, respondeu que alguns são claros, outros ainda não sabia dizer, precisaria descobrir.

Ele complementou que precisariam ter vontade de viver, achar graça nos outros, na vida. Precisariam ter vontade de continuar vivos, pois ambos estavam com mais vontade de reencontrar a filha, Karina, do que de ficar aqui.

Lucas tinha 55 anos e Beatriz, 53. Ambos trabalhavam em seus próprios escritórios, em profissões distintas. Ela retomou seu trabalho depois da morte da filha. Estavam casados há 22 anos. Lucas teve um casamento anterior por seis anos e nele teve um filho, que já se casara.

Ele contou que sempre praticou esportes, tinha mais libido que Beatriz, criando um descompasso entre eles na vida sexual. Quando ele se deprimiu, a libido baixou e deixaram de vivenciar a sexualidade. Viraram amigos. Ele disse que essa também era uma questão entre eles.

No retorno, Beatriz disse que saiu da primeira sessão bastante mexida e incomodada. A ideia da terapia de casal fora do Lucas, e era como se ela se sentisse forçada. Ela não queria uma terapia para remexer o passado; queria ajuda com os problemas atuais. Achava que precisava tratar de algumas questões – a sexual, por exemplo –, mas não queria lidar a três com esse tema, na terapia de casal. Ambos faziam psicoterapia individual, e era ali que ela queria tratar essa questão. Foi apontado nessa sessão que a questão era mais ampla; não haviam perdido apenas o apetite sexual, mas o "tesão" pela vida. Eles precisariam lidar com o luto primeiro, que era o assunto principal do momento. Hagemeister e Rosenblatt realizaram uma pesquisa com pais que tiveram perda de filhos, com o intuito de estudar a relação entre luto e relacionamento sexual. Houve declínio ou rompimento por um período substancial de tempo na maioria dos casais: "[...] se sexo é prazer, este não é o momento de prazer pois é incompatível com os sentimentos de luto [...]" (*apud* Rangel, 2005, p. 143).

Segundo o casal, o sexo era bom no início, mas depois a maternidade fora tomando conta da vida e o casal ficou mais afastado. Ela, naquele momento da terapia, sentia-se morta; disse que tinha ido embora com a filha, que enterrara a parte central feminina, útero, ovário, tudo. Para ele, foi a parte do coração que enterrara. Ambos sentiam dor e vontade de encontrar a filha. Saíram da segunda sessão sem saber se queriam voltar e ficaram de pensar se fariam o processo.

Percebi no casal uma resistência à terapia, o medo de tocar na ferida, na insuportável dor da perda da filha. A dor já estava presente em cada um e na relação dos dois. Na semana seguinte Lucas me ligou e disse que as "fichas" haviam caído. Não dava mais para não encarar, e continuariam a terapia.

No percorrer das sessões, fomos vendo como viveram antes do nascimento da filha, a partir de então e após sua morte. Lucas e Beatriz conheceram-se com 32 e 31 anos, respectivamente. Após seis meses, ele a pediu em casamento. O sogro era rígido, Lucas tinha de entregá-la às 22h em casa. Depois de nove meses, já estavam casados. Beatriz disse que vira nele uma pessoa cheia de vida, "que gostava de sair no final de semana, uma pessoa por quem tinha desejo, se sentia segura": qualquer coisa que acontecesse, ele iria protegê-la, proteger a família, dar conta do recado.

Lucas disse que vira nela uma moça bonita, tinha atração por ela, achava-a inteligente e culta. Ela gostava de esportes, tinham coisas em comum. Ele já trabalhava desde os 18 anos e se sustentava, morava sozinho, era independente financeiramente.

Durante a lua de mel, uma semana após terem se casado, o filho dele foi encontrá-los. Ele disse que queria incluir o filho, que era parte dele, e este foi morar com eles após Karina completar 1 ano. Eles contaram que sempre tiveram pessoas entre eles: o filho dele, a filha do casal e os pais de ambos, que eram muito presentes na vida deles.

Ficaram extremamente felizes com o nascimento da filha, mas a gravidez fora conturbada, pois com três ou quatro meses de gestação Beatriz teve um problema raro e precisou retirar um ovário. No primeiro ano de vida, Karina foi uma criança normal; já quando começou a dar os primeiros passos, tiveram o diagnóstico da doença degenerativa, que afetava particularmente os sistemas nervoso e imunológico e era causada por um defeito genético – no caso, ambos carregavam um cromossomo específico. Quando Lucas soube disso, imediatamente fez vasectomia, para não correrem o risco de a situação voltar a ocorrer com outro filho. Era uma doença neurológica progressiva, sem cura. A maioria dos pacientes tem dificuldades para andar e, por volta dos 10 anos, necessita de cadeira de rodas.

Percebemos que o casal viveu o luto antecipatório desde que a filha tinha 1 ano e 8 meses. Não sabiam quanto tempo viveriam com ela, por quanto tempo estariam no lugar de pais.

Ao saberem da doença, todas as expectativas que haviam colocado naquele nascimento – de uma criança saudável, do que viveriam em um desenvolvimento normal – desmoronaram. Passaram então por toda uma mudança em seus estilos de vida, adaptações na casa e limitações em suas vidas. Os sonhos de um futuro promissor não se realizariam.

"Disto pode-se concluir que à sombra de uma perda iminente, outras perdas compelem ao enlutamento, mesmo que este já tenha ocorrido no passado próximo ou distante" (Fonseca, 2012, p. 96). Assim é o luto antecipatório. Ele constela outros lutos.

Eles acompanharam a filha doente rumo à terminalidade enfrentando sua progressiva debilitação, perda de independência, falência das funções, sem controle da situação. Várias perdas ocorreram antes da morte concreta da filha. O luto aconteceu não apenas pelos fatos vivenciados naquela época presente, mas também pelo que não foi e pelo que não seria vivenciado. Ou seja, o luto do casal envolvia passado, presente e futuro.

Pelo que me contaram, foi uma dedicação enorme. Ambos se doaram muito a seus papéis de pais; havia amor (e dor) na relação com a filha. As polaridades estavam sempre presentes: amor e dor, vida e morte.

> Vida e morte estão imbricadas, inevitavelmente, em toda transformação da psique. As mortes simbólicas tendem a ser compensadas com a presença do novo, mas, quando ela é literal, o novo que se apresenta vem carregado de dor. Quanto maior o afeto dedicado ao morto, maior o sofrimento. Encontrar uma compensação viável para essa morte passa a ser uma tarefa hercúlea. (Cordeiro, 2013, p. 61-62)

Beatriz fazia trabalhos manuais com a filha para ajudá-la na parte motora. Ela a ajudava em todas as lições do colégio com a parte da escrita, pois a filha fora ficando totalmente dependente fisicamente. Ela passara a viver em função de Karina, e Lucas disse que via as duas em uma, juntas. A filha, simbolicamente, carregava aspectos internos de Beatriz. "Quando ela morreu parte de mim também morreu" (Rangel, 2005, p. 276). Houve a vivência de que parte da conexão com o *self*[2] também se perdera.

Nesse momento, não sabiam como viver juntos. A filha se fora e o filho se casara. Vivenciavam o ninho vazio, com uma dor dilace-

---

2. *Self*: "o arquétipo da *totalidade* e o centro regulador da psique; poder transpessoal que transcende o ego" (Sharp, *ibidem*, p. 142).

rante em cada um fazendo parte deles como casal. Além da vivência da perda concreta, havia as perdas simbólicas; estavam em outro momento do ciclo vital. Acabara de nascer uma neta dele, e tiveram então sentimentos ambivalentes: por um lado, alegria e, por outro, tristeza, pela filha não estar presente. Lucas chorou muito nessa sessão; começou a entrar em contato com a dor, até então evitada.

Beatriz também estava se sentindo triste. Houve um final de semana em que o filho dele e a esposa foram com a filha para a casa de campo deles e ficaram no quarto que era de Karina. De longe, ela viu a mãe amamentar a filha, e não conseguiu entrar no quarto e estar perto delas, pela dor que sentia. A vida, além de tirar dela a filha amada, tirara essa função que considerava vital, a maternidade e, com isso, a possibilidade de se tornar avó biológica.

Durante as sessões, com o aparecimento da dor da perda da filha, um começou a acolher o outro. No funcionamento antigo do casal, geralmente Lucas era o forte e Beatriz, a depressiva, e ele tentava tirá-la desse lugar. Vimos que ele tinha medo de ser acolhido por ela, mostrar-se vulnerável, e de ela sufocá-lo. Era esse o sentimento que ele tinha com a própria mãe, portanto o evitava. O complexo[3] materno foi se diluindo ao se revelar na sessão, e ele foi podendo aceitar o acolhimento dela quando em contato com a profunda dor. Estavam tentando se rejuntar, a si mesmos e ao outro, pela dor.

FAMÍLIAS DE ORIGEM

PARA ENTENDER UM POUCO melhor a dinâmica do casal, são expostos a seguir alguns dados de suas respectivas famílias de origem.

---

3. Complexos são "*aspectos parciais da psique dissociados.* A etiologia de sua origem é muitas vezes um chamado *trauma*, um choque emocional, ou coisa semelhante, que arrancou um pedaço da psique" (Jung, 1984, § 204).

Beatriz é a caçula de um casal com duas filhas. Os pais estavam casados há mais de 50 anos. As irmãs sempre tiveram uma ligação forte. Ela não tem muita lembrança da infância: o pai era autoritário, severo; e a mãe, submissa a ele. Esta se dedicou à família em tempo integral, não tendo trabalhado fora de casa. Ela e a irmã não puderam viver amplamente a adolescência, pois o pai tinha regras e horários rígidos. Elas eram pacatas, submissas. A família dela tinha um funcionamento em bloco e as coisas tinham de ser do jeito do pai. Desde pequena não era ouvida, não tinha voz, não se discriminara nem confrontara o pai.

> O pai superconservador pode ser um dos mais perigosos para a criança. Negativo e castrador, esse tipo de pai inibe a vida, resistindo à mudança e ao desenvolvimento. No mito, a imagem desse pai é Cronos, que devorava seus filhos porque não queria que existissem no tempo e no espaço. No mundo externo ele é o pai cujas ideias são baseadas nas atitudes da consciência coletiva da época de seu próprio pai, tendo medo das atuais. Ele é terrível porque ensina a resistir e se opõe ao novo, tentando fixar a consciência à sua maneira, não permitindo nenhuma outra. (Heydt, 1979, p. 163)

O desenvolvimento de Beatriz ficou prejudicado e ela se manteve presa ao nível obscuro, ambíguo e inconsciente de sua natureza.

> Como é bastante conhecido, é o pai que primeiro desperta a sexualidade da menina em relação aos homens. Os desejos incestuosos são profundamente reprimidos pela criança; mas, quase tão frequentemente, o pai também é inconsciente de seus desejos e da força de seus sentimentos para com (e de seus ciúmes de) sua filha. O modo como irá reagir aos temores e desejos dela depende de sua atitude com seu lado feminino, do seu relacionamento com sua mulher e do relacionamento que teve com a mãe. Sua reação então influenciará a menina em sua atitude para com a vida emocional e em seu relacionamento com os homens. Se seus sentimentos forem ignorados ou desprezados, ela terá sentimentos de vergonha e inferioridade muito profundos e difíceis de vencer. (Heydt, *ibidem*, p. 164)

Podemos pensar que Beatriz ficou distante de sua natureza própria, de seu feminino, temendo qualquer tipo de sentimento, tanto do pai quanto seus próprios ou do outro. Isso pode ter refletido em sua relação afetiva e sexual.

Lucas é o terceiro de quatro irmãos. Os pais eram casados há 60 anos, mas viviam brigando. Quando ele tinha 5 anos, presenciou uma forte briga entre os pais; a mãe dizia para o pai sair de casa, mas ele respondia que, se saísse, não sustentaria os filhos. Lucas disse que ficaria com o pai. A mãe era carinhosa, mas, segundo ele, o sufocava. Disse à mãe que precisava comer e morreria de fome se o pai não o sustentasse. Saiu sozinho à noite por uma estrada. Ficou com medo e voltou. Ele pensa que essa vivência, o abandono que sentiu, pode ser um dos motivos de sua síndrome do pânico. Na infância, ficava intermediando o pai e a mãe, que se falavam por meio dele. Ele acreditava que a mãe era vítima e o pai, violento. Não conseguia estar bem com os dois. Teve pais mais preocupados consigo mesmos, sem olhar para ele, sem atender às questões dos filhos. A família era toda dilacerada, separada: a mãe sempre dando preferência a uma das filhas, e ele se sentindo solitário.

Aqui percebemos fortemente a ferida narcísica da criança abandonada, que não foi vista por seus pais, não foi refletida. Isso lhe causou uma forte dor emocional; no desespero, por viver entre brigas, tentou fugir de casa. Ele se sentiu então "numa terra de ninguém, numa não existência, só podendo escapar por meio da fantasia – fantasias masturbatórias de onipotência que o cortam da realidade e do relacionamento externos" (Heydt, 1979, p. 167).

> Quem tem um complexo materno originalmente negativo está certo de não ser um si-mesmo bom e de viver em um mundo ruim. Pensa que seria melhor não existir. O mundo é tal como é, e o indivíduo sente que é ele mesmo o culpado de sua própria infelicidade. Esse sentimento primário de culpa tem raízes profundas. (Kast, 1997, p. 158-59)

Ao voltar à sua própria realidade, retornou ao lar, um lugar que sentia como devorador, que o impedia de existir na sua integridade. Sentia-se cindido, entre o pai e a mãe. Tentou ficar com o pai, que era quem lhe daria o "alimento" necessário à vida, já que sentia a mãe com aspectos devoradores e sufocantes. Percebemos o aspecto devorador do arquétipo masculino, também, quando o pai anuncia que não sustentaria os filhos se saísse de casa.

> Pertence ao complexo paterno originalmente negativo o fato de que o filho não é libertado para a vida, embora se experienciem, na relação entre pai e filho, tanta decepção e dor – ou talvez precisamente por isso. (Kast, 1997, p. 185)

Percebemos uma constelação negativa tanto do complexo materno quanto do paterno em Lucas, os arquétipos[4] funcionando nos aspectos devoradores e destrutivos, impedindo o desenvolvimento articulado de sua psique, a integração dos opostos, dos aspectos masculino e feminino em si.

Durante as sessões, ele disse que percebia esses dois aspectos como irreconciliáveis em si. Às vezes se considerava louco com esses dois aspectos brigando dentro dele; não sabia o que era, não relacionava essa situação às brigas dos pais, o feminino e o masculino em oposição, lutando entre si. À medida que foi identificando e elaborando tais aspectos nas sessões, alguns sintomas foram cessando; por exemplo, ele parou de morder a língua. "Parei de me sufocar", ele disse. E também passou a ficar mais em sua própria casa, de onde fugia, sem conseguir permanecer muito tempo.

> De fato, se eu digo que uma pessoa está possuída de um espírito mau, no fundo estou simplesmente querendo dizer que esta pessoa possessa não está realmente doente, mas sofre uma influência psíquica invisível que ela não

4. Arquétipo: "A parte herdada da psique; padrões de estruturação do desempenho psicológico ligados ao INSTINTO; uma entidade hipotética irrepresentável em si mesma e evidente somente através de suas manifestações" (Samuels, Shorter e Plaut, 1988, p. 38).

> tem condições de controlar. Este fator invisível é um complexo autônomo, um conteúdo inconsciente. [...] Comporta-se exatamente como um diabrete que não se deixa captar. E quando o complexo se torna consciente - e tal é o objetivo da análise - o paciente exclama, talvez aliviado: "Então era isto o que me perturbava?" Tem-se a impressão de que se conseguiu alguma coisa: os sintomas desaparecem; o complexo, como se diz, foi resolvido. (Jung, 1984, § 710)

Os conteúdos de Lucas emergiam facilmente nas sessões. Ele era bastante participativo, ocupava todo o espaço da sessão, mergulhado em sua própria dor. Percebia que Beatriz tinha mais dificuldades, era mais calada. Eu tinha de incluí-la e encorajá-la para que se manifestasse. Ela se mostrava tímida, como uma menina recolhida, e eu precisava puxá-la para dentro da sessão e de si mesma, para que aprendesse a ir se reconhecendo. Eles se enquadravam na dinâmica complementar do mito de Narciso e Eco: "Narciso só se escuta, só se vê. Eco, não se escuta, não se vê. Um é cheio de si, o outro é vazio de si" (Fernandes, 2013, p. 25).

Beatriz entrou no casamento com o comportamento que tinha na casa dos pais, sem voz, sem se conhecer, submissa, e havia a projeção do pai em Lucas (aspectos de seu *animus*[5]), que era mais dinâmico, dominante, provedor. Ele, com aspectos de um masculino agressivo e por medo inconsciente de ser sufocado por ela (projetando nela aspectos de sua *anima*[6]), se impunha. Logo no início do relacionamento, disse que ela teria de "engolir" o filho dele. Simbolicamente, o filho carregava seus próprios aspectos, necessitando de acolhimento e existência, compensando o que não fora possível em sua infância, por ter se sentido "engolido".

---

5. *Animus*: "Lado interior masculino de uma mulher. O *animus* é tanto um complexo pessoal como uma imagem arquetípica, exatamente como a anima no homem" (Sharp, *ibidem*, p. 23).

6. *Anima*: "O lado feminino interior de um homem. A anima é, simultaneamente, um complexo pessoal e uma imagem arquetípica da mulher na psique masculina" (Sharp, *ibidem*, p. 18).

Ambos vieram de famílias com arquétipos operando como devoradores, com seus complexos autônomos atuando sombriamente, invadindo a vida deles. Os arquétipos agem livremente, sem intervenção da consciência, mantendo-se na sombra[7]. Com a vivência da vida e morte concreta da filha, e entrando simbolicamente na morte, é que se abriu a possibilidade para o casal começar a se diferenciar, iniciar o trabalho de libertação do arquétipo e complexo atuantes na psique, propiciando nova consciência. O mergulho profundo na morte foi indispensável para a libertação da psique de seus aspectos obscuros e indiscriminados do inconsciente coletivo[8].

O SÍMBOLO DA MORTE NO CASAL

O PROCESSO DE INDIVIDUAÇÃO desse casal passa por uma morte concreta, não apenas simbólica. Essa morte pode ser vivenciada como dando lugar à transformação. É a morte do mundo da ordem antiga, dos aspectos devoradores, a fim de abrir caminho para a existência, a renovação e o crescimento. A elaboração dessa morte acaba impondo ao casal a necessidade de reconhecimento dos aspectos reprimidos, viabilizando uma vida nova, um padrão de relacionamento mais integrado.

> A morte, contudo, é mais eficaz porque traz consigo aquela emoção intensa sem a qual não ocorre nenhuma transformação. A experiência da morte é a mais desafiadora, exigindo uma resposta vitalmente completa. Significa a parada de qualquer processo. É o confronto com a tragédia, pois não há saída, a não ser em frente, para dentro dela. (Hillman, 1993, p. 84)

---

7. Sombra: termo junguiano que designa "os aspectos ocultos ou inconscientes de si mesmo, bons ou maus, que o ego reprimiu ou jamais reconheceu" (Sharp, *ibidem*, p. 149).

8. Inconsciente coletivo: "Compreende-se por inconsciente coletivo a herança das vivências das gerações anteriores. Desse modo, o inconsciente coletivo expressaria a identidade de todos os homens, seja qual for a época e o lugar onde tenham vivido" (Brandão, 1986, p. 37).

Na vivência da morte ocorre o enfrentamento da própria sombra, parte importante a ser integrada na psique de cada um, em favor do processo de individuação. É nesse processo que ocorre a junção das partes do indivíduo, promovendo um ser humano mais inteiro.

Em algumas sessões, percebi que Beatriz tinha sono. Pareceu-me que fazia um esforço enorme para estar ali, consciente. O processo estava exigindo que ela despertasse, saísse da situação de devoramento simbólico. Ela sentia enjoo, simbolicamente estava precisando nascer de outra forma. Nesse período, ela narrou conteúdos mais interiores, como *flashes* de sonhos e imagens. Percebi a psique se esforçando para fazer as conexões com o *self*, para discriminar-se, sair do lugar sufocado, devorado, sem identidade própria.

Ela resolveu abrir as caixas da filha, com os cadernos da escola, nos quais ela escrevia no lugar da filha. Acabou resolvendo reciclar todo o material, pois achava que a reciclagem combinava com o estilo da filha. Esse gesto sugere alguma elaboração; o "material" interno estava se reciclando.

Eles continuaram imersos ao longo das sessões. Lucas narrou com tristeza um sentimento de culpa que tinha pela morte da filha, pelo defeito do cromossomo, por não saber disso antes de concebê-la. Durante um ano após a morte da filha, quando o casal tinha relações, o sexo era com camisinha, mesmo ele já tendo feito a vasectomia e ela estando na menopausa. Havia um medo enorme de ela engravidar novamente. Ele se culpava. Ao final do processo com a filha, ele queria ter dado um pulmão a ela, e Beatriz teria dado o outro, mas o médico disse que Karina estava, além de tudo, com câncer; a morte seria inevitável. Se ele pudesse escolher, teria partido em seu lugar.

> O luto dos pais é frequentemente misturado com raiva, culpa, autorreprovação por sua inabilidade em impedir a morte, bem como com a sensação de estarem sendo vítimas de uma injustiça. [...] Quer seja por morte repen-

> tina ou após longo período de doença, os adultos envolvidos - e aqui inclui-se toda a família - apresentam enorme gama de sentimentos ambivalentes, evidenciando que a morte de um filho quebra de maneira definitiva um padrão estabelecido, pondo em risco a estabilidade possível e necessária. (Franco *et al.*, 2011, p. 115-16)

Não podemos nos esquecer de que Lucas já carregava culpa desde seu nascimento, em função de seus complexos materno e paterno serem negativos. Ele sentia que não tinha direito à existência, a ser objeto de atenção, que não havia sido bom o suficiente. Tais sentimentos ainda faziam parte dele naquele momento.

Lucas também falou da raiva da perda de Karina, de não poder salvá-la, da sua revolta. Na época, um ano após a morte da filha, ele sonhou que, em uma cena, estava em fúria, arrebentando tudo. Em outra, estava com a filha se observando e dizendo: "Olhe só, Karina, como eu fiquei por ter perdido você". O sonho trouxe à sua consciência a raiva pela perda e o fato de que não se conformava de Deus ter tirado sua filha. A externalização, a consciência dos sentimentos é importante no processo de elaboração. "A consciência de nossa raiva com frequência dá início ao processo de despertar" (Salant, 1995, p. 169). A raiva pelo não direito à existência de si mesmo também aparecera com muita força, na projeção de seu si-mesmo na filha, de seus próprios aspectos do *self*, além da raiva da perda concreta dela.

Em alguns momentos, Beatriz dizia a Lucas que ele deveria deixá-la, pois estar com ela era lembrar-se sempre de Karina, reviver a dor, como se ela carregasse a filha consigo. Ele dizia que a amava e queria estar com ela. Eles chegaram a se separar por um tempo antes de iniciar a terapia, e ele se deprimira e recorrera a medicamentos. Não conseguiram ficar separados e foram morar no apartamento vago do filho. Era um apartamento menor que o deles; de alguma forma fizeram tentativas de acomodação para toda a dor que sentiam.

Beatriz contou que, quando a filha era viva, dialogava com ela. Na maternagem, fazia com Karina o que não haviam feito com ela, já que sentira falta de diálogo na infância. Se a filha regredia, ela se recolhia também, seguia seu ritmo, fazendo tudo junto, calmamente. Eu sugeri que ela começasse a dialogar com sua menina interior, ela própria compensando o que os pais não haviam feito, como tentativa de criar uma ponte com seu aspecto mais regressivo, com carências e dificuldades que eram projetadas em Karina. Havia em Beatriz um aspecto regressivo, de menina, no jeito de falar e se comportar.

Ela disse em uma das sessões que se percebia muitas vezes em um quarto escuro, e a vida a chamava para fora, para realizar coisas, mas sua realidade interna era no quarto. Tinha medo de sair e ter de enfrentar os desafios de uma mulher adulta, que a assustavam, além do temor de não corresponder às expectativas do marido. A chegada da filha, de certa forma, compensou o vazio que ela sentia em sua existência; fez com Karina o que os pais não haviam feito com ela, permanecendo simbolicamente fusionada à filha, que representava seus aspectos infantis, debilitados, seu feminino que não emergira e ficara trancado em seu interior (em seu quarto escuro). Não foi fácil para ela perder a filha e viver sem a parte de sua identidade nela projetada. Foi como se parte de sua psique tivesse sido arrancada. Após a morte, emergiu a necessidade de elaboração desses aspectos projetados.

Por sua vez, naquele modelo de casamento, Lucas dizia que não era feliz, achando que ela ficava excessivamente no papel de mãe, apesar de ele, a princípio, ter colaborado com expectativas para ela entrar fortemente nesse lugar. O sonho de Lucas era ter uma família gostosa. Ela lembrou na sessão que, quando eles eram namorados, ele lhe dera um relógio de presente no dia das mães, para a futura mãe que ela viria a ser. Ele já estava projetando ali, antes de se casarem, a família que queria ter: aquela que não teve. Ela entrou completamente nesse sonho dele, compensando essa carência.

Na sessão seguinte, Beatriz voltou a falar da imagem do quarto escuro e, com lágrimas nos olhos, disse que queria ficar ali. Perguntei se se sentia no quarto naquele momento e ela respondeu que sim. Nesse momento, Lucas lembrou que, na sessão anterior de sua terapia individual, a analista tinha trabalhado com imaginação ativa e fora muito bom. Eu estava exatamente pensando nisso. Percebia que havia essa necessidade interna dela, de estar ali naquele quarto. Aproveitei a oportunidade, uma vez que ele já tinha a experiência (sabia até o nome da vivência) e ela me parecia estar "clamando" por isso.

IMAGINAÇÃO ATIVA

Jung descobriu na imaginação ativa um caminho, um método para curar-se a partir de dentro, conectando-se com imagens do seu interior, do inconsciente. O método parte de uma imagem que o paciente apresenta, ou deixa vir da própria vivência. Ele fica de olhos fechados, vai se relacionando com a imagem e narrando ao terapeuta o que está acontecendo, o que está vivenciando, e como está se relacionando com a imagem. São duas etapas: deixar o inconsciente emergir e entender-se com o inconsciente.

> Agarre-se àquela imagem que você escolheu e espere até que ela mude por si mesma. Observe todas essas mudanças e eventualmente entre você mesmo para dentro do quadro e, se por acaso for uma figura falante, diga então o que você tem a dizer a essa figura e ouça o que ele ou ela tem para dizer. (Jung *apud* Pereira, 2007, p. 37)

Esse método tem a tarefa de encontrar as imagens contidas nas emoções que podem dar uma orientação nova ao paciente (Chodorow *apud* Pereira, 2007).

> Assim, um problema modificado ou resolvido no processo imaginativo trará suas consequências na vida real. Essa é exatamente uma das características do trabalho de imaginação ativa e o que define sua efetividade. (Pereira, *ibidem*, p. 40)

Na sessão, expliquei-lhe o processo e perguntei se ela aceitaria fazer essa vivência; ela respondeu que sim. Deixei um abajur ligado em vez da luz direta e pedi então a ambos que procurassem uma posição confortável, fechassem os olhos, sentissem seus corpos, buscassem um contato mais interiorizado com eles mesmos, até posicioná-los na imagem dela, do quarto escuro. Orientei-os a falar o que sentissem. A imagem era de Beatriz, mas Lucas estava livre se quisesse compartilhar algo. Ele optou por silenciar e ficou com os olhos fechados até o final da vivência com ela. Ficamos aproximadamente sete minutos em silêncio absoluto. Lucas, em um momento, chegou a abrir os olhos para olhar para ela. Ela abriu um pouco os olhos e começou a falar. Narrou que lá no quarto escuro havia uma janela bem alta e que era noite do lado de fora. Depois, começou o raiar do dia, entrava levemente luz no quarto. Nesse instante havia uma dor profunda, a mais profunda de todas. Karina estava ali. Ela sentia saudades da filha, ficava com ela. Não tinha vontade de sair para o mundo, apesar de sentir que precisava. Chorava. Queria que a deixassem; as pessoas chamavam-na, ela queria ficar lá. Sabia que tinha o Lucas, que precisava ir para ficar com ele. Nessa hora ele disse: "Mas você precisa ir por você". Ela disse possuir um lado tímido que tem vontade de sair, de conhecer a luz, mas não sabia bem o que fazer. Ali no escuro aparecia ela com Karina, a maternidade. Disse que não aguentava essa perda, era muito forte, e adorava sua vivência como mãe. Precisaria encontrar outra coisa fora. Deu-se conta de que estava transitando, da luz para o escuro. Eu perguntei como foi perceber-se transitando. Ela respondeu que saiu pela porta, ia e voltava pela porta, ora para o mundo, para a luz, ora de volta para o quarto escuro. Teve a liberdade de transitar, fazendo esse movimento.

Podemos notar o trânsito do consciente para o inconsciente, e vice-versa, do escuro para a luz, o contato com a dor insuportável da perda da filha, o pedaço da psique que simbolicamente lhe fora arrancado, a maternidade tentando encontrar uma saída. Estabeleceu um diálogo consigo mesma, com seu próprio *self*, aspectos representados pela figura da filha. Relacionou-se com seu inconsciente por meio das imagens; percebeu-se em movimento, transitando, o que foi diferente de ficar estática, presa, sem comunicação entre os mundos externo e interno.

Na outra sessão, ela disse que tinha sido bom dar-se conta de que podia transitar. No dia seguinte à vivência, ficou no quarto, não queria sair, e veio a imagem de um baú que aparecera na sua terapia individual e sobre o qual havia contado em uma sessão do casal. "Esse baú é interessante, tem véus dentro dele, não são mofados, são coloridos, têm cor. Esse baú deu um novo colorido, é instigante, estimulante, tem vida, pode ser interessante explorá-lo."

Pareceu-me que ela prosseguiu sozinha na imaginação ativa em sua casa; houve um relacionamento entre imagens, Beatriz transitou entre elas, entre os próprios conteúdos internos, relacionando-os e unindo-os, favorecendo um encaminhamento. Simbolicamente, o baú é o lugar onde reencontramos as relíquias, as coisas mais antigas. Os véus são um símbolo importante do feminino, pois mulheres se casam com véus. Eles eram coloridos, sugerindo os afetos, os sentimentos antigos reprimidos que haviam ficado presos nesse baú interno. Dessa conversa entre consciente e inconsciente é que pode surgir a possibilidade de um casamento interno com sua própria natureza, sua feminilidade. Pareceu-lhe ser um caminho possível de se rejuntar a si própria; descobrir-se, descortinar seus próprios véus, pareceu-lhe ser um bom estímulo. "[...] devemos procurar a escuridão, a dor e a morte para podermos subir de novo à luz, à alegria e à vida" (Vitale, 1979, p. 33).

Em seguida, contaram que o final de semana tinha sido ótimo. Saíram na sexta-feira com o pessoal do trabalho dele e dela, e fora agradável. No sábado almoçaram fora e depois prosseguiram na reforma de seus escritórios. Ainda foram procurar apartamento; estão em busca de algo que tenha o formato deles hoje. No domingo acordaram e fizeram amor. Segundo ele, fazia quatro anos que não era tão prazeroso como foi nesse dia, pois se sentiu sem culpa, livre. Para ela também foi muito gostoso. Porém, de domingo para segunda-feira, ele começou a passar mal. Achou que cometera excessos com a comida, com a fritura. Ele teve fortes cólicas, intestino solto, suor frio. Na segunda-feira estava depressivo, e sentiu saudades de Karina. Sentira culpa? A culpa de não sentir culpa? Não podia estar feliz vivo, estando a filha morta? Sentimentos opostos estiveram presentes, clamando por uma acomodação, integração.

Vimos que ele idealizava a família. Queria ter a família feliz que não teve na infância. Projetou o ideal na própria família; negava a doença da filha a si mesmo, para poder permanecer na própria idealização. A morte da filha chegou, a realidade se impôs e a fantasia não encontrou mais caminhos. A fantasia de completude da infância precisava morrer. Ficaram engessados muitos anos, com o símbolo da morte presente. Precisavam transitar, lidar com a perda, tentar integrar a sombra e juntar os opostos em si. Parte da sombra dele consistia nos aspectos devoradores interiorizados expressos pelas brigas internas, dificultando a conciliação dos opostos, o masculino e o feminino, em si e na relação com o outro. Beatriz, sob o efeito do pai castrador, ficara durante anos no isolamento, em oposição ao desenvolvimento, com a identidade na sombra, sem se revelar. O campo foi propício para juntar-se à filha, não desenvolver a própria individualidade. Sua identidade ficou colada à de Karina, na sombra. Com a morte da filha, a necessidade de discriminação e consciência de seus aspectos se impõe, favorecendo a individuação.

Lucas e Beatriz precisavam resgatar suas próprias identidades, para si mesmos e para o outro, abrindo caminho para um novo encontro na relação do casamento e para poder elaborar o luto da filha.

> O fenômeno da morte e do morrer encontra-se tanto simbólica quanto literalmente em todos os momentos de grande transformação da psique. O sofrimento é insuportável enquanto se mantiver alheio à própria identidade, como um corpo estranho. E é suportável quando pode ser elaborado, transformando-se em símbolo estruturante, passando a compor a identidade como realidade integrada à totalidade do indivíduo. Quando esse fenômeno acontece, morremos para a condição de termos dores e renascemos para a condição de sermos *com as* dores. (Alvarenga, 2011, p. 63)

Ambos poderão vir a ter prazer e momentos felizes, mas também sentirão falta, vazio. Beatriz tinha o sonho de estarem em uma mesa comprida, com os filhos e netos. Passou a ver que não terá essa mesa, mas, como ela mesma disse, poderá "ter a mesa [...] com amigos, com coisas prazerosas, que descobrirei com o baú". Ela estava anunciando uma nova perspectiva, a libido tentando se dirigir a outro foco. Ele, por sua vez, colocava muita energia para que o sonho infantil de uma família feliz se sustentasse e se realizasse. Percebeu que, além do luto da filha, precisava elaborar o luto dessa fantasia, que morreu com a partida da filha.

Resolveram colocar à venda a casa de campo, que havia sido toda programada para receber a filha. Além disso, mais de um ano antes, Beatriz fizera uma cirurgia na perna direita, que tinha artrose e desgaste na articulação coxofemoral. Colocara prótese em uma perna e estava sem coragem de fazer a cirurgia na outra. Foi capaz, então, de passar pela cirurgia, simbolicamente se libertando da dificuldade que tinha no caminhar antigo, do desgaste, para um caminhar novo, mais livre.

Eles estavam fazendo planos de viajar, procurando apartamento, reformando os escritórios. A libido dava sinais de estar começando a se movimentar de forma diferente em suas vidas, a serviço de novas reconstruções.

> Diz-se que a experiência do luto nos humaniza. Isso é verdade, ela nos deita abaixo do nosso pedestal narcísico, machuca-nos, humilha-nos, lembra-nos

> de que não somos onipotentes, que tudo passa, que nem sempre teremos ao nosso lado aqueles que amamos. E toda essa dor do luto, contra a qual nos defendemos de todas as maneiras possíveis, acaba por abrir um espaço dentro de nós. (Hennezel, 2009, p. 68)

CONSIDERAÇÕES FINAIS

O CASAL CONSEGUIU VENCER a resistência inicial ao trabalho de terapia, propiciando abertura em seus interiores e acesso às camadas mais profundas de suas psiques. Estavam cindidos em si mesmos e isolados do outro, em enorme dor, com o processo de individuação paralisado, necessitando de resgate de suas próprias identidades, que em parte estavam fusionadas à filha que se foi.

O processo prossegue. O mergulho na morte se faz necessário inúmeras vezes durante o viver, e o processo de individuação é contínuo. Sabemos a importância de gerar mais consciência ao longo da vida. Considero ter sido esse um início de comunicação, de consciência.

A morte trouxe uma quebra no padrão estabelecido anteriormente, solicitando a integração dos aspectos de cada um na psique, viabilizando novas configurações arquetípicas e, consequentemente, um novo arranjo matrimonial.

A filha representava simbolicamente seus próprios aspectos devorados, que não tiveram espaço para existir, para realizar-se, em função de suas histórias de vida. Iniciando o processo de retirada das projeções, abriram-se possibilidades de restabelecerem a ponte com seus próprios aspectos interiores mais regressivos, sombrios, gerando consciência.

A abertura para a expressão e a comunicação dos sentimentos é fundamental no processo de elaboração do luto, colaborando para seu declínio ao longo do tempo. Há várias opiniões sobre a durabilidade do luto, e discute-se se ele tem um término ou é contínuo. Rangel (2005), em sua tese de doutorado sobre o luto parental, em vista de tantos enfoques, preferiu falar em acomodação e adaptação à perda, não devendo o fenômeno da acomodação ser estático, mas uma atividade em progresso. Deve-se alcançar um patamar em que haja possibilidades de o enlutado ressignificar sua vida, e isso não quer dizer esquecer-se do morto ou que o luto foi totalmente finalizado. O enlutado, durante o processo, procura um entendimento do significado da morte e da presença do morto em sua vida atual.

> Um relacionamento tão significativo como o que vincula pais e filhos não pode ser concebido como finalizável pela morte. Como muito bem resume Albom: "A morte é o fim de uma vida, mas não de um relacionamento". (*apud* Rangel, *ibidem*, p. 429)

REFERÊNCIAS

ALVARENGA, M. Z. "O encontro de Prometeu, Héracles e Quiron. A morte e o morrer: ritos de passagem". *Junguiana*, v. 29/1, São Paulo, 2011, p. 58-65.

BRANDÃO, J. S. *Mitologia grega*. v. I. Petrópolis: Vozes, 1986.

BROMBERG, M. H. P. F. *A psicoterapia em situações de perda e luto*. Campinas: Editorial Psi, 1997.

CORDEIRO, A. M. *Morte: a tarefa de quem fica – Reflexões sobre amor e morte numa perspectiva junguiana*. Curitiba: Appris, 2013.

FERNANDES, R. R. "Abismos narcísicos". *Junguiana*, v. 31/1, São Paulo, 2013, p. 21-29.

FONSECA, J. P. *Luto antecipatório (as experiências pessoais, familiares e sociais diante de uma morte anunciada)*. São Paulo: Polo Books, 2012.

FRANCO, M. H. P. *et al*. *Vida e morte: laços da existência*. Itatiba: Casa do Psicólogo, 2011.

FREUD, S. *Luto e melancolia*. São Paulo: Cosac Naify, 2013.

HENNEZEL, M. "Medos e sentimento de culpa no cotidiano do acompanhamento". In: HENNEZEL, M.; LELOUP, J. Y. *A arte de morrer: tradições religiosas e espiritualidade humanista diante da morte na atualidade*. Petrópolis: Vozes, 1999a.

_____. "Superar o tabu da morte na atualidade". In: HENNEZEL, M.; LELOUP, J. Y. *A arte de morrer: tradições religiosas e espiritualidade humanista diante da morte na atualidade*. Petrópolis: Vozes, 1999b.

HEYDT, V. V. D. "O pai na psicoterapia". In: VITALE *et al. Pais e mães: seis estudos sobre o fundamento arquetípico da psicologia da família*. São Paulo: Símbolo, 1979.

HILLMAN, J. *Suicídio e alma*. Petrópolis: Vozes, 1993.

JAFFÉ, A. *A morte à luz da psicologia*. São Paulo: Cultrix, 1995.

JUNG, C. G. *A natureza da psique*. v. VIII/2. Petrópolis: Vozes, 1984.

KAST, V. *Pais e filhas. Mães e filhos. Caminhos para a autoidentidade a partir dos complexos materno e paterno*. São Paulo: Loyola, 1997.

LELOUP, J. Y. "A imagem que temos da morte, herança da nossa cultura". In: HENNEZEL, M.; LELOUP, J. Y. *A arte de morrer: tradições religiosas e espiritualidade humanista diante da morte na atualidade*. Petrópolis: Vozes, 1999.

PEREIRA, P. J. B. "Sobre a imaginação ativa". *Cadernos Junguianos*, v. 3, São Paulo, 2007, p. 36-43.

RANGEL, A. P. F. N. *Do que foi vivido ao que foi perdido: o doloroso luto parental*. Tese (Doutorado em Psicologia Escolar e do Desenvolvimento Humano), Instituto de Psicologia da Universidade de São Paulo, São Paulo, 2005.

RINPOCHE, S. *O livro tibetano do viver e do morrer*. São Paulo: Talento, 2011.

SALANT, N. S. *Narcisismo e transformação do caráter: a psicologia das desordens do caráter narcisista*. São Paulo: Cultrix, 1995.

SAMUELS, A.; SHORTER, B.; PLAUT, F. *Dicionário crítico de análise junguiana*. Rio de Janeiro: Imago, 1988.

SHARP, D. *Léxico junguiano: dicionário de termos e conceitos*. São Paulo: Cultrix, 1997.

VITALE, A. "O arquétipo de Saturno ou a transformação do pai". In: VITALE *et al. Pais e mães: seis estudos sobre o fundamento arquetípico da psicologia da família*. São Paulo: Símbolo, 1979.

10. O sonho como recurso terapêutico na terapia de casal

Maria Silvia C. Pessoa

Ao relatar o sonho, o sonhador entra em contato com a imagem, ouvindo sua própria voz. O outro é estimulado a tecer sua própria imagem do sonho com base na mesma temática, ao mesmo tempo e no mesmo espaço. Essa vivência traz uma sensação única de aproximação.

O modelo de análise dos sonhos na terapia de casal aqui apresentado foi desenvolvido em minha pesquisa de doutorado e surgiu com base em meu trabalho clínico com sonhos. Como terapeuta, deparei com a questão da relação entre os sonhos do casal e seus conflitos, levando-se em consideração a complexidade que caracteriza o vínculo conjugal.

Penso que, quando um dos parceiros traz um sonho para o *setting*, o terapeuta deve-se perguntar: por que compartilhar um sonho com o parceiro na terapia? Não há uma única resposta para essa questão, mas podemos refletir sobre ela.

Contar um sonho ao parceiro pode indicar vários aspectos, entre eles, a necessidade e o desejo de compartilhar maior intimidade com seu companheiro, um pedido de mudança de padrão de relacionamento ou mesmo a expressão de possíveis saídas para o conflito que o casal está vivendo.

O sonho é uma expressão do *self* conjugal que surge no espaço terapêutico como um símbolo que busca esclarecimento. Um símbolo que um dos parceiros traz tanto para ele mesmo como para a relação. Segundo Jung (1984, 1986), a elaboração do símbolo facilita o processo de discriminação na consciência que é contínuo na psique e faz parte da estruturação da identidade.

No processo de individuação no casamento, a natureza das motivações inconscientes que envolvem a escolha do parceiro precisa ser reconhecida e discriminada. Só então tal união pode tornar-se um espaço no qual cada um enxerga a si mesmo e o outro como um indivíduo completamente único e separado. Caso contrário, como Hewison (2003) coloca, o casamento pode tornar-se um espaço que gera uma estagnação no processo de crescimento.

Como escreve Von Franz (1997, p. 205): "Quanto mais nos tornamos um indivíduo único, mais nos individuamos no sentido junguiano do termo e mais podemos olhar o outro como um ser único, sem juízos estereotipados". Assim, inserir os sonhos dos parceiros na terapia de casal pode ajudá-los a ouvir sua voz interior e seguir rumo à individuação.

Para Jung (1991, 2001), a individuação é a busca mais nobre da vida do indivíduo. Ela é um processo envolve a realização possível do potencial de cada ser humano e ocorre por meio do diálogo contínuo entre os mundos consciente e inconsciente. Para ele, os sonhos, como mensageiros do inconsciente, são fundamentais no processo de individuação.

Jung (1986, p. 211) relata o sonho de uma jovem mulher que está a serviço tanto da dinâmica pessoal da sonhadora como da sua dinâmica conjugal: "No sonho, ela se encontra num jardim, no qual havia uma estranha árvore exótica com singulares flores ou frutos avermelhados e carnosos; ela colheu alguns e os comeu. Com grande susto, sentiu-se envenenada". Segundo Jung, em sua vida conjugal existiam certas dificuldades sexuais, em consequência das quais, em sua fantasia, ela começou a ocupar-se com um rapaz do seu círculo de amizade.

Ele continua: "É a árvore da libido, que neste caso representa tanto o feminino como o masculino, indicando simplesmente o tipo de relacionamento entre os dois" (Jung, 1986, § 325).

O trabalho com os sonhos do casal – um fenômeno revelador e porta-voz do inconsciente – pode torná-los um instrumento facilitador nessa modalidade terapêutica, de modo a favorecer a compreensão da dinâmica do casal e a apontar caminhos para a resolução do conflito conjugal (Pessoa, 2011).

No trabalho com casais sob o enfoque junguiano, consideramos tanto o inconsciente pessoal como o inconsciente coletivo dos parceiros. Os sonhos são uma ferramenta útil, pois criam pontes entre os mundos consciente e inconsciente, elucidam espontaneamente a questão central do relacionamento do casal e mostram o que seria necessário para alcançar o equilíbrio.

Eles permitem também alcançar as raízes inconscientes dos conflitos, na medida em que, juntos, terapeuta e cônjuges ampliam seu universo e visualizam novas possibilidades a partir de suas realidades psíquicas (Nell, 2005).

O MODELO DE ANÁLISE DOS SONHOS E O TRABALHO COM CASAIS

O MODELO PROPOSTO CONSTA de três fases: sonho do casal, apreciação e reflexão. Cada fase tem suas subfases.

1ª FASE: SONHO DO CASAL

Essa fase é muito importante, pois é quando o parceiro sonhador colocará seu sonho a serviço da relação e agirá como elemento facilitador para que o outro ouça o seu sonho "como se fosse seu". É necessário que se construa uma relação terapeuta/casal, interativa e colaborativa, de maneira que, no decorrer do processo, os parceiros possam juntamente apreender as mensagens oníricas e encontrar seus significados.

Nessa etapa, uma das funções principais do terapeuta é facilitar a saída do sonhador do estado de identificação com seu sonho e facilitar ao parceiro adentrar no contexto onírico para que ambos passem a vê-lo como um fenômeno psíquico que está a serviço da relação, ou seja, como o "sonho do casal". Logo, o que caracteriza essa função é como se trabalhará com esse fenômeno sem perder o foco do casal.

Contar o sonho

Objetivos	Procedimento	Atitude do terapeuta
Estimular cada parceiro a atentar aos seus próprios sonhos e ao seu mundo interno. Possibilitar que os parceiros tenham acesso ao mundo interno um do outro.	O terapeuta pede que o parceiro sonhador conte o sonho e que o parceiro ouvinte o ouça sem interrupção, como fenômeno natural e livre de pré--julgamentos.	Garantir um espaço seguro para que os casais se sintam livres para relatar o sonho no *setting*.

Nessa proposta de trabalho, os casais podem ser estimulados a ficar mais atentos a seus sonhos no dia a dia e a anotá-los se tiverem dificuldades para recordá-los. Porém, é importante que eles se sintam livres para relatá-los ou não nas sessões.

Quando um parceiro conta um sonho, é quase certo que ele já tenha uma leitura consciente ou inconsciente do que esse sonho traz a respeito da sua vida relacional e/ou pessoal, e o terapeuta precisa estar atento a aspectos sombrios e defensivos envolvidos na atitude do parceiro sonhador. O terapeuta pode se questionar: por que o sonhador está trazendo esse sonho para a terapia?

É preciso estar alerta para as projeções e as questões transferenciais que possam surgir no processo terapêutico. Portanto, dois pontos podem ser destacados: primeiro, por conter inúmeros elementos e possibilidades, cabe ao terapeuta avaliar até onde trabalhar um sonho com o casal; e, segundo, o terapeuta deve sempre perguntar ao casal se quer ou não trabalhar o sonho relatado, pois um sonho pode conter temas difíceis e delicados, e o casal talvez não esteja pronto para trabalhá-los naquele momento.

Escolher o sonho

Objetivos	Procedimento	Atitude do terapeuta
Escolher um sonho que represente o momento do casal na sessão; incentivar uma atitude cooperativa entre o casal, pois, quando os cônjuges escolhem um sonho, eles realizam uma atividade comum.	Após os relatos, o casal escolhe um sonho para ser trabalhado na sessão. Caso haja apenas um sonho, o terapeuta pergunta se o casal quer trabalhar aquele sonho na sessão.	Interação diretiva e colaborativa em relação ao trabalho com os sonhos com o casal; procurar ouvir atentamente todos os sonhos relatados e abrir espaço para que o casal decida junto com qual deles deseja trabalhar.

Quando um sonho é relatado na sessão, o outro parceiro pode se lembrar de um ou mais sonhos e se sentir estimulado a relatá-los no *setting* terapêutico, como constatei em minha pesquisa (Pessoa, 2011).

É importante que todos os sonhos trazidos pelos cônjuges sejam ouvidos e brevemente comentados, para que o casal consiga escolher um deles e trabalhá-lo sem que as lembranças dos outros sonhos interfiram.

Relato

Objetivos	Procedimento	Atitude do terapeuta
Estimular a comunicação entre os parceiros de modo a ampliar a manifestação da afetividade; incentivar uma atitude cooperativa e empática entre o casal; ajudar o sonhador a sair de uma identificação com seu próprio sonho; facilitar o compartilhamento do sonho com o parceiro; propiciar um espaço para o casal criar junto uma vivência própria das imagens do drama onírico.	Solicitar ao parceiro sonhador que relate o sonho em voz alta e no tempo presente, sem interrupção. O terapeuta anota o sonho, e o parceiro é instruído a ouvir o sonho "como se fosse seu".	Escutar atentamente o relato do sonho e transmitir ao casal a importância deste na terapia; atentar para o acompanhamento do parceiro ouvinte e transmitir a ele a importância de sua participação no trabalho com o sonho.

Depois de o casal escolher o sonho, ele será novamente relatado segundo as instruções do terapeuta. Contar o sonho em voz alta e ouvir a própria voz pode ajudar o sonhador a sair de uma identificação com seu sonho e facilitar seu compartilhamento com o parceiro. O relato no tempo presente também facilita a aproximação do acompanhamento da narrativa, das ações e dos sentimentos tanto dos personagens quanto do ego onírico. Permite também maior aproximação de sentimentos e emoções dos parceiros em relação ao tema abordado.

Segue um exemplo de trabalho com um casal no qual o parceiro ouvinte verbaliza a respeito da vivência da angústia do parceiro sonhador:

Terapeuta – Como era o clima do ambiente?

Ela – Era um clima de festa, mas não para mim. Eu estava atrasada e sem a roupa. Tenho uma sensação de estar fora, inadequada.

Ele – Acho que esse sonho traz uma sensação de agitação, de angústia, porque você quer resolver a situação. É difícil! Você não poder participar de uma coisa que é sua também.

Cabe notar que, ao relatar o sonho, o sonhador está vivenciando seu sonho por meio de suas experiências. Por outro lado, o parceiro ouvinte também está vivenciando o sonho relatado ante suas próprias experiências. Assim, eles experimentam, como casal, algo diferente daquilo que experimentariam individualmente. Esse encontro cria outra experiência, construída pela vivência a dois, tanto para o sonhador como para o parceiro ouvinte.

Título

Objetivos	Procedimento	Atitude do terapeuta
Apreender o sonho em sua totalidade; oferecer um momento para dialogar e encontrar uma resolução comum para uma situação com diferentes possibilidades de soluções; confrontar pontos de vista diferentes; desenvolver a autonomia do casal para tomar decisões.	O casal é solicitado a escolher um título para o sonho narrado que sintetize as ideias dos dois parceiros sobre a narrativa; a atividade deve ser realizada sem ajuda direta do terapeuta.	Conceder o tempo necessário para que os parceiros possam dialogar sobre a percepção de cada um sobre o sonho é importante, pois os ajuda a perceber que precisam e podem encontrar uma resolução para a questão.

Quando se pede ao casal para dar um título ao sonho, oferece-se a cada um deles uma oportunidade de dialogar com o parceiro para encontrar uma resolução comum a uma situação com diferentes possibilidades de solução. Nesse momento, o terapeuta permanece em silêncio, apenas observando. Sua presença comunica aos parceiros que eles estão sendo observados, cuidados, e ajuda-os a desenvolver posturas respeitosas um em relação ao outro.

2ª FASE: APRECIAÇÃO

A segunda fase tem como objetivo permitir que os parceiros observem juntos os elementos dos sonhos e se aproximem dos conteúdos inconscientes expressados por meio das imagens oníricas. As imagens dos sonhos são exploradas com o casal de modo a ajudá-lo a experimentar as emoções ligadas a elas e motivar associações. Logo, foram utilizados os quatro momentos da narrativa dramática sugeridos por Jung (1984) – exposição, intriga, culminação e desfecho ou lise – e procura-se explorar os aspectos dos elementos dos sonhos referentes a cada momento.

Exposição

Objetivos	Procedimento	Atitude do terapeuta
Abordar os elementos do sonho da forma mais completa possível; permitir que os parceiros observem e os conteúdos inconscientes expressados nas imagens oníricas se aproximem deles.	Nesse momento, o casal é solicitado a trabalhar o sonho em seu contexto intrínseco; conduzido pelo terapeuta, o casal entra em contato com as imagens do sonho.	Colaborativa e próxima, que favoreça a interação entre os parceiros.

Intriga/culminação

Objetivos	Procedimento
Explorar as imagens com o casal de modo a ajudá-lo a experimentar as emoções ligadas a elas; motivar associações, amplificações e apreensão do significado da mensagem onírica para o casal.	O terapeuta auxilia-os a tecer as associações, as amplificações e os *insights* do casal quanto às questões que envolvem a problemática do sonho.

Desfecho do sonho

Objetivos	Procedimento	Atitude do terapeuta
Alcançar familiaridade com o sonho e as imagens oníricas como um todo; estimular a observação da narrativa quanto ao desfecho do sonho e à sua mensagem.	Atentar para os aspectos do sonho que ressaltem o seu desfecho; solicitar a participação ativa dos parceiros para perceber o que o final do sonho suscitou em cada um e no casal.	Integrativa e acolhedora, que contribua para que os temas evocados pelos sonhos sejam abordados pelo casal de forma construtiva.

A exploração de aspectos dos elementos dos sonhos possibilita o aparecimento de temas fortes, delicados e importantes para o trabalho terapêutico com os casais. Nessa fase, a função do terapeuta é favorecer a interação e a colaboração entre os parceiros e entre casal e terapeuta, para que eles alcancem a mensagem do sonho.

Os parceiros são estimulados a participar da análise dos elementos e a contribuir com o trabalho de compreensão da estrutura dramática. Eles podem falar de suas impressões, dos temas presentes no sonho, sobre as associações e amplificações tecidas e sobre os *insights* alcançados após o contato com as imagens.

O terapeuta busca dirigir o exercício objetivando abordar os elementos do sonho da forma mais completa possível. Ele atua como sinalizador, alertando o casal para voltar ao sonho quando ele tende a se desviar do contexto onírico para tecer conclusões precipitadas ligadas à problemática do casal, ou mesmo tecer acusações em direção ao parceiro. Cabe ao terapeuta também estimular o parceiro ouvinte a participar, pois nesse momento a atenção está mais voltada àquele que traz o sonho.

Os sonhos são analisados segundo os seguintes critérios:

Contexto onírico: trata-se do cenário onde se passa o sonho, quando a cena da ação, a situação e os protagonistas são apresentados por meio da narrativa.

Associações pessoais: comentários sobre as imagens simbólicas que surgiram nos sonhos, que se encontrem ligadas às vivências pessoais do casal.

Amplificações: material expresso verbalmente pelo casal ou pelo terapeuta que promoveu a expansão do contexto da interpretação das imagens oníricas, permitindo que seu conteúdo, tanto manifesto como latente, seja explorado.

Temas oníricos: motivos encontrados na narrativa do sonho que ajudaram o casal a identificar e abordar os elementos presentes na dinâmica relacional.

***Insights* do casal:** o sentido que o trabalho com o sonho propiciou ao casal em relação a uma situação específica, ou seja, as percepções das conexões significativas entre as mensagens oníricas e o conflito conjugal.

E, finalmente, **hipóteses sobre os conflitos:** as hipóteses dos conflitos do casal que, segundo a terapeuta, os sonhos foram apontando no decorrer do trabalho (Pessoa, 2011).

Essa etapa possibilita ao casal uma base sólida de segurança para passar à terceira fase, que envolve a reflexão sobre o seu conflito, pois muitos *insights* são alcançados, dando ao casal mais recursos para lidar com o conflito por meio do diálogo, sem partir para acusações e interrogatórios.

3ª FASE: REFLEXÃO (COMPARTILHAMENTO DAS PERCEPÇÕES, DAS IDEIAS, DOS SENTIMENTOS E DOS *INSIGHTS* DO CASAL)

Objetivos	Procedimento	Atitude do terapeuta
Estimular o casal a refletir sobre o relacionamento, os conflitos, as expectativas em relação ao casamento à luz do sonho trabalhado e dos *insights* alcançados; trabalhar o equilíbrio entre a conjugalidade e a individualidade no casamento.	Nesse momento, convida-se o casal a se situar na narrativa e nas imagens oníricas e a relacioná-las ao conflito conjugal; a vivência com o sonho e seus aspectos é evocada tanto pelo casal como pelo terapeuta, para ilustrar, clarear e mediar o diálogo sobre o conflito e as possíveis formas de lidar com ele.	Abordar os aspectos interpessoais do sonho e facilitar o estabelecimento de uma comunicação aberta e madura; ajudar o casal em suas reflexões pontuando as associações pessoais, culturais e arquetípicas, além dos aspectos da personalidade de cada um, que foram discutidos nas fases anteriores do trabalho com o sonho.

Nessa fase, o casal já traz uma bagagem vivencial com as imagens oníricas, com a sua narrativa e com os temas abordados. Diferentemente das duas fases anteriores, nesta o terapeuta estimula o casal a falar sobre o relacionamento, seus conflitos, expectativas em relação ao casamento e os *insights* alcançados.

Toda vivência com o sonho e os aspectos dos elementos presentes nele é evocada tanto pelo casal como pelo terapeuta, para ilustrar, clarear e mediar o diálogo sobre o conflito e as possíveis formas de lidar com ele. Procura-se garantir que a problemática do casal seja trabalhada à luz do sonho e que o material onírico sirva de base para que ele consiga estabelecer uma comunicação aberta e madura.

O terapeuta pode revolver algumas questões com o casal para ajudá-lo a refletir sobre os aspectos pertinentes ao seu relacionamento. Por exemplo: o que o sonho ilustrou além da situação apresentada? Que mensagem o sonho trouxe para o casal e para cada um dos parceiros? Em quais pontos do sonho eles identificaram algum paralelo com suas próprias vidas?

O foco está na interação entre os dois cônjuges e o fortalecimento da estrutura da relação conjugal dentro de um espaço protegido onde as verdades de cada um podem ser reveladas por meio do diálogo.

A FUNÇÃO DO TERAPEUTA NA ABORDAGEM DOS SONHOS COM OS CASAIS

O TRABALHO COM OS sonhos com casais em terapia apresenta uma situação específica e complexa, na qual terapeuta e casal exploram um material inconsciente de um dos parceiros que será colocado a serviço da relação conjugal.

Considero que o processo de transferência ocorre quando o casal em terapia vivencia uma relação afetiva com o terapeuta que poderá evidenciar complexos que poderão estar representados por diferentes formas de relações – por exemplo, uma relação paterno-materna amorosa, rígida ou rejeitadora.

No campo interacional, as influências ocorrem no duplo sentido, e ambos, analista e casal, se influenciam e se transformam. O terapeuta precisa considerar o fenômeno da transferência/contratransferência e lidar com ele da maneira mais clara possível, colocando-o a serviço da conjugalidade.

Jung (2007, § 352), ao abordar o fenômeno da transferência, escreve sobre sua natureza e sobre a função do analista:

> A razão psicológica geral da projeção é sempre um inconsciente ativo que procura expressão. Sua importância é equivalente ao conteúdo projetado. E uma transferência de natureza violenta corresponde a um conteúdo incendiário; contém alguma coisa de importante, alguma coisa realmente de grande valor na vida do paciente. Mas tão logo é projetada, o terapeuta

> parece incorporar essa coisa preciosa. E é impossível evitar permanecer nessa posição infeliz. Mas deve se devolver o valor ao paciente e a análise não termina até que o paciente tenha integrado completamente o valor à sua personalidade.

Há grande possibilidade de o fenômeno da transferência surgir quando se está trabalhando com sonhos com casais, e nem sempre a figura do terapeuta aparece objetivamente no sonho do casal ou vice-versa. Assim, ao analisar um sonho, é importante procurar considerar se ele está expresso de modo objetivo ou subjetivo e avaliar o momento e o contexto terapêuticos nos quais esse sonho está inserto.

O atendimento de casais envolve a investigação dos aspectos inconscientes atualizados na relação com o terapeuta por meio da escuta analítica. Esta envolve os sentimentos contratransferenciais, os quais podem contribuir para que o casal descubra novos significados pelo material onírico relatado no *setting*. Hall (1998, p. 68), ao se referir à situação contratransferencial, sugere: "Não obstante, a situação do analista é maximizar o campo transformativo para o paciente, ao mesmo tempo em que minimiza a contratransferência perturbadora do analista".

Portanto, cabe ao terapeuta estar sensível a toda experiência sobre o casal com quem está interagindo e avaliar objetivamente sua relação com ele. Em seu posicionamento analítico, o terapeuta deve preocupar-se com a investigação da situação consciente e inconsciente constelada tanto por ele, por sua história, sentimentos, complexos, como pelos aspectos psíquicos do casal que possam estar ressoando na pessoa do analista. É muito importante não deixar que um material sombrio possa contaminar a relação terapêutica, e para isso ele precisa preservar sua realidade psíquica diferenciada.

Por isso, saliento a importância da formação teórica, prática e pessoal do terapeuta de casal que trabalha com os sonhos.

CASO CLÍNICO: LANA E JOEL

LANA É UMA MULHER jovem, simpática, de 29 anos, que trabalha como fisioterapeuta. Joel é bancário, tem 48 anos e procura ser agradável com as pessoas. O casal está junto há seis anos e, quando se conheceram, Lana era solteira e Joel, divorciado.

Joel tem dois filhos do primeiro casamento, um com 18 e o outro com 20 anos. O filho mais novo mora com o casal, e o mais velho mora com a mãe. A relação do casal com a ex-mulher e os filhos é conflituosa. Para Joel, "a ex-mulher instrui os filhos a não ser cordatos com Lana".

Joel perdeu o pai aos 15 anos e, desde então, sente-se responsável pela sua mãe e pelos irmãos. Conta que sua mãe trabalhou muito para que ele pudesse estudar. Seu pai era um homem reservado, não tinha intimidade com os filhos e, quando estava em casa, não gostava que a esposa saísse e o deixasse sozinho.

Lana pertence a uma família simples e tem três irmãos. Refere-se ao pai como uma pessoa que sempre esteve distante de sua vida pessoal, que não participou de nenhum acontecimento importante de sua vida, como sua primeira comunhão e suas formaturas.

O casal tem poucos amigos e seus contatos sociais limitam-se às respectivas famílias de origem.

QUEIXA E EXPECTATIVAS

O CASAL RELATA QUE tem dificuldade de dialogar e que suas conversas quase sempre terminam em discussões, criando uma situação de mal-estar entre eles que costuma perdurar muitos dias. Nessas discussões, Joel insiste em impor sua opinião, até que, sem mais argumento, Lana chora e desiste de conversar. Joel espera que a terapia ajude a esposa a se colocar mais, pois, segundo ele, ela precisa aprender a expressar seus pensamentos.

Lana diz se incomodar muito com o mau humor do marido e pensa que é por sua causa, por não se impor diante das dificuldades. Joel diz que o problema é que Lana não consegue validar sua opinião com as pessoas. Lana diz que não consegue ocupar seu espaço como mulher dele, não sente que a casa é sua, apesar de participar das decisões de seu funcionamento, incluindo as financeiras. Lana incomoda-se com o fato de seu estado civil ser de solteira. Joel diz que isso não o incomoda, pois não é o papel que fará diferença no relacionamento deles. Para Joel, Lana deve ter paciência, pois o casamento agora poderia criar muitos conflitos com eles e com sua ex-mulher.

HIPÓTESES LEVANTADAS DOS CONFLITOS RELACIONAIS

Na primeira sessão, Lana relata dois sonhos que nos ajudaram a levantar algumas hipóteses sobre o conflito e a dinâmica conjugais. Seguem os relatos dos sonhos:

L – ... Eu sempre sonhava com uma boneca que eu queria, mas quando ia pegá-la eu acordava. Sonhava que eu podia levitar. Aí eu conseguia sair do chão um pouco. Lembro só desses.

No sonho, há uma menina que vê e deseja uma boneca; contudo, ao tentar alcançá-la, acorda e depara com o vazio. Levitar pode remeter à ideia do pensamento mágico, de uma forma infantil e não efetiva de buscar sair do conflito.

Podemos supor que os parceiros construíram um modelo de relacionamento assimétrico; a falta de assertividade de Lana impede-a de defender suas próprias ideias e traz conflito para a relação. E Joel não tem consciência de sua dificuldade de se relacionar com uma mulher assertiva, que valida seu desejo e sua opinião.

PRIMEIRO SONHO: "ATRASADA" (LANA)

SONHO DO CASAL

Contar o sonho

Na segunda sessão, o casal relatou cinco sonhos.

Lana:

Sonhei que estava numa formatura, mas estava sem vestido apropriado.

Estava numa piscina, usando um biquíni, mas lá não podia usar biquíni, tinha de usar maiô e vieram me retirar de lá.

Sonho que estou com os filhos do Joel dirigindo um carro. Estou num lugar grande, parece uma fazenda. Vejo uma casa com a porta aberta e vejo os móveis antigos desmontados.

Joel:

Olho e vejo minha mãe limpando a calçada da casa dela e digo: "Você não pode fazer esforços porque operou, pois o médico mandou você fazer repouso".

Eu estava numa ilha e fui atacado por um míssil; estávamos meu cunhado, meu irmão, que é caminhoneiro, e eu.

Escolher o sonho

Após os relatos dos sonhos, pediu-se ao casal que escolhesse um deles para ser trabalhado. O casal elegeu os dois primeiros sonhos de Lana, pois, segundo eles, ambos traziam temáticas semelhantes.

Relato

Lana relatou o sonho escolhido em voz alta, na primeira pessoa, no tempo presente, enquanto a terapeuta anotava-o. Observa-se que, no trabalho com esse sonho, o casal conseguiu participar de forma espontânea, tanto Lana ao relatá-lo quanto Joel ao aproximar-se das imagens evocadas por meio do relato.

Lana:

Estou na cerimônia da minha formatura, está todo mundo lá, chego atrasada e percebo que não estou com a roupa adequada. Tenho uma sensação muito ruim, tenho de sair de lá, pois não estou com o traje adequado. Sento no último banco. Acordo.

Título

Depois de discutirem por alguns minutos, eles sugeriram dois títulos: "Formatura" e "Atrasada". Finalmente, eles escolheram o segundo, pois o fato de Lana ter chegado atrasada à formatura foi decisivo no sonho.

Esse exercício foi realizado sem dificuldade, pois ambos estavam bem próximos das imagens e do tema trazidos pelo sonho.

APRECIAÇÃO

Terapeuta: O que está acontecendo?

Lana: Não sei se era missa ou culto de formatura, e se era numa igreja ou num teatro. Aí, o Joel e eu chegamos atrasados. Como eu não estava com a beca ou coisa assim, que eu teria de vestir para participar, sentei-me no último banco e lá fiquei.

T – O que é para vocês uma "formatura"?

L – Pra mim, representa um momento de tomar posse de algo que você conquistou depois de ter cumprido uma série de requisitos, tipo provas, estágios, frequência às aulas.

T – Receber um certificado de conclusão?

L – É. Não pensei nisso, acho que é mais que isso. Então formatura seria um reconhecimento público, uma comemoração.

T – Como é o clima do ambiente?

L – É um clima de festa, mas não para mim. Eu estava atrasada e sem a roupa. Tenho uma sensação de estar fora, inadequada.

J – Acho que esse sonho traz uma sensação de agitação, de angústia, porque você quer resolver a situação. É difícil! Você não poder participar de uma coisa que é sua também.

T – Uma sensação de estar fora de algo que você quer e tem o direito de participar.

J – Você lembra que falamos na sessão passada, quando falamos das crianças em casa. Acho que tem a ver. Fica muito forte pra ela.

T – Como assim?

J – É uma sensação de não poder participar do ambiente familiar.

T – Inteiramente.

J – Sim.

T – E como é essa sensação?

L – Sempre me senti assim, né, Joel? Sinto essa sensação de estar "desencaixada", não me sentir bem em um lugar, isso sempre foi forte.

T – Quais lugares?

L – Eu não sei expressar como é que é. Mas sinto isso com as pessoas, em geral, mas é mais forte em casa, principalmente quando os filhos de Joel estão lá.

T – Ok. Vamos voltar para o sonho. Descreva o cenário dele.

L – É de noite, o lugar estava cheio de pessoas, os formandos e seus familiares. Minha família estava lá. Acho que eu chego com o Joel, algo assim. O clima é gostoso, de festa, mas para os outros e não pra mim, que estou de fora e superchateada, parece que tem um mundinho meu à parte. Sento no último banco.

T - Mundinho?

L - É, pequeno, triste e isolado.

T - O último banco. Quem estava lá?

L - Tinha muita gente. Os formandos e seus familiares, e Joel, meus pais e irmãos.

T - Quem é o protagonista do sonho?

L - Eu. Mas "antes não fosse eu" [diz sorrindo]. A formatura é minha, fui eu que cheguei atrasada e acabei não participando.

T - Esse lugar é conhecido?

L - Não tenho certeza, mas parece o teatro da faculdade.

T - Qual é a problemática do sonho?

J - Acho que é fazer tudo, estudar e tirar o diploma, mas não poder participar da formatura, da festa.

T - Você não pôde participar?

L - Ninguém me proibiu, na verdade, mas como eu estava sem a beca eu mesma me excluí.

J - Acho que eu faria o mesmo.

L - No sonho, eu estou tensa, pois lá estão todos prontos e felizes; e, além de eu chegar atrasada, não estou de beca, com a roupa adequada. Fico sem ter como agir.

T - Paralisada.

L - É assim mesmo que me sinto no sonho.

T - Joel, como é esse sonho para você?

J - Que Lana percebe que está fora e não tem como participar, pois não tem a roupa.

L - É, não tem jeito. Se fosse só atrasada, mas sem a beca!

T - Você não se sente completa, está faltando algo que a impede de entrar no lugar que você sabe que é seu também, que você tem o direito de participar. Você se apressa, vai até lá e fica lá.

L - Sentada, de fora, no último banco.

T - Que atitude é essa no sonho?

L - Hum... Não sei.

J - Eu não posso falar nada, pois nem sei se participaria da formatura. Atrasado, então, nossa! Voltaria para casa na mesma hora!

T - Como o sonho termina?

L - Eu não faço nada, fico sem ter como agir, me conformando.

J - Sem o vestido, ela se sentiu fora do lugar, não é?

T - A Lana, no sonho, senta lá no fundo e assiste de longe. Ela e as pessoas que estão com ela não fazem nada diante da situação. Mas, então, como é o final do sonho?

L - Eu, lá no fundo, sentada, sem fazer nada.

[Silêncio]

T - O que pode significar não estar vestido adequadamente?

L - Acho que está ligado às regras sociais e à adaptação da pessoa, é isso? Estou sem beca e sem o capelo. Não me casei oficialmente. A beca e o capelo representam algo oficial, legítimo.

J - Para os outros. Não para mim.

T - Pode ser. Apresentar-se adequadamente aos outros, ao mundo, às pessoas... No sonho, a personagem Lana tem dificuldade de encontrar um lugar para ela. Você, no sonho, não vai à frente, com os formandos, mas se senta quietinha no último banco e aceita o fato de não poder participar, por estar sem a roupa adequada.

L - É isso mesmo. É uma situação difícil, porque você precisa se expor.

T - Como assim? Você pode explicar melhor?

L - Ah, cheguei atrasada e estou lá, sem a beca. Acho que é difícil mostrar minhas imperfeições, sei lá.

T - Entendo. O que o sonho poderia estar ilustrando, além da situação apresentada?

L - Sobre nós?

T - Por exemplo, que tipo de atitudes os personagens apresentam nos sonhos?

J - Da Lana é um inconformismo, pois ela quer participar, e um conformismo, porque não faz nada para conseguir isso.

L - Dos outros, eu diria que eles nem percebem minha situação. Ninguém se manifesta para me ajudar, nem o Joel nem meus familiares, muito menos meus colegas de turma.

T - O que a protagonista poderia fazer, além de constatar que está sem beca, sem o capelo?

L - Tentar dar um jeito melhor assim mesmo.

T - Aceitar o fato de que existem coisas que não podemos mudar como a roupa e o atraso, mas há outras coisas que podem ser feitas.

J - Verdade, ela teria de participar e pronto. Eu, por mim, já teria ido embora. Eu não tenho paciência...

L - Você? Acho que nem entraria só por estar atrasado.

REFLEXÃO

Nesse terceiro momento, o casal discute sobre as dificuldades que tem enfrentado. Lana diz que a sensação de estar "desencaixada" sempre a acompanhou e que criou um "mundinho" para ela que lhe parece pequeno, triste e isolado. Ela diz: "É como no sonho, eu fico sem ter como agir, paralisada".

O inconsciente expressou, por meio da imagem simbólica do "último banco", o mundinho que o casal criou e precisa ser ampliado. Este pode representar a dificuldade do casal de sair de uma relação regida por um padrão patriarcal rígido no qual Lana fica como filhinha e Joel como pai. É difícil para ela assumir uma posição de mulher, de esposa legítima de Joel, e deixar de sentir que chegou atrasada na vida dele.

No sonho, Lana não participa de sua formatura, mas se senta no último banco; na vida real, ela prefere ceder e se calar. Sentimentos de não pertencimento, inadequação e vergonha invadem-na. O casal parece estar preso aos seus complexos, o que dificulta um diálogo mais maduro e a saída do impasse.

CONSIDERAÇÕES FINAIS

Para Von Franz (1997, 1998), os sonhos constituem verdadeiros indicadores de onde se encontra nossa energia e a direção para a qual ela se encaminha. Assim, todos os sonhos são concebidos, no *setting*, como um símbolo de algo que expressa aspectos a ser integrados à consciência.

Por meio do trabalho com os sonhos, é possível alcançar os complexos pessoais dos parceiros que afetam o equilíbrio do relacionamento, assim como os aspectos da sombra pessoal de cada um projetada no outro.

As três fases do modelo de trabalho com os sonhos ajudam a transformar as defesas e resistências dos parceiros, criando um espaço facilitador para que eles entrem em contato com os conflitos e lidem com eles de maneira criativa e funcional, por meio do diálogo. Permitem que abordemos com os casais os problemas centrais do relacionamento, tocando aspectos tanto de âmbito pessoal quanto conjugal.

O trabalho com sonhos com o casal que está vivenciando um conflito pede uma atitude reflexiva e contemplativa por parte dos cônjuges. Essa atitude ajuda-os a falar de si mesmos, da relação que eles construíram e do significado de ser um casal, de modo que eles deixem de falar do relacionamento como um objeto adquirido que não atendeu às suas expectativas.

A postura do terapeuta e suas intervenções desempenham papel fundamental no trabalho com os sonhos. É ele que estimula a participação do parceiro na apreciação dos elementos do sonho trazido, ajudando a modificar eventuais posturas defensivas.

Assim, a apresentação desse modelo de análise dos sonhos com casais busca contribuir para que, cada vez mais, o trabalho sério com os conteúdos oníricos possa pavimentar o caminho de casais em direção à individuação.

REFERÊNCIAS

BENEDITO, V. L. Di Y. "O trabalho com sonhos na terapia de casal". In: CONGRESSO LATINO-AMERICANO DE PSICOLOGIA JUNGUIANA, 4. *Anais...* Punta del Este, Uruguai: [s.n.], 2006, p. 61-64.

HALL, J. *Jung e a interpretação dos sonhos: manual de teoria e prática.* São Paulo: Cultrix, 1998.

HEWISON, D. "'Oh rose, thou art sick!' Anti-individuation forces in the film American beauty". *Journal of Analytical Psychology*, Blackwell Publishing, v. 48, n. 5, 2003, p. 683-704.

JUNG, C. G. *A dinâmica do inconsciente.* Obra Completa, VIII. Petrópolis: Vozes, 1984.

______. *Símbolos da transformação.* Petrópolis: Vozes, 1986.

______. *O desenvolvimento da personalidade.* Petrópolis: Vozes, 1991.

______. *Psicologia e religião.* Petrópolis: Vozes, 2001.

______. *A vida simbólica.* Obra Completa, XVIII/1. Petrópolis: Vozes, 2007.

NELL, R. *The use of dreams in couple counseling: a Jungian perspective.* Canadá: Inner City Books, 2005.

PESSOA, M. S. C. *Elaboração de um método de análise dos sonhos na terapia de casal - Um enfoque junguiano.* Tese (Doutorado), Pontifícia Universidade Católica de São Paulo, São Paulo, 2011.

VON FRANZ, M. L. *O caminho dos sonhos.* São Paulo: Cultrix, 1997.

______. *Dreams: a study of the dreams of Jung, Descartes, Socrates, and the other historical figures.* Boston/Londres: Shambhala, 1998.

11. Terapia de sandplay com casais

Susan Carol Albert

Há mais de dez anos começou meu interesse pela terapia de sandplay com casais. Esse método já era uma parte integral dos meus atendimentos individuais, e interessava-me também conduzir a terapia com casais utilizando-o.

As dúvidas começaram a surgir. Como conduzir esse processo? Seria muito diferente da terapia de sandplay individual? Os cônjuges deveriam trabalhar juntos numa caixa de areia ou em caixas separadas? Usando duas caixas separadas, como registraria esses dois processos?

Mesmo com muitas dúvidas, resolvi convidar um casal para fazer um cenário na caixa de areia. Mas, quando um dos cônjuges derrubou uma miniatura que o outro havia colocado, percebi que o processo era bastante diferente, e senti que estava pisando em terra desconhecida e precisava consultar referências.

A terapia de sandplay não tem sua própria base teórica. Foi desenvolvida por Dora Kalff (2003 [1980]) e baseia-se na psicologia analítica de C. G. Jung. Consequentemente, temos de recorrer à psicologia analítica e utilizar seus conceitos para a terapia de casal para depois desenvolvermos um método de trabalho com casais utilizando a terapia de sandplay (ver Capítulo 2 para uma discussão sobre os conceitos).

As diretrizes metodológicas para a terapia de sandplay com casais apresentadas e discutidas neste capítulo têm como base teórica a psicologia analítica. Portanto, a natureza desse trabalho é uma terapia profunda, e essas diretrizes foram desenvolvidas nesse contexto.

É importante distinguir a terapia de sandplay do trabalho de sandtray. Quando a caixa de areia é utilizada como um instrumento de diagnóstico, de maneira dirigida e com uma proposta específica, entendemos esse trabalho como sandtray, que, embora possa trazer uma contribuição importante à terapia, é diferente da terapia de sandplay. A base teórica do trabalho de sandtray não é necessariamente analítica, e a postura do terapeuta enquanto o paciente está construindo um cenário pode incluir conversas, perguntas específicas a ele e seu direcionamento na construção do cenário. Para mais informações sobre o trabalho de sandtray, ver Boechat (2005); Carvalho e Sant'Anna (2000); e Boik e Goodwin (2000).

Distinta do sandtray, a postura de um terapeuta de sandplay é a de acompanhar o processo em silêncio: o foco está na experiência não verbal, pois entendemos que a transformação psíquica ocorre no nível pré-verbal e/ou não verbal.

A criação de um cenário na caixa de areia é, aparentemente, muito simples: das prateleiras cheias de miniaturas, o paciente escolhe algumas que atraem a sua atenção e coloca-as na caixa. Porém, conforme Turner (2005), a compreensão do processo psicológico profundo, subjacente a essa simples criação de uma imagem na areia, é o que fascina o terapeuta de sandplay. Creio que, quando se oferece essa terapia a casais, proporciona-se a eles um método que pode facilitar as transformações em sua dinâmica, revelando conflitos inconscientes, numa forma simbólica, e, assim, permitindo-lhes a possibilidade de reorganizar esses conteúdos psicológicos de maneira saudável.

Quando um casal vive um impasse na relação, muita energia acaba sendo investida em discussões e maus-tratos e pouca é investida na procura de uma solução criativa. De acordo com Zappacosta (2004), as modalidades de terapia não verbais permitem ao paciente externar as experiências, além de conter a energia psíquica que as acompanha, preparando-o, desse modo, para o processo de transformação.

O casal que trabalha junto na areia tem um "vaso" para sustentar e explorar as imagens emergentes e, por esse processo, pode fortalecer a relação conjugal. Como Hewison (2003) aponta, o relacionamento conjugal é um produto da vida emocional de duas pessoas e é visto como uma entidade em si. Os conflitos conjugais, com todas as suas ramificações, atingem a "psique do casal" num nível inconsciente. Elaborando esses conflitos pela terapia de sandplay, cada cônjuge trabalha para construir uma nova relação conjugal por meio das transformações que podem ocorrer tanto no nível verbal quanto no não verbal.

Refletindo sobre minhas experiências, senti a necessidade de endereçar as dúvidas enfrentadas na prática clínica com casais e, desse modo, abrir um caminho para uma discussão mais propícia sobre a maneira de aproximar essas duas áreas: a terapia de sandplay e a de casais.

CONVIDANDO O CASAL PARA TRABALHAR NA AREIA

O MOMENTO QUE o terapeuta sente ser propício para convidar um casal a fazer um cenário pode variar muito. É importante que o terapeuta que trabalhe ou pretenda trabalhar com casais utilizando sandplay se apresente, desde a primeira sessão, não apenas como terapeuta de casais, mas também como terapeuta de sandplay, e explique que durante o seu processo terapêutico é possível que o casal seja convidado a fazer alguns cenários na caixa de areia.

Qualquer processo terapêutico, e a terapia de sandplay em particular, significa para os cônjuges um processo de gestação e elaboração para que eles encontrem um novo sentido à sua relação. Nesse momento, os cônjuges precisam ser acolhidos em sua fragilidade, de modo a preparar o terreno onde as mudanças possam acontecer.

Assim sendo, quando os cônjuges forem convidados a fazer um cenário, o relacionamento terapêutico deve estar suficientemente seguro para que o casal sinta que pode regredir sem sentir-se completamente ameaçado.

O casal, ao ser convidado a fazer sandplay, em geral começa com certa ansiedade. Os cônjuges não sabem o que envolve esse trabalho, são vulneráveis e, quando regredidos, consequentemente, deixam os seus complexos mais acessíveis. Portanto, o terapeuta deve oferecer um ambiente adequado e seguro no qual a psique do casal possa regredir e entrar em contato com o seu lado mais infantil.

OS CÔNJUGES DEVEM TRABALHAR JUNTOS NUMA CAIXA SÓ OU EM DUAS CAIXAS SEPARADAMENTE?

Para discutir essa pergunta, creio que primeiro temos de refletir sobre a proposta da terapia de casal. Como Vargas (2004) observa, o terapeuta de casais está a serviço do casal. Assim sendo, entendemos que a demanda para terapia vem do casal como uma unidade e não dos dois cônjuges separadamente. A terapia de sandplay trabalha visando à individuação do casal, como unidade.

Quando um casal trabalha junto numa caixa de areia, existe um "vaso" para conter e explorar as imagens emergentes, e esse processo terapêutico oferece a possibilidade de que cada um dos parceiros obtenha uma compreensão melhor da sua contribuição na construção de seu relacionamento conjugal. Como Hewison (2003) aponta, o relacionamento do casal é um produto da vida emocional de duas pessoas e pode ser visto como uma entidade em si. Os conflitos conjugais e todas as suas repercussões afetam a "psique do casal" num nível inconsciente. Tornar esses conflitos assimiláveis usando a terapia de sandplay permite que cada parceiro trabalhe no sentido de construir um novo relacionamento conjugal decorrente das transformações que podem ocorrer tanto no nível verbal quanto no não verbal.

Com base em minha experiência, acredito que a melhor maneira de o terapeuta de sandplay ajudar o casal é convidando-os a trabalhar juntos numa mesma caixa. Assim, eles vivem e experimentam sua relação conjugal em todas as suas dimensões, conscientes e inconscientes, e o terapeuta está envolvido e presente durante esse processo.

A maneira como os cônjuges, como casal, abordam o trabalho na caixa de areia irá ilustrar várias facetas da relação conjugal, tanto para o casal quanto para o terapeuta. Este terá acesso aos conteúdos intrapsíquicos e dinâmicos daquele, que entendemos que não apareceriam se os cônjuges trabalhassem em caixas separadas. Frente a frente na caixa, eles acabam tomando várias decisões reveladoras.

A proposta de terapia de casal na abordagem analítica é que o terapeuta trabalhe com os símbolos que surjam como produto da relação conjugal e tenham sentido para o casal em si. O terapeuta trabalha com o diálogo consciente e inconsciente entre os cônjuges e com os conteúdos inconscientes que cada parceiro projeta no outro, e desse diálogo entre os diferentes conteúdos psíquicos as projeções são reconhecidas e reintegradas e, assim, a relação é transformada.

Na terapia de sandplay, quando convidamos os cônjuges a criar um cenário juntos, eles projetam seus conteúdos inconscientes nas miniaturas selecionadas e colocadas na caixa: *persona*, sombra, *anima* e *animus* e complexos, tal como se manifestam na relação conjugal. Esses conteúdos vão se revelando como produto dessa relação singular e única e, nesse momento, o terapeuta estará a serviço do casal.

Os cenários em caixas separadas não surgem da relação "interpsíquica" do casal, e sim da relação "intrapsíquica" de cada cônjuge. Dessa forma, não temos acesso ao diálogo não verbal entre os inconscientes dos cônjuges.

O terapeuta de sandplay, acompanhando o casal enquanto cria um cenário na areia, também será afetado pela dinâmica como resultado de suas próprias respostas às projeções sobre ela e suas reações "contratransferenciais". Elaborar essas comunicações e refletir sobre seu significado simbólico é parte essencial dessa terapia com casais.

O trabalho com a transferência e a contratransferência durante a terapia de sandplay trata-se, na verdade, da capacidade do terapeuta de conter suas próprias ansiedades e angústias, particularmente quando trabalha com experiências inquietantes e perturbadoras (Cunningham, 2005).

QUAIS AS INSTRUÇÕES DADAS AO CASAL ANTES DO TRABALHO NA AREIA?

WEINRIB (1993) CONFIRMA QUE, na terapia de sandplay, o terapeuta não deve dar instruções ao paciente, mas apenas encorajá-lo a criar um cenário na areia, com ou sem miniaturas, para que expresse suas fantasias e concretize o seu mundo interior.

Assim, o convite aos cônjuges para trabalharem na caixa de areia pode ser semelhante àquele feito ao paciente individual. É importante que o terapeuta introduza o sandplay como uma parte integral do seu trabalho terapêutico e explique que ele oferece a oportunidade de expressar alguns sentimentos para os quais talvez não houvesse palavras adequadas.

Levando em consideração o desenvolvimento de algumas diretrizes para trabalhar com casais utilizando sandplay, dentro da abordagem da psicologia analítica, entendemos que o terapeuta esteja acompanhando a "psique do casal" e, ao mesmo tempo, a dinâmica do casal que está sendo revelada no sandplay. O casal deve revelar-se com o mínimo de instruções do terapeuta, a quem cabe acompanhar esse processo e não determinar que rumo será tomado. Sendo assim, o casal recebe apenas o convite para fazer um cenário, e não instruções sobre como criá-lo.

Entendemos que as dificuldades e os conflitos na relação conjugal surgem como consequência das interações entre os cônjuges, e não pelas atitudes de apenas um deles. Esses conflitos são mantidos e alimentados pelos acordos conscientes e inconscientes feitos entre eles. As dinâmicas e os acordos são revelados durante o processo de construção dos cenários; por isso, é importante que o terapeuta ofereça um espaço livre e protegido.

Enfim, a terapia de sandplay é um processo psicodinâmico que envolve a revelação de conteúdos inconscientes a ser integrados para que se promovam transformações. Instruções são diferentes de limites e, portanto, achamos importante discutir a necessidade de alguns limites para os cônjuges na criação do cenário. Limites como: é permitido que um cônjuge retire ou altere a posição de uma miniatura que o parceiro tenha colocado? Um cônjuge pode colocar uma miniatura em cima de outra que ele não tenha colocado, ou seja, ele pode derrubar uma miniatura?

Qualquer contrato de terapia com casais, utilizando o método de sandplay ou não, tem de estabelecer algumas regras para que se conduza o tratamento. Essas regras, em geral, incluem a proibição de agressões descontroladas. Portanto, embora o casal não receba instruções explícitas, deve entender e aceitar que agressões expressas na caixa de areia não são aceitáveis. Entende-se como agressão, por exemplo, derrubar uma miniatura colocada pelo outro de maneira raivosa ou enterrar a miniatura do outro etc. Também é importante estabelecer que, se um cônjuge deseja retirar (ou alterar o lugar de) uma miniatura que o outro colocou, ele deve conversar e negociar essa alteração, para que os dois cheguem a um acordo. Esse entendimento também se aplica à questão de um cônjuge querendo colocar uma miniatura em cima de outra que seu parceiro tenha colocado.

No entanto, nem todas as situações podem ser antecipadas. No caso de um paciente agir agressivamente contra si mesmo durante a terapia de sandplay, o ato deve ser entendido simbolicamente e os sentimentos contratransferenciais devem ser utilizados para o benefício da terapia de casal, numa tentativa de chegar a uma maior compreensão dos conteúdos inconscientes que de repente se manifestem dentro do *setting* terapêutico.

EXEMPLO CLÍNICO

O CENÁRIO A SEGUIR foi o terceiro de uma sequência de seis feitos durante uma terapia de casal que durou aproximadamente 18 meses. Os cônjuges estavam casados há mais de 30 anos e começaram a terapia muito decepcionados, considerando uma separação. As discussões eram constantes, e o diálogo era de difícil sustentação, com acusações recíprocas de ambas as partes.

Enquanto criaram esse cenário, os cônjuges não se comunicaram entre si verbalmente ou de qualquer outra forma; a distância emocional e a raiva subjacente entre eles eram quase palpáveis para a analista.

Figura vista de lado

Nesse cenário, cada cônjuge ocupava uma área distinta da caixa. A foto foi tirada da posição de onde o marido estava sentado. Ele colocou as miniaturas na sua frente, ao lado esquerdo: uma rocha com uma casinha embutida, uma casa grande, dois gnomos e dois patos. Enquanto ele fazia isso, a esposa colocava miniaturas na sua frente, do seu lado esquerdo: uma árvore grande, uma árvore de pedras verdes, um farol, uma ponte e, no centro, um casal de pano, um círculo de pessoas, um casal sob uma barraca, um casal sob um guarda-sol, um cogumelo e um anjo.

Quando disseram que haviam terminado, convidei-os a olhar o cenário juntos. Eu me senti desconfortável com a esterilidade e tristeza que se evidenciavam no cenário. Ambos os cônjuges colocaram vários casais no cenário, mas não existia um senso de intimidade ou aproximação, e uma ponte tinha sido colocada na areia, mas não tinha nenhuma função de ligação. Senti o farol como um aviso de um perigo iminente.

A esposa observou a divisão do espaço na caixa e, olhando os casais que tinha colocado, começou a expressar como estava se sentindo. Falou de como sempre tinha a percepção de que estava tentando restaurar a ilusão de ser parte de um casal, mas só sentia seu marido distante e desinteressado. Sentia que ele não a valorizava e acusou-o de ter perdido interesse na vida íntima; de ser incompetente no seu trabalho; de não saber gerenciar o dinheiro, pois só acumulava dívidas. Acusou-o de estar aprisionado na casinha nas rochas que tinha colocado na areia. Ela se sentia rejeitada e desqualificada e começou a imaginar que seu marido estava tendo um caso e gastando dinheiro com outra mulher. Nesses momentos, sentia meu corpo enrijecer.

Ele ficou em silêncio por alguns momentos. Sentia-se atacado e, de repente, levantou a mão e derrubou todas as miniaturas que ele mesmo colocara na areia. Levantou-se da cadeira e, com uma atitude bastante agressiva, ameaçou ir embora. A situação ficou carregada de emoção, mas finalmente ele aceitou minha sugestão de voltar e tentar expressar o que estava sentindo.

Ele tinha extrema dificuldade de encontrar palavras para expressar suas emoções. Porém, disse que se via como um marido trabalhador, provedor de família e um pai responsável, acreditando que tinha de se dedicar ao trabalho para cuidar da sua família. Ele se calava muito, somatizava suas raivas e angústias e não aceitava suas limitações.

Constantemente ele recuava para dentro do seu mundo interno e expressava sua raiva e angústia nos sintomas somáticos. Pode-se dizer que a esposa tinha projetado seus sonhos de vida no marido, e ele, por sua vez, se sentia sobrecarregado por ter de corresponder a essas fantasias. Durante a terapia de sandplay, e quando nós olhamos o cenário juntos, seus conteúdos sombrios foram constelados e tomaram conta dele. Foi como se, no seu ato agressivo contra si mesmo, ele conseguisse simbolizar esses sentimentos.

Entendo que o casal colocou as acusações, reivindicações e retaliações usando a caixa de areia. A esposa ficou mais consciente de que tinha projetado os sonhos da sua vida no marido, que havia se identificado com essas projeções, e ele se sentiu sobrecarregado por ter de viver de acordo com essas fantasias.

Os meus sentimentos contratransferenciais foram bem ambíguos; sentia angústia e tensão pela situação e, ao mesmo tempo, percebi que, pelo cenário construído, o casal estava pedindo uma contenção, de modo a alcançar uma elaboração desses sentimentos reprimidos e sombrios. Confiei e elaborei minhas próprias experiências subjetivas para chegar a uma compreensão simbólica dessa experiência de terapia, e não apenas sobre os significados simbólicos das miniaturas que tinham colocado na areia.

Era como se o sandplay permitisse ao casal regredir dentro de um ambiente de *holding* e, assim, representar os seus conflitos inconscientes, de tal forma que tomassem consciência de seus sentimentos reprimidos de raiva e desilusão pela imagem criada em conjunto.

Essa experiência de terapia de sandplay, com todos os seus conteúdos, não apenas as miniaturas colocadas, mas também os sentimentos e as reações subjetivas dos cônjuges e da terapeuta, foi marcante no processo terapêutico desse casal.

Percebeu-se a dificuldade de ambos de assumir a responsabilidade pelos próprios sonhos e sentimentos, e assim os conteúdos inconscientes de ambos eram mutuamente projetados. Esse cenário foi o começo de um diálogo mais responsável e cuidadoso, com cada cônjuge conseguindo expressar os próprios sentimentos, colocando-se um no lugar do outro. Ele também abriu ao casal a possibilidade de explorar suas dificuldades e seu relacionamento com mais dignidade e respeito.

O QUE SE REGISTRA DURANTE O PROCESSO DE SANDPLAY COM CASAIS?

Do ponto de vista metodológico, é importante que o terapeuta mantenha um registro detalhado do processo terapêutico com cada casal. Esses dados servem não apenas para acompanhar o próprio processo do casal, mas também para propósitos de comparações e discussões no contexto mais amplo da terapia de sandplay com casais.

Enquanto os cônjuges criam um cenário juntos, é importante que o terapeuta observe e registre, entre outras coisas, as seguintes questões:

- Como os cônjuges reagiram ao fazer um cenário?
- A decisão entre a areia seca ou a areia úmida é tomada em conjunto ou apenas por um dos cônjuges? Neste último caso, como fica o outro cônjuge com a decisão?
- Eles continuam usando sempre a areia molhada ou seca? Se cada um prefere uma, como eles resolvem isso?
- Ao sentar, um em frente ao outro, com a caixa entre eles, eles conversam antes para decidir como vão montar o cenário?
- Um fica sentado esperando o outro iniciar o trabalho? Ou solicita que o outro pegue as miniaturas que quer colocar na caixa?
- Cada um vai para as prateleiras e escolhe suas miniaturas para colocar na caixa, sem conversar? Ou eles decidem juntos que miniaturas colocar na caixa?
- Eles dividem a caixa em duas partes explicitamente? Ou essa divisão surge enquanto eles estão montando o cenário?
- Eles conversam enquanto criam o cenário? Ou trabalham sozinhos, em silêncio?

O terapeuta deve recordar como foi construído o cenário, anotar a ordem das miniaturas na caixa e qual dos parceiros colocou a miniatura e onde. Esses dados proveem informações de como foi dividido o espaço da caixa e sobre a natureza das figuras escolhidas por cada cônjuge, como, por exemplo, figuras sombrias, figuras arquetípicas e figuras que refletem o cotidiano. Também se devem registrar as falas do casal durante a sessão, quando for possível, sem interromper o processo.

Todas essas questões o terapeuta observa sentado a uma distância pequena da caixa. Elas são relevantes, mostram a dinâmica e as sutilezas da relação e oferecem valiosas informações a respeito da relação de transferência e ressonância que permeia a terapia de sandplay com casais.

É também relevante que o terapeuta não fique sentado ao lado de um cônjuge, ou seja, que se mantenha equidistante deles, para não criar aliança implícita com um deles. Deve ficar atento à dinâmica entre os cônjuges, acompanhando o diálogo, se houver, os movimentos e a linguagem corporal de cada um e entre eles, e também reconhecer e perceber suas próprias reações corporais às interações dos parceiros e ao cenário sendo feito por eles.

Quando eles confirmam que terminaram o cenário, podem ser convidados para compartilhar o seu processo criativo. Isso pode incluir: fazer/responder perguntas entre eles para entender melhor o sentido de uma miniatura específica ou para esclarecer qualquer dúvida e compartilhar os seus sentimentos a respeito do cenário construído. O terapeuta pode fazer perguntas ou observações para esclarecer qualquer dúvida.

De acordo com Ammann (2002, p. 33):

> O olhar conjunto do analista e do analisando para o cenário pronto é muito importante. Deste modo, o analisando justifica o que fez e aprende a perceber elementos singulares na sua correlação. Ele tenta se orientar em sua própria imagem do mundo, não através da interpretação, mas antes de tudo através do olhar aguçado.

Pode-se estender essa compreensão de Ammann para a terapia de sandplay com casais, na reiteração da importância de o terapeuta convidar os cônjuges a olhar juntos sua criação, sem julgamento. Eles podem ser convidados a dar um título ao seu cenário, para que se apropriem dele como algo produzido pelo casal e como algo que represente uma dimensão simbólica da própria relação.

No final do trabalho, quando o casal já não está na sala, é essencial que o cenário seja fotografado pelo ponto de vista de cada cônjuge e do terapeuta.

TRANSFORMAÇÕES NA TERAPIA DE SANDPLAY COM CASAIS

A TERAPIA DE SANDPLAY com casais tende a ser mais dinâmica e mais verbal do que no processo individual. Os cônjuges estão envolvidos juntos, seus corpos estão em movimento e talvez em contato físico na própria sala de sandplay. A comunicação entre eles pode ocorrer na forma verbal ou não verbal durante o processo. Os cenários feitos trazem à tona conteúdos "interpsíquicos" tanto para o terapeuta quanto para o casal e, claramente, provocam questionamentos sobre as condutas, escolhas ou comportamentos entre os cônjuges que não seriam trazidos à luz sem o cenário.

Às vezes, um cônjuge se confronta nitidamente com seus próprios complexos ou os do seu parceiro no cenário, e isso pode causar angústia e desorientação, provocando a necessidade dos cuidados do terapeuta para a elaboração dessas vivências dentro do *setting* terapêutico "verbal".

A imagem feita na areia fica registrada pelo casal e pelo terapeuta e pode ser resgatada durante o processo verbal para ilustrar ou iluminar um momento importante.

Os dois processos, terapia verbal e terapia de sandplay, complementam-se e podem acelerar o processo de "transformação". Enquanto a psicoterapia verbal junguiana progride e envolve o trabalho com complexos, sonhos e projeções, o uso concomitante da terapia de sandplay com casais permite uma regressão criativa, em que os complexos ficam mais evidentes, favorecendo mudanças. E a possibilidade de mudanças é aberta justamente pelo fato de nenhum pensamento racional ser encorajado e de as interpretações serem adiadas para o final do processo.

O cenário feito na areia fornece ao terapeuta uma imagem não verbal cheia de significados. Muitas vezes, esses significados não são totalmente compreendidos nem pelo casal nem pelo terapeuta e requerem um período de incubação dentro da psique de cada um para que as mudanças psicológicas possam acontecer.

O sandplay com casais permite entrar em contato com a profundidade da psique, e, nesse mergulho, é possível encontrar um significado mais forte do relacionamento observado tanto pelo indivíduo como pelo casal conjuntamente.

Adaptando as palavras de Ryce-Menuhin (1992), pode-se concluir que a sensibilidade e a agudeza do analista, aliadas à potência de imagens, podem permitir ao casal interagir com o sandplay e a sua estrutura, entrando em contato com os conteúdos inconscientes projetados na imagem.

Enquanto a terapia verbal progride pela elaboração dos complexos, sonhos e projeções, o uso concomitante da terapia de sandplay com casais incentiva uma regressão criativa, em que os complexos podem se tornar mais conscientes, ilustrados em uma imagem tridimensional que pode incentivar a transformação. Uma expressão mais livre dos conteúdos inconscientes é possível, pois as interpretações são adiadas e o pensamento racional não é incentivado.

MEXENDO NA AREIA

POR QUE AREIA? NAS palavras de Pattis Zoja (2011, p. 55): "A areia se comporta como um material muito sensível que registra a menor influência com total precisão, como se um milhão de grãos de areia estivessem prontos e escutando". Pouco a pouco, "os gestos dos pacientes se tornam visivelmente em sintonia com esse clima de alerta".

O relacionamento com a areia representa a relação com a terra e pode indicar quanto uma pessoa está ligada ao seu inconsciente. Em geral entendemos que, quando uma pessoa começa a mexer na areia, ela entra em contato com as camadas mais profundas da sua psique.

EXEMPLO CLÍNICO

NESTE EXEMPLO, O CASAL veio com a queixa de infertilidade e, durante o seu processo terapêutico, fez vários cenários. Apresentamos aqui o sétimo cenário que fizeram juntos para ilustrar como, ao mexer na areia, eles mobilizam uma energia psíquica pouco acessada. Com isso, eles conseguiram entrar num mundo mais lúdico, relaxar as defesas e deixar os complexos mais evidentes, de tal forma que os conteúdos trazidos à tona puderam ser elaborados.

Ao ser convidado para fazer um cenário, o marido expressou sua preferência pela areia molhada. Ele perguntou à esposa se tinha pensado em algo. Diante da resposta negativa, ele disse que tinha pensado em representar um *tsunami* e começou a mexer a areia, empurrando-a para um lado e depois para outro.

DESCRIÇÃO DO CENÁRIO

NO LADO ESQUERDO DA caixa, há várias miniaturas viradas: uma casa grande, uma igreja pequena, um mosteiro, dois carros, três pessoas, três árvores e quatro palmeiras. Indo em direção a essas miniaturas viradas há um helicóptero, um carro de bombeiros, uma ambulância, uma viatura policial e um bombeiro. No centro inferior há um menino rezando. No centro, um anjo com um trompete. No centro superior há uma mãe com o bebê no colo, um tatu e um guaxinim indo em direção ao canto direito superior. No canto esquerdo inferior há Santa Maria. No canto esquerdo superior há um anjo e, na sua frente, um médico e uma enfermeira.

Figura vista de lado

Figura vista de cima

No canto direito superior há duas árvores. Na lateral direita há uma igreja, uma árvore e uma farmácia. Há um caminho da farmácia em direção às miniaturas viradas, e um rapaz e uma senhora andando entre três palmeiras. No canto direito inferior há quatro casas e uma garçonete.

O cenário foi construído pelos dois juntos e acompanhado por uma conversa entre eles sobre o que estavam construindo. Onde estão as miniaturas viradas, tinha passado um furacão (no lado esquerdo), enquanto no lado direito era mais tranquilo e havia uma equipe de resgate para ajudar as famílias e pessoas que tiveram problemas e "pessoas dispostas a oferecer alguma coisa àqueles que estão vindo do desastre". Ao terminarem o cenário, fizeram os seguintes comentários:

Marido: De repente aqui passou um *tsunami*, mas ali não passou, poderia ter acontecido daquele lado e não desse, é uma coisa imprevisível. Você até imagina como a tecnologia ajuda você a ter certa previsão dos fenômenos da natureza, mas às vezes é rápido demais e destrói um monte de coisa, e você perde um monte de coisa, né? E tem de continuar vivendo.

Esposa: [Apontando para a área destruída] Você tem de transformar uma crise, uma coisa ruim em algo de bom, vai ter de vir pra cá, procurar algo de bom aqui e continuar. O bom é que tem esse lado ainda [a parte que não foi destruída], né? Tem essa parte pra você se autocurar, para transformar essa coisa ruim, essa crise ainda em uma coisa boa.

O cenário construído e o diálogo entre eles oferecem uma leitura simbólica muito rica sobre os conflitos e as dificuldades enfrentadas pelo casal. Eles tinham de enfrentar um "desastre" provocado pela natureza, ou seja, a infertilidade, o que não podiam prevenir mesmo com toda a tecnologia disponível, e tinham de continuar vivendo. Essa vivência difícil provocou muita decepção e sofrimento. A caixa de areia funcionou como o vaso protegido e seguro para conter esses conteúdos que estão sendo de difícil integração. Por meio do sandplay, eles conseguiram externar esses conteúdos dolorosos. Nesse cenário, o luto da perda está sendo elaborado e, ao mesmo tempo, estão sendo encontrados os recursos para superar essa tragédia da natureza e, assim, transformá-la em algo bom.

O casal quer se afastar dessa situação. Parece que o marido quer dizer que esse desastre não está acontecendo com ele, ele está fora. Porém, nesse cenário há evidência de uma saída saudável e também de resgate, que podemos entender como a busca de uma solução criativa.

A terapia de sandplay na abordagem junguiana considera as miniaturas símbolos e faz uma leitura simbólica dos cenários. A postura do terapeuta é de silêncio e de atenção à experiência como um todo, registrando as observações objetivas e subjetivas. Nesse mesmo sentido, o terapeuta de sandplay, em geral, acompanha um processo terapêutico, entendendo que a "cura" (transformação) vai acontecer num nível pré-verbal. Por essa razão, é aconselhável postergar qualquer interpretação verbal dos cenários até que o terapeuta sinta que o casal está mais fortalecido. Porém, as observações e suas próprias interpretações, a compreensão das manifestações e as transformações evidentes nos cenários vão acompanhar, complementar, apoiar, fortalecer e nortear o trabalho verbal com o casal.

A terapia de sandplay com casais é um campo fértil para uma discussão mais profunda. Acredita-se que ainda são necessários mais estudos para que conclusões mais abrangentes sejam alcançadas e, assim, contribuam para o desenvolvimento de um método que facilite e enriqueça esse trabalho, que é uma área relativamente nova na história do sandplay.

CONSIDERAÇÕES FINAIS

NESTE CAPÍTULO, APRESENTEI ALGUMAS diretrizes metodológicas para a terapia de sandplay com casais dentro da abordagem junguiana. Os exemplos clínicos apresentados oferecem ao leitor a oportunidade de acompanhar como as duas vertentes desse trabalho, uma compreensão simbólica e uma abordagem psicodinâmica, se "inter-relacionam" e se informam mutuamente.

A terapia de sandplay desenvolveu-se muito desde o trabalho pioneiro de Kalff com as crianças, com sua ênfase no significado simbólico das miniaturas colocadas na areia e na recriação da união mãe-filho e constelação do arquétipo da "boa mãe".

Os exemplos apresentados ilustram que o terapeuta está atento ao processo simbólico durante a terapia de sandplay. Ele está constantemente empenhado em compreender o simbólico que é revelado durante o processo de criação de vários cenários. A imagem criada pelo casal muitas vezes parece que "segura" as emoções turbulentas expressadas e sentidas dentro do *setting* terapêutico e fornece a contenção suficiente para permitir que os conflitos possam ser explorados com o terapeuta, sem atitudes defensivas sendo mobilizadas, o que talvez, se fosse de outra forma, impedisse o acesso a suposições inconscientes.

No entanto, a terapia de sandplay não se limita a assegurar um ambiente de *holding*. As emoções de transferência e contratransferência e as reações que surgem durante o processo também são fundamentais para informar o trabalho terapêutico e facilitar a transformação. Quando o terapeuta fica consciente de suas próprias emoções contratransferenciais, fica também alerta a certas dinâmicas do casal que muitas vezes não se manifestam durante a terapia verbal. Refletindo sobre os cenários criados pelo casal e sua própria experiência intersubjetiva durante esse processo, o terapeuta está então em posição de poder ajudar o casal a acessar o que eram emoções inconscientes e facilitar a integração desses conteúdos.

Como Cunningham (2005) aponta, é importante abordar o que realmente acontece dentro do analista, pois, pela interpretação silenciosa, baseado em seus próprios pensamentos internos, sentimentos, fantasias e simbolização, ele pode chegar a uma melhor compreensão do que está acontecendo no relacionamento do casal.

A terapia de sandplay com casais é uma área relativamente nova que está sendo explorada dentro da prática junguiana. Minha intenção ao apresentar este trabalho é trazer essa área de trabalho a um público mais amplo e abrir uma plataforma para uma discussão dentro da comunidade junguiana. Eu acredito que a experiência da terapia de sandplay com casais, com todos os seus elementos, não apenas as miniaturas, mas também as reações subjetivas do casal e do terapeuta, oferece ao casal a possibilidade de acessar material inconsciente e expressá-lo simbolicamente, permitindo assim que as emoções e os conflitos se manifestem em um ambiente seguro.

Quando convidamos um casal a criar um cenário na areia, estamos introduzindo no *setting* terapêutico oportunidades criativas para acessar conteúdos simbólicos e também conteúdos transferenciais e contratransferenciais que complementam o simbólico e contribuem para um *setting* que pode facilitar uma compreensão mais profunda da dinâmica do casal.

REFERÊNCIAS

AMMANN, R. *A terapia do jogo de areia*. São Paulo: Paulus, 2002.

BOECHAT, P. P. "Por que a utilização de caixa de areia em terapia de família e casal?" In: WERRES, J. (ed.). *Ensaios sobre a clínica junguiana*. Rio Grande do Sul: Imprensa Livre, 2005.

BOIK, L. B.; GOODWIN, A. *Sandplay therapy: a step-by-step manual for psychotherapists of diverse orientations*. Nova York: W.W. Norton & Company, 2000.

CARVALHO, L. A. P. P.; SANT'ANNA, P. A. "O jogo de areia em terapia conjugal: uma proposta de intervenção". *Bol. de Iniciação Científica de Psicologia*, v. 1, n. 1, 2000, p. 53-64.

CUNNINGHAM, L. *Relational sandplay therapy.* Califórnia: Mustard Seed Press, 2005.

HEWISON, D. "Searching for the facts in the clinical setting with couples". *Journal of Analytical Psychology*, v. 48, 2003, p. 341-54.

KALFF, D. M. [1980]. *Sandplay: a psychotherapeutic approach to the psyche.* Califórnia: Temenos Press, 2003.

PATTIS ZOJA, E. *Sandplay therapy in vulnerably communities.* Londres: Routledge, 2011.

RYCE-MENUHIN, J. *Jungian sandplay: the wonderful therapy.* Londres: Routledge, 1992.

TURNER, B. A. *The handbook of sandplay therapy.* Califórnia: Temenos Press, 2005.

VARGAS, N. S. *Terapia de casais: uma visão junguiana.* São Paulo: Madras, 2004.

WEINRIB, E. L. *Imagens do* self. São Paulo: Summus, 1993.

ZAPPACOSTA, Z. "Interior rhythms". *Journal of Sandplay Therapy*, v. XIII, n. 1, 2004.

12. Intervisão – Uma experiência em grupo utilizando miniaturas

Cláudia Nejme
Liriam Jeanette Estephano
Olga Maria Fontana

> [...] tudo quando começa sempre começa pequeno. Não nos deixemos abater pelo laborioso trabalho executado discreta, mas conscienciosamente, em cada pessoa em particular, embora nos pareça que a meta que buscamos está longe demais para ser atingida.
> (Jung, 1987, § 229)

A CITAÇÃO DE JUNG fez-nos relembrar o início do nosso grupo. Em 2000, duas amigas psicólogas junguianas sentiram necessidade de se reunir para estudar e aprofundar conhecimentos. Essa ideia animou outras colegas e, em 2003, já éramos cinco participantes do grupo.

As reuniões mostravam-se sempre muito proveitosas, pois, além do estudo teórico, discutíamos casos clínicos, aproveitando as diferentes formações em que cada uma embasava seu trabalho de consultório. Algumas utilizavam o trabalho corporal, como a calatonia, outras tinham um olhar sistêmico. Em 2003, uma colega psicanalista ingressou em nosso grupo, agregando novos conteúdos aos nossos encontros. Essa diversidade de enfoques ampliava muito nossa compreensão dos casos.

Citando Jung (1993, § 882): "Costumo dizer aos jovens terapeutas: Aprendam o máximo, saibam o máximo e depois esqueçam tudo quando chegarem ao paciente".

Inspirado nessas palavras, nosso grupo resolveu "deixar de lado a teoria" e enfatizar a experiência prática que transbordava nas discussões de casos. Foi assim que começamos a sentir a necessidade de, nos encontros, usarmos alguma técnica não verbal que pudesse mobilizar nossos inconscientes, uma vez que alguns casos mais complicados pareciam engessados e paralisados. Nesse momento, uma das colegas nos convidou a conhecer o acervo de miniaturas que ela utilizava em seus atendimentos. Marcamos a reunião em seu consultório e ficamos encantadas com aquele armário cheio de miniaturas: eram pessoas, animais, objetos, carrinhos, monstros, bruxas, enfim, todo tipo de miniatura.

Pensamos em fazer algo diferente: éramos amigas e nossa experiência de mais de 30 anos em clínica era semelhante. Todas tinham sido analisadas e havíamos passado por horas de supervisão clínica. Por estarmos no mesmo patamar de desenvolvimento profissional, resolvemos então assumir e incrementar a experiência de intervisão.

Diferentemente da supervisão, que pressupõe uma pessoa que orienta as demais, a intervisão é uma proposta em que a potência do trabalho se encontra na possibilidade de uma visão múltipla e partilhada entre iguais. Além disso, resolvemos inovar, utilizando as miniaturas no processo.

E como fazer isso?

Achamos interessante fazer uma montagem de cena que representasse a relação da terapeuta com o paciente em questão, sem a mediação verbal, ou seja, sem contar com um relato prévio do caso.

Estávamos abertas ao grupo para ouvir, trocar e aprender. O laço de confiança que havia entre nós facilitou o caminho de Eros, que juntava e relacionava a cada momento os conteúdos que apareciam. Como bem diz Byington (2006, p. 68): "Do ponto de vista do ego, Eros aborda principalmente o vínculo afetivo entre as pessoas". E é na presença de Eros que nosso grupo, exclusivamente feminino, se assemelha ao que Jung (1934-39, p. 276) dizia sobre a conversa de mulheres:

> A conversa das mulheres, sendo indireta, não consiste de palavras, mas de teias de aranha e elas têm um propósito diferente daquele do homem... A mente natural da mulher consiste principalmente de tecer tramas. Isto não é uma brincadeira, mas um fato. Não é um libelo contra as mulheres. Apenas é assim: em sua mente natural, elas estabelecem teias de aranha, fios que levam daqui até ali e se conectam.

Sentíamo-nos como se estivéssemos em um vaso ou forno alquímico, onde ideias, intuições, sentimentos e sensações eram lentamente preparados e misturados, criando uma atmosfera peculiar de encontro e criatividade. Citando Laura Villares de Freitas (1987, p. 23-24):

> Na alquimia era dada especial importância ao vaso ou ao forno, onde o processo ocorreria. Era preciso cuidar do continente seguro, onde se dariam as operações, devendo ele ser resistente e manter as condições adequadas de temperatura, luminosidade e pressão.

Alinhadas à autora, em nosso trabalho preferimos utilizar a ideia de forno no lugar de vaso para descrever o clima de nosso grupo:

> O vaso sugere algo estático; o forno, algo que permite a ação de ondas de calor, que podem inclusive ser reguladas. Faço uma analogia entre tais ondas e as resultantes transferenciais presentes no *self* terapêutico, que podem ser defensivas ou criativas e, portanto, requerem atenção e cuidados constantes. (*Ibidem*)

A compreensão do processo exigia uma atitude de respeito diante da cena montada, ou seja, uma observação silenciosa e atenta para captarmos as indicações do inconsciente de cada participante. Dessa forma, abríamos um caminho para percorrer com o caso apresentado. É nesse clima que passamos a descrever nosso trabalho. Uma das participantes, que denominaremos de "terapeuta", propõe-se a protagonizar o processo, evocando um caso específico. É convidada, então, a se dirigir ao armário onde estão as miniaturas e lá escolher aquelas que melhor retratem sua relação com o casal em questão. Nesse processo, a terapeuta não deve dar nenhuma informação sobre o caso antes de montar a cena.

Esse é um momento solitário para a terapeuta, que escolhe as figuras projetando nelas o que sente estar vivendo com o paciente no processo terapêutico. Ela tem a possibilidade de se colocar de maneira intensa e legítima, sem a mediação consciente e racional. O símbolo apresenta-se com toda sua força expressiva e a transformação inconsciente já aparece na escolha dos objetos. Como diz Jung (1976, p. 543): "O símbolo pressupõe sempre que a expressão escolhida constitui a melhor designação ou a melhor fórmula possível para um estado de coisas relativamente desconhecido".

A cena é montada sobre uma cartolina branca que delimita o espaço para sua representação, o que facilita sua visualização. Assim que termina a montagem, as demais participantes começam a fazer associações, enquanto a terapeuta fica em silêncio, ouvindo o grupo. É o momento em que aparecem as intuições, sensações, sentimentos e pensamentos.

Nessa realidade, como não há certo nem errado, não há juízo de valor, e tanto forças criativas quanto defensivas podem aparecer. Nas palavras de Jung (1990, § 608): "O espírito inconsciente percebe corretamente, mesmo que a razão esteja obscurecida e incapacitada de agir".

Após as colocações feitas pelo grupo sobre a cena apresentada, chega o momento de a terapeuta falar sobre seu caso. Em seu relato, vai se apropriando das sugestões feitas, integrando-as na medida do possível. O grupo todo entra em processo de reflexão. Logos vem para discriminar e organizar a criatividade de Eros.

Sentimo-nos como aranhas tecendo sua teia, onde cada gesto será muito importante: a montagem da cena, a escolha dos personagens, a vivência das sensações, o desafio de lidar com o que emergir nas miniaturas e nos comentários e, por fim, a conquista. Cada passo bem marcado, cada gesto bem vivido, e o resultado será a gratificação de um processo concluído, em que o ato criativo se faz presente.

Nossa criação dessa maneira de viver a experiência de intervisão só foi possível graças ao aprendizado da técnica denominada "Marionetes do *self*", criada por Alberto Fernandes Patrício (1993) e Carlos Amadeu Botelho Byington (2008). Eles, por sua vez, tiveram como inspiração o trabalho de caixa de areia desenvolvido pela analista junguiana suíça Dora Kalff (1904-90). Essa técnica utiliza miniaturas de objetos e personagens como animais, carrinhos, monstros, figuras humanas, personagens de contos de fada etc.

> O postulado básico desta terapia é que existe no inconsciente uma tendência autônoma para que a psique se autorregule. Então, na medida em que o ego está construindo suas cenas, o Self encontra-se por trás "orientando", ou melhor, "buscando" a harmonia daquela psique". (Patrício, *ibidem*, p. 94)

O profissional pode montar o seu acervo de miniaturas segundo sua própria conveniência. Elas têm como objetivo concretizar pessoas, sentimentos, emoções que cada indivíduo deseje representar. Segundo Byington (*ibidem*, p. 5):

> [...] sua finalidade é intensificar a carga energética ou catexis consciente e inconsciente dos símbolos para aumentar a produtividade da sua elaboração extraindo uma quantidade maior de significados. Para tal, devemos ativar a função estruturante da imaginação, ultrapassando a literalidade dos símbolos e penetrando em suas raízes arquetípicas, ou seja, propiciando uma centroversão que aproxima a consciência do Arquétipo Central.

Fotos: Beto Nejme

DESCREVENDO UMA VIVÊNCIA DE INTERVISÃO

O GRUPO SEMPRE COMEÇA com a questão: "Quem vai apresentar um caso hoje?"

O caso apresentado pode se referir a um atendimento individual, de casal ou de família. As participantes aguardam em silêncio até que alguém se proponha a fazê-lo. Nesse momento, uma terapeuta, que passaremos a chamar de M., é convidada a se dirigir ao armário e selecionar algumas miniaturas que representarão o seu caso.

M. escolhe três miniaturas: uma figura feminina de aparência mais velha é colocada em pé e, à sua frente, um homem e uma mulher mais jovens, sentados lado a lado. Ao lado direito da mulher, coloca dois bebês e, ao lado esquerdo do homem, um celular de tamanho normal. Em seguida, procura algum objeto que complete a cena; não o encontrando no armário, pega seus óculos e os coloca aos pés da figura mais velha.

Todas as outras participantes ficam em silêncio, observando a cena, até que começamos a perceber a atuação em nosso inconsciente. As associações surgem espontaneamente diante da imagem construída e as participantes as expressam, enquanto M. fica em silêncio, apenas ouvindo e fazendo relações e conexões com o seu caso. Essa etapa do processo é finalizada quando todas já deram sua contribuição e nada mais resta a ser dito.

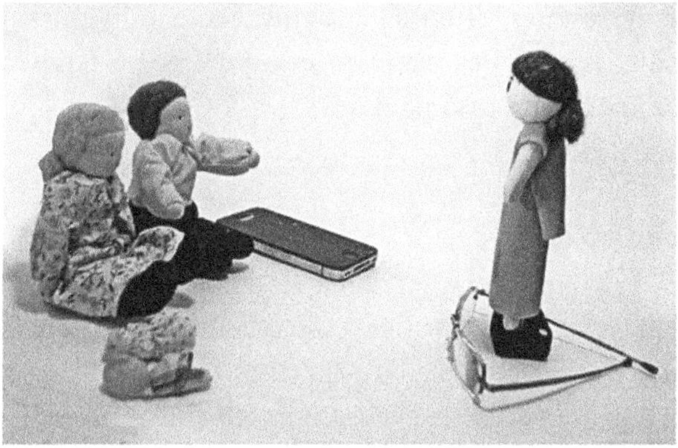

Foto: Beto Nejme

Enumeramos a seguir as associações feitas pelas participantes:

- Parecem duas crianças olhando para a professora, prestando atenção.
- A figura mais velha tem um ar professoral; os óculos parecem indicar que existe algo por baixo.
- Bebês lindos, mas parecem bonecos e não filhos.
- O celular parece destoar da cena.
- Parece que os brinquedos dela são os bebês e o dele, o celular.
- Parecem estar juntos em uma questão, atentos.
- Professora, instrutora atenta, envolvida: prestando atenção.
- Parecem duas crianças.
- Nossa, que óculos grandes!
- Eles olham para a figura mais velha.
- A figura mais velha está olhando para baixo; parece ter uma ligação forte com o casal.
- Estão bem cuidados.
- Situação de aprendizado: "estão a fim".
- Óculos no chão? Será que os "pés" querem ver algo?
- Cada um tem suas coisas; não vão se misturar.

Feitas as associações, o grupo pede a M. que descreva o caso. Vale lembrar que, até esse momento, o grupo não sabe se o paciente em questão se refere a um atendimento individual, de casal ou família. Isso só fica claro quando pedimos à terapeuta que conte um pouco do caso para nós.

DESCRIÇÃO DO CASO

A TERAPEUTA COMENTA QUE o caso escolhido é de um casal que ela atende em psicoterapia há seis meses.

Luiz é professor universitário, tem 40 anos, mestre e doutor em Economia. Suzana tem 30 anos e foi sua aluna no curso de Economia na faculdade. Ao se conhecerem, houve um encantamento entre eles, mas só começaram a namorar quando ela estava no último ano do curso e não era mais sua aluna. Suzana começou a trabalhar em um banco, logo que se formou. Namoravam e viajavam bastante. Suzana engravidou e eles então decidiram se casar rapidamente para receber o bebê.

A gravidez tornou-se difícil após o quinto mês, e Suzana precisou ficar de repouso. O bebê nasceu, e Suzana ressentiu-se da ausência de Luiz, sempre ocupado com seus orientandos e com o trabalho de consultor que realizava em empresas. Luiz ficou muito feliz com o nascimento de Ricardo, mas seu tempo era escasso. Deixava por conta de Suzana o trabalho cansativo de cuidar do bebê. Contrataram uma babá para que Suzana voltasse a trabalhar. Dois anos mais tarde, resolveram ter mais um filho. Laura nasceu bem, sem problemas na gravidez, mas a vida corrida que levavam os distanciava cada vez mais.

Quando procuraram terapia, estavam juntos havia cinco anos, mas brigavam muito e pensavam em se separar. Suzana relatava que ele sempre estava ocupado, trazia trabalho para casa, e ela sentia como se os filhos fossem mais responsabilidade dela do que dele. Luiz dizia que ela exagerava, estava sempre preocupada com as crianças e tinha pouco tempo para ele. A vida sexual não era mais a mesma e sentiam-se distantes um do outro.

Durante o primeiro ano de terapia, muitas questões foram trabalhadas, entre elas a ligação de Suzana com sua família de origem, com quem costumava dividir muitas questões do casamento. Luiz sentia-se sempre observado e avaliado nas reuniões familiares. Suzana conscientizou-se durante o processo terapêutico da necessidade de deixar de "ser filha" e assumir mais seu lado mulher, esposa e mãe. Não via mais sentido em dividir a intimidade do casal com seu núcleo primário, passando a conversar e discutir mais abertamente sobre suas angústias e incertezas com o próprio marido. Sendo assim, Luiz pôde se sentir menos exposto e usufruir da relação com os sogros e os cunhados de forma mais espontânea.

Outro aspecto trabalhado foi ajudar Luiz a se desligar um pouco do trabalho quando chegava em casa, restringindo o uso do computador e do celular. Com isso, passou a ter mais tempo para a esposa e os filhos.

Cabe ressaltar que essas questões são muito comuns entre os casais contemporâneos de nossa sociedade, ocupados e divididos entre trabalho, família e necessidade de ter, cada um, vida própria. No caso exemplificado, por serem filhos de pais separados, o fantasma da separação sempre rondava a relação. A terapia ajudou-os a perceber que tal fato não teria de ser reeditado. Eles eram capazes de observar a história dos pais e viver outra diferente, própria.

O processo terapêutico ajudou-os a recuperar a intimidade e a parceria que sempre tiveram, pois se amavam e queriam ficar juntos, afastando assim o temor da separação. O casal finalmente começava a construir uma configuração conjugal e familiar própria: uma nova identidade relacional.

O processo terapêutico continuava e tudo caminhava bem, até que desentendimentos, aparentemente banais, voltaram a desestabilizar o casal, ocupando muito espaço nas sessões. Foi nesse momento do processo que a terapeuta resolveu levar o caso para a intervisão.

DISCUSSÃO

Após a descrição do caso, uma das participantes do grupo levanta a seguinte questão: "Por que você escolheu esse casal para trazer na intervisão?" A terapeuta respondeu: "Gostaria de entender melhor o significado das discussões que voltaram a ocupar espaço no processo e são desencadeadas por questões aparentemente banais. Eu me pergunto: qual seria a função simbólica de tais discussões?"

Encontramos respaldo para essa inquietação da terapeuta nas palavras de Jung (1976, p. 545):

> Que alguma coisa seja ou não simbólica depende, em primeiro lugar, da disposição da consciência que a considera, como, por exemplo, de que uma atitude intelectiva considere o fato dado não só como tal, mas também como expressão de algo desconhecido, sendo muito possível, por conseguinte, que alguém estabeleça uma ordem de coisas que, para sua própria consideração, carece inteiramente de virtude simbólica, mas que pode, entretanto, possuir tal virtude para outra consciência.

Mobilizadas pela questão simbólica levantada pela terapeuta, cada participante coloca sua visão do caso e o grupo começa a refletir, aproveitando as associações levantadas. Eis alguns dos comentários feitos:

- Acho que eles deram uma arrumada na relação de casal, mas tudo indica que tem questões que ainda não apareceram.
- Será que ela se sente diminuída por ter sido aluna dele?
- A relação com a terapeuta é de confiança. Talvez você deva questionar mais os dois.
- O celular destoa da cena, acho que está demais.
- Eu achei que esses óculos estão sugerindo que você aprofunde certas questões ainda não trabalhadas.

Foto: Beto Nejme

M. participa ativamente da discussão e vai alinhavando as sugestões levantadas com base na cena montada. Nessa discussão fica claro como algumas questões entre o casal pareciam resolvidas, mas outras não. O celular era de tamanho normal, mostrando como o trabalho de Luiz ocupava um lugar de evidência na vida dos dois. Suzana também tinha sua vida profissional, gostava do que fazia, mas parecia que a incumbência dela eram as crianças.

E os óculos, por que eram tão grandes e estavam colocados a seus pés? Ao término da discussão, uma participante pergunta: "Como você mudaria essa cena?"

M. retira o celular da cena e coloca os filhos entre o casal, mantendo os óculos aos pés da figura mais velha.

Uma das participantes pergunta: "Por que você mudou a cena dessa maneira?"

M. pensa por alguns instantes e responde: "Isto parece que equilibra mais a relação deles, afinal os filhos são responsabilidade dos dois, não é? Acho que eles poderiam partilhar mais as questões da vida familiar".

Nesse momento, uma participante pede a M. que diga uma frase que possa definir o que se passou na intervisão. Sua resposta é: "Por que será que coloquei os meus óculos aos pés da miniatura que representou a terapeuta?"

DESDOBRAMENTOS DO CASO

Ao sair da intervisão, M. fica intrigada. Relembra a imagem da cena montada e fica se questionando: "Por que coloquei os meus óculos na cena?" Considera interessante que os óculos usados fossem de tamanho normal. Eles estariam apontando para um novo olhar, com lentes mais nítidas? Por estarem aos pés da terapeuta, estariam indicando um olhar mais profundo?

Ao iniciar a sessão seguinte, M. percebeu que tais pensamentos continuavam presentes em sua psique. Ao deparar com outra discussão aparentemente banal entre o casal, resolveu, então, partilhar com eles seus questionamentos levantados durante a intervisão.

Indagou: "O que será que não pode aparecer nas discussões que parece motivar toda essa raiva? Que conteúdos estão incomodando cada um de vocês e não conseguem vir à tona?"

O casal, ante tais colocações, fez um breve silêncio e começou a repensar em todo o processo vivido até então. Relembraram situações que haviam sido deixadas em segundo plano e necessitavam ser aprofundadas.

Naquele momento, iniciou-se uma nova etapa no processo terapêutico do casal, ficando evidente a contribuição da intervisão. Os óculos pediam para olhar além.

"Símbolos falam para a alma, são figuras carregadas de energia dos potenciais inatos do ser humano; quando eles são expressados, continuam a influenciar o desenvolvimento do homem" (Kalff, 2014).

A partir daí, algumas hipóteses foram levantadas: a relação professor-aluno deixara sequelas no casal, já que Luiz tinha a tendência de se colocar como quem dá ordens, como quem sabe mais. Nessas ocasiões, Suzana sentia-se menor, diminuída. Seus olhos ficavam cheios de lágrimas e ela não o enfrentava, porém ficava com muita raiva. Essa atitude reeditava sua relação com a figura paterna, que era bastante autoritária.

Luiz tinha uma família de origem instável, com frequentes brigas de seus pais, que acabaram se separando. Para ele, Suzana representava um porto seguro, uma estabilidade emocional que ele não queria perder. Sua atitude autoritária era uma forma de compensar sua insegurança, escondendo de si mesmo a importância de Suzana.

> Nas crises, complexos são ativados, aspectos sombrios aparecem na conduta provocando muitas vezes vergonha, humilhação ou ansiedade defensiva que leva às acusações e brigas [...] O casamento propicia o processo de individuação dos cônjuges na medida em que eles se abrem para os confrontos com a sombra pessoal e familiar; caso contrário, pode ser uma estrutura para a manutenção de pactos defensivos, e então, paralisar o processo de individuação. (Reis, 1999, p. 123-25)

Em todo casamento, depois das adaptações do viver junto e da quebra das idealizações, quando a identidade do casal já está formada, vem o período mais difícil, que é aceitar e entender as diferenças individuais. Nesse momento, as projeções são retiradas e o outro aparece diante do cônjuge não mais como este o vê, mas como ele é na sua singularidade. É um momento de muita angústia, e as brigas sempre acontecem. Mas o casamento está vivo quando ambos também estão vivos na relação. A angústia é parte integrante do crescimento.

> [...] Esse processo de amadurecimento do casal é longo e impõe acordos e sacrifícios. As relações amorosas íntimas e profundas passam por um longo período de desenvolvimento: fascínio, prazer e desprazer mesclam-se, transformam-se, necessitando de cuidados ao longo da vida. Nesse processo estão contidas as várias fases do ciclo vital e do compartilhar de intensas vivências com os filhos – a criatividade maior da relação. (Reis, *ibidem*, p. 126)

São muitas as formas possíveis na vida de se individuar. O casamento é uma delas. Como todo casal apaixonado, Luiz e Suzana escolheram o casamento como caminho, sem, no entanto, ter consciência de como este pode ser árduo e muitas vezes doloroso. Os casais que acreditam que, ao se casarem, serão "felizes para sempre" inevitavelmente se decepcionarão. "O casamento não envolve só um homem e uma mulher que se amam, são felizes e têm filhos juntos, mas antes duas pessoas que estão tentando se individuar, achar sua 'salvação da alma'!" (Craig, 1980, p. 137).

A experiência da intervisão confirmou as suspeitas da terapeuta de que o casal precisava retomar a criatividade do caminho de individuação. Suzana precisava reavaliar seu caminho profissional, que era seguro, mas estava longe de deixá-la satisfeita. Gostaria de voltar a estudar e, quem sabe, fazer ela mesma uma carreira universitária. Para isso, precisava da colaboração de Luiz, que estava acomodado, vendo sua carreira ir em frente enquanto Suzana se dedicava mais à casa e aos filhos, mantendo seu emprego menor e ficando insatisfeita. Luiz reconheceu a importância de Suzana em sua vida e de como esta lhe dava segurança.

Um dos desdobramentos significativos do processo terapêutico foi quando Suzana teve uma oportunidade e foi fazer um curso fora do país. Luiz, por sua vez, descobriu como era prazeroso levar os filhos à escola, pôde reconhecer o quanto Suzana era eficiente na organização da vida dos filhos e da casa e passou a valorizá-la ainda mais. Muitas descobertas aconteceram, e o casal evoluiu muito.

A intervisão amplificou o olhar da terapeuta sobre a dinâmica do casal, propiciando a percepção de questões mais profundas que estavam acomodadas e não resolvidas.

CONSIDERAÇÕES FINAIS

Ao refletirmos sobre a experiência de intervisão, percebemos que ela surgiu no grupo intuitivamente. Nosso objetivo não era fazer uma supervisão, pois não havia no grupo o caráter de uma pessoa a orientar as demais. Queríamos descobrir novas formas de discutir os casos, e por isso a proposta de intervisão agradou tanto a nós. Essa experiência, conhecida e praticada por alguns profissionais da área, favorece o encontro de iguais, o que vinha ao encontro de nossa proposta. Todos podem falar e ser ouvidos sem crítica. Ao associarmos essa vivência às miniaturas, conseguimos fechar uma *Gestalt*.

Percebemos, em nosso grupo, que a maturidade, a confiança, a entrega e a cumplicidade entre nós alimentam nosso forno alquímico, no qual ideias, sentimentos e sensações vão sendo lentamente cozidos e transformados. A criatividade e eventos sincrônicos surgem espontaneamente.

Jung refere-se a eventos sincrônicos como "atos de criação e, como tal, únicos. Um evento sincronístico é uma história única e imprevisível, porque é sempre um ato criativo no tempo e, por conseguinte, não regular" (Von Franz, 1980, p. 65).

Algumas experiências são frequentes em nossos encontros, entre elas a de depararmos com casos que parecem estar estagnados; ao montarmos a cena, muitas vezes, as associações que o grupo faz tem um caráter libertador, no sentido de trazer à consciência aspectos contratransferenciais não identificados até então, ou seja, a resposta emocional inconsciente do terapeuta ao paciente fica clara, podendo assim ser elaborada, tornando-se útil e significativa.

Outra experiência vivida por nós é percebermos que a imagem trabalhada em todas as suas nuanças nos acompanha em vários momentos. O caso fica vivo, e muitas vezes a indicação do caminho a ser trilhado surge logo na sessão seguinte com o paciente, ou mesmo em outras ocasiões no decorrer do processo.

Para viver o processo de intervisão utilizando miniaturas, é necessário ter percorrido um longo caminho de supervisões e análise pessoal. A familiaridade com o trabalho com sonhos, imaginação ativa, calatonia e outras técnicas criativas foi de suma importância no resultado de tal processo.

A confiança em nossas colegas de grupo, durante estes dez anos, levou-nos a mostrar este trabalho em congressos, onde os integrantes foram convidados a participar do forno alquímico. A experiência foi muito gratificante para nós.

Ao nos colocarmos em diversos papéis vividos durante o processo, aprendemos a nos conhecer mais profundamente como pessoas e como terapeutas, como colegas de profissão e como supervisoras de casos clínicos. Os símbolos vividos no processo atuam em nós e em nossos pacientes. Percebemos como Eros continua a tecer seus caminhos, entrelaçando ideias e emoções, sincronicamente.

Ao final de cada intervisão, trazemos impresso em nós o que antes parecia apenas um caso a ser estudado. Tornamo-nos agentes da transformação e saímos transformados e enriquecidos: a nossa consciência se ampliou.

Ao final, todos se sentem nutridos e alimentados. É nessas horas que as palavras de Jung (1987, § 163) fazem ainda mais sentido: "O encontro de duas personalidades é como a mistura de duas substâncias químicas diferentes: no caso de se dar uma reação, ambas se transformam".

REFERÊNCIAS

BYINGTON, C. A. B. "Eros e poder na relação adulto-criança". *Junguiana*, v. 24, 2006.

______. *Introdução ao estudo das técnicas expressivas pela psicologia simbólica junguiana*. Disponível em: <www.carlosbyington.com.br>. Acesso em: 29 dez. 2008.

CRAIG, A. G. *O casamento está morto, viva o casamento*. São Paulo: Símbolo, 1980.

FREITAS, L. V. de. *A psicoterapia como um rito de iniciação: estudo sobre o campo simbólico através de sonhos relatados no* self *terapêutico*. Dissertação (Mestrado em Psicologia Clínica), Instituto de Psicologia da Universidade de São Paulo, São Paulo, 1987.

Jung, C. G. *Seminário sobre Zarathustra*. Trad. P. Sándor. 1934-39.

_____. *Tipos psicológicos*. São Paulo: Vozes, 1976.

_____. *A prática da psicoterapia: contribuições ao problema da psicoterapia e à psicologia da transferência*. Petrópolis: Vozes, 1987.

_____. *Resposta a Jó*. Petrópolis: Vozes, 1990.

_____. *Psicologia em transição*. Obra Completa, X. Petrópolis: Vozes, 1993.

Kalff, D. M. *Psicologia sandplay*. Disponível em: <www.psicologiasandplay.com.br>. Acesso em: 20 maio 2014.

Patrício, A. "Mobilização do inconsciente através da técnica junguiana marionetes do Self". In: Fráguas Júnior, R. *et al. Psiquiatria e psicologia no hospital geral: a clínica das depressões*. São Paulo: Lemos, 1993.

Reis, Marfisa T. R. *Casamento: encontros e desencontros em busca da individuação*. Dissertação (Mestrado), Pontifícia Universidade Católica do Rio de Janeiro, Rio de Janeiro, 1999.

Von Franz, M. L. *Adivinhação e sincronicidade: a psicologia da probabilidade significativa*. São Paulo: Cultrix, 1980.

Os autores

Adriana Lopes Garcia

Psicóloga clínica desde 1994. Atendimento a adolescentes, adultos, casais e famílias. Formação em Atendimentos de Casais e Famílias pelo Instituto J. L. Moreno e pela Sociedade Brasileira de Psicologia Analítica (SBPA).

E-mail: adriana.lgarcia@terra.com.br

Aurea Afonso M. Caetano

Psicóloga formada pela PUC em 1980. Especialista em Terapia Psicomotora pelo Sedes Sapientiae e com formação em Terapia de Casal e Família pelo Núcleo de Terapia de Casal e Família da Sociedade Brasileira de Psicologia Analítica (SBPA). Membro analista da SBPA.

E-mail: aureacaetano@uol.com.br

Cláudia Nejme

Psicóloga formada pela PUC-SP em 1981 com especialização em Cinesiologia Psicológica pelo Sedes Sapientiae. Especializada em Terapia de Casal e Família pelo Instituto J. L. Moreno, é psicoterapeuta de casal e família com formação pelo Núcleo de Casal e Família da Sociedade Brasileira de Psicologia Analítica (SBPA).

E-mail: c.nejme@uol.com.br

Deusa Rita Tardelli Robles

Psicóloga formada pela FMUSP em 1992. Psicoterapeuta de casal e família com formação pelo Núcleo de Casal e Família da Sociedade Brasileira de Psicologia Analítica (SBPA) e especialização em Terapia Familiar e de Casal pelo Instituto J. L. Moreno. Analista *trainee* no Curso de Formação da SBPA.

E-mail: deusarobles@gmail.com

Isabel Cristina Ramos de Araujo

Psicóloga formada pela Faculdade Paulistana em 1985. Analista de crianças, adolescentes e adultos. Terapeuta de casal e família com formação pelo Núcleo de Casal e Família da Sociedade Brasileira de Psicologia Analítica (SBPA) e pelo Instituto J. L. Moreno. Terapeuta de sandplay. Analista da SBPA.

E-mail: isabelcraraujo@gmail.com

Irany de Barros Agostinho

Psicóloga formada pela USP, com especialização em Jung e Corpo pelo Sedes Sapientiae. Terapeuta de casal e família com formação pelo Núcleo de Casal e Família da Sociedade Brasileira de Psicologia Analítica (SBPA) e pelo Instituto J. L. Moreno.

E-mail: irany.b.agostinho@gmail.com

Jane Eyre Sader de Siqueira

Psicóloga, formada pela PUC-SP; membro analista da Sociedade Brasileira de Psicologia Analítica (SBPA) e da International Association for Analytical Psychology (IAAP). Especialização em Cinesiologia Psicológica pelo Instituto Sedes Sapientiae e em Terapia Familiar e de Casal pelo Cogeae (PUC-SP). Terapeuta de casal e família com formação pelo Núcleo de Casal e Família da Sociedade Brasileira de Psicologia Analítica (SBPA).

E-mail: janeeyress@gmail.com

Liriam Jeanette Estephano

Psicóloga formada pelo Instituto Unificado Paulista (atual Unip) com especialização em Terapia de Casal e Família pelo Instituto Unificado Paulista (Unip). Especialista em Psicologia Clínica pelo CRP 06. Psicoterapeuta de casal e família com formação pelo Núcleo de Casal e Família da SBPA.

E-mail: liriam@ig.com.br

Maria Beatriz Vidigal B. de Almeida

Psicóloga formada pela PUC-SP, mestre em Psicologia pela USP. Analista *trainee* da Sociedade Brasileira de Psicologia Analítica (SBPA). Terapeuta de adolescentes e adultos. Terapeuta de casal e família com formação pelo Núcleo de Casal e Família da SBPA. Ex-professora da PUC-SP (1979-91).

E-mail: mbeatrizvidigal@gmail.com

Maria da Glória Gonçalves de Miranda

Psicóloga formada pela PUC-SP. Psicoterapeuta de crianças, adolescentes, adultos, casais e família com especialização em Psicologia Analítica e Técnicas de Trabalho Corporal pelo Sedes. Formação em Terapia de Casal e Família pelo Instituto J. L. Moreno e pela Sociedade Brasileira de Psicologia Analítica (SBPA).

E-mail: mgloriagmiranda@ig.com.br

Maria Silvia C. Pessoa

Mestre em Comunicação pela Unesp-Bauru. Doutora em Psicologia Clínica pela PUC-SP. Psicóloga-terapeuta de casal e família. Analista membro da Sociedade Brasileira de Psicologia Analítica (SBPA-SP). Membro da International Association for the Study of Dreams.

E-mail: msilviapessoa@gmail.com

Marli Tagliari

Psicóloga formada pela Universidade Metodista de São Paulo. Psicoterapeuta junguiana. Terapeuta de família na abordagem sistêmica, com formação por Sistemas Humanos, Núcleo de Estudos e Prática Sistêmica. Terapeuta de casal e família com formação pelo Núcleo de Casal e Família da Sociedade Brasileira de Psicologia Analítica (SBPA). Terapeuta de casal com formação pelo Instituto J. L. Moreno. Coordenadora do Núcleo Vivo – Apoio aos Familiares do Paciente Borderline.

E-mail: marli@marlitagliari.com.br

Olga Maria Fontana

Psicóloga formada pela PUC-SP com especialização em Cinesiologia Psicológica pelo Sedes Sapientiae. Especialista em Psicologia Clínica e supervisora clínica pelo CRP 06. Especialização em Terapia de Casal e Família pelo Instituto J. L. Moreno. Psicoterapeuta de casal e família com formação pelo Núcleo de Casal e Família da Sociedade Brasileira de Psicologia Analítica (SBPA).

E-mail: olgafontana@uol.com.br

Susan Carol Albert

Psicóloga e mestre em Psicologia Clínica pela PUC-SP. Membro analista da Sociedade Brasileira de Psicologia Analítica (SBPA). Psicoterapeuta de casal e família com formação pelo Núcleo de Casal e Família da SBPA. Membro candidata do Instituto Brasileiro de Terapia de Sandplay (IBTSandplay). Supervisora clínica.

E-mail: susancarolalbert@terra.com.br

Vanda Lucia Di Yorio Benedito

Psicóloga formada pela PUC-SP. Analista junguiana pela Sociedade Brasileira de Psicologia Analítica (SBPA). Docente e supervisora no Curso de Formação de Analista da SBPA, coordenadora do Núcleo de Casal e Família da clínica da SBPA e do curso de Terapia de Casal pelo Instituto J. L. Moreno. Formação em Psicodrama pela Sociedade Paulista de Psicodrama. Autora do livro *Amor conjugal e terapia de casal – Uma abordagem arquetípica* (Summus). Coautora de vários livros com capítulos sobre casal e família.

E-mail: di-iorio@uol.com.br

Agradecimentos

Agradeço ao dr. Nairo de Souza Vargas, quando na década dos anos 1980, durante um curso, trouxe uma ideia que acabou norteando meu caminho desde então: a necessidade de promover o desenvolvimento de analistas junguianos de casal e de família.

Agradeço à Sociedade Brasileira de Psicologia Analítica, por dois motivos: pela excelente formação recebida no meu processo de me tornar analista junguiana e pela postura consistente de expandir os conhecimentos da psicologia analítica por meio da formação dos núcleos e da clinica social, sendo a dra. Sylvia Portella a idealizadora desse grande projeto. Este livro é resultado desse movimento da SBPA.

Agradeço a Laura Villares de Freitas, que se dispôs a acompanhar a evolução deste livro, contribuindo com seu saber crítico e sua postura acolhedora.

Agradeço a todos os colaboradores desta obra, que abraçaram o projeto e se dispuseram a estar comigo na sua realização.

Agradeço a Maria Regina Castanho França, que tem sido a colega e amiga que mais contribuiu com a minha formação como analista de casal e de família ao longo desse caminho.

Agradeço ao Ademir, meu companheiro de sempre, que acreditou e apoiou minhas escolhas profissionais.

www.gruposummus.com.br